JN096272

ジレンマの社会学

三隅 一人
高野和良 編著

Unraveling Dilemmas
by Sociology

ミネルヴァ書房

はじめに

　私たちの社会には，一見望ましい状況があったとしても，それを実現させようとすると新たな問題が引き起こされてしまうことが少なくない。例えば，一人暮らしの高齢者を気遣い，地域社会で見守り活動を行うことは大切だが，行き過ぎると監視されているように高齢者が受け止め，ますます地域社会との関係を避けるようなことになりかねない。高齢者の孤立を避けようと活動を始めた側はいったいどうすればよいのか戸惑ってしまう。このような，一方の立場を選択すると，もう一方が不都合な結果につながり，身動きが取れなくなってしまう状態をジレンマと呼ぶ。

　本書『ジレンマの社会学』は，もちろん社会学の教科書である。教科書であるからには，社会学の基本的な学説，理論，方法などが体系的に示される必要があるが，そうした点で優れた教科書は多数存在している。そのため，既存の教科書とは異なる個性がなければ，新たに教科書を刊行する必要はないともいえる。そこで本書は一般的な教科書のように体系的な記述を目指すのではなく，研究者として歩き始めたばかりの大学院生から中堅研究者である執筆者に，それぞれの専門領域におけるジレンマの事例を取り上げてもらい，各章を構成することを試みた。

　結果的に，生活，家族，共生，組織におけるジレンマという4つの領域を設定することができた。絆やつながりの意味が問われる一方で弱体化が進む生活，あるべき姿にとらわれるあまり様々なあり方が見逃されてきた家族，多様性を認めていくことが求められているにもかかわらずなかなか実現できない共生，目標達成のために合理化を進めることで，かえって非効率になってしまう組織といった各領域に隠れているジレンマが取り上げられている。

　各章では，まず問を立てて，それに関する現状や情報を示し，そこから導か

れる方針（将来展望）を提示することで，ジレンマ状態から抜け出すにはどのようにすればよいかを考えてもらうことを目指した。さらに，その道筋に課題を配置して，学生諸君の自主的な学びと課題解決のための協働を促すように心がけた。このように，本書では，情報を集め，整理，評価し，あり得る将来展望を考えていくことの大切さを伝えたいと考えている。

　2020年はパンデミックによって世界中で社会の姿が激変した。学生諸君が本書を手にしているとき，世界が平常を取り戻していることを祈るばかりである。一方で，学生諸君にはぜひその経験と記憶を大事にしてほしい。かつてであれば，考えることの大切さを説かれても，サークルやアルバイトもあって忙しく，時間がないといえたのかもしれない。しかし，外出自粛を余儀なくされていた当時は，突然考える時間が与えられて戸惑ったのではないか。空いた時間をどのように過ごせばよいのかと悩み，経済的な不安や孤独感もあって，何も手につかなくなった人も少なくないだろう。また，これまでは，考えることは面倒であり，それをしなくて済むように，多くの予定を立てて忙しくしてきたことに気づいた人もいるかもしれない。忙しさに逃げてきたことを振り返り，どうすればよいのか本書を通じてあらためて問い直してもらいたい。そして，自分自身で「考えることのジレンマ」をじっくりと考えて欲しい。

　本書は，ミネルヴァ書房の中川勇士さんとの共同作業の産物でもある。中川さんには，ぼんやりとした企画の段階から完成にいたるまで，実に丁寧に対応していただいた。記して感謝いたしたい。

　本書を通じて社会学に関心をもつ学生が少しでも増えることになれば望外の喜びである。

　2020年7月

三 隅 一 人

高 野 和 良

ジレンマの社会学

目　次

はじめに

第 I 部　生活のジレンマ

第Ⅱ部　家族のジレンマ

第Ⅲ部　組織のジレンマ

第 I 部

生活のジレンマ

コミュニティにおける住民同士の支え合い活動では，支える側と支えられる側の住民の思いがズレてくると，支えられる側は一方的に助けられていることに負担を感じかねない。それを避けるには無償の助け合いではなく，いっそサービス提供と割り切って有償化すればよいのだろうか。輸血用の血液は，献血で集められている。売買血制度では血液の質に問題が起こりかねず献血は維持しなくてはならないが，献血者は減少する一方であり，自発的な支え合いをどのように維持するのかが問われる。また，貧困の世代間連鎖を止めるためには子どもへの教育的支援が必要だが，教育のみに期待すると，経済的な貧困から離脱することだけが強調されることになる。過疎地域を維持するためには単に仕事の場を増やすという経済条件の改善を目指せばよいのではなく，そこで暮らしていくことの意味を考えなくてはならない。ここでは，コミュニティや社会福祉に関する事例を生活という視点から捉え，ジレンマのいくつかを解題しよう。

第1章
つながりのジレンマ

─── この章で学ぶこと ───

　絆やつながりという言葉に触れる機会が増えている。個々人がバラバラで，よそよそしい社会ではなく，互いに思いやり支え合う社会が望ましいと多くの人々は考え，また，コミュニティで起こっている様々な課題解決のためには，住民同士で取り組むことが大切だともいわれている。だが，本当に絆やつながりが強いことが望ましい社会の条件であり，それによってコミュニティの課題解決は進んでいくのだろうか。その強さがかえって問題解決を難しくすることはないのか。本章では，絆やつながりの強さが期待される社会をめぐる諸問題を考えることにしたい。

キーワード：社会的統合，コミュニティ，社会的包摂・排除，孤立死

─── この章の問い ───

　社会的な絆やつながりが強くなれば，コミュニティの抱える問題は解決されるのか？

1　絆が求められる社会

　絆やつながりの大切さが強調されている。本章では絆やつながりによってもたらされる人々の関係を，社会的統合と呼ぶこととする。これは人々が社会的に互いに平等であり，社会参加の機会が保障され排除されないことで実現される状態とも考えられるが，実際には人々の関係性を単に強めるという理解にとどまっている場合が少なくない。

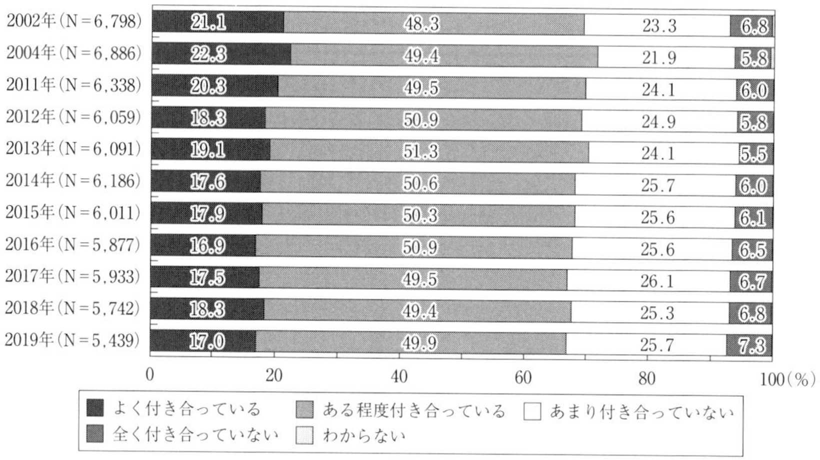

図1-1　現在の地域での付き合いの程度

注：平成28年調査までは，20歳以上の者を対象として実施。平成29年調査から18歳以上の者を対象として実施。

出典：内閣府世論調査（2019）より筆者作成。

表1-1　年齢階層別近所づきあいの程度

年齢階層	お互いに訪問し合う人がいる	立ち話をする程度の人がいる	顔をあわせればあいさつをする	顔は知っているが，声をかけたことはほとんどない	ほとんど顔も知らない	その他	合　計
青年層	23 8.9	72 28.0	136 52.9	10 3.9	16 6.2	0 0.0	257 100.0
壮年層	112 14.0	285 35.6	349 43.6	20 2.5	31 3.9	3 0.4	800 100.0
高齢層	316 32.2	342 34.9	292 29.8	9 0.9	14 1.4	8 0.8	981 100.0
合　計	451 22.1	699 34.3	777 38.1	39 1.9	61 3.0	11 0.5	2,038 100.0

注：各セルの上段は度数，下段は年齢3区分の％。設問は「あなたは，ご近所の人とどの程度のお付き合いをしていますか」である。未回答分の掲載は省略したが，合計（％）はこれらを加えて集計している。調査は2018年に山口県社会福祉協議会によって，選挙人名簿登載の山口県内在住の18歳以上の男女（無作為抽出）に対して郵送法で実施された。配票数は5,000票で回収数は2,156票であった（回収率43.1％）。

出典：山口県社会福祉協議会（2019）。

　絆やつながりを強め，コミュニティにおける住民同士の相互支援活動によっ
て様々な地域課題や福祉課題を解決に導くことへの期待も高まっているが，そ
の背景には，続発する大規模な自然災害の発生や，少子高齢化の急速な進行も
少なからず影響しているだろう。また，近隣関係が崩れていったという感覚を
持つ人も少なくなく，都市部の団地での孤立死，児童や高齢者に対する虐待，
いじめや引きこもりなどといった様々な問題が顕在化するなかで，コミュニテ
ィでの支え合いの大切さが説かれ，問題解決のためにはコミュニティの役割に
今こそ期待すべきではないか，という議論が繰り広げられている（図１-１，表
１-１）。

家族の小規模化とコミュニティ

　少子化や同居規範の変化によって，最も身近で基礎的な集団である家族は小
規模化しつつある。世帯でみても，一人暮らしや夫婦だけで暮らす世帯が，と
りわけ高齢層に増えている。老々介護と呼ばれる高齢夫婦間での介護問題が深
刻となっているが，例えば，90歳の後期高齢者の親と70歳の前期高齢者の子と
の同居世帯，80歳の親と50歳の未婚の子との同居世帯（8050問題）といった，
これまでの単独世帯，夫婦のみ世帯，三世代世帯といった類型に収まらない不
安定世帯も増加傾向にある。こうした不安定世帯の増加によって世帯内だけで
は様々な生活課題へ対応が難しくなるという不安感も，コミュニティの活動へ
の期待につながっているのかもしれない。とりわけ，地域福祉，社会福祉の領
域では，福祉課題解決のための方法論として，「制度・分野ごとの『縦割り』
や『支え手』『受け手』という関係を超えて，地域住民や地域の多様な主体が
参画し，人と人，人と資源が世代や分野を超えつながることで，住民一人ひと
りの暮らしと生きがい，地域をともに創っていく社会」（厚生労働省 2017）であ
る「地域共生社会」形成が政策的に進められており，コミュニティに強い期待
が寄せられている。しかし，一人暮らしや夫婦のみの世帯をはじめとする不安
定な世帯が増加しているコミュニティに，そもそも課題解決の余力があるとは
考えにくい。コミュニティ自体の流動化，弱体化が進むなかで，コミュニティ

の実態とそれへの期待との間にずれが生じている。

```
―― 調べてみよう ――
　日本社会の家族の小規模化や人口減少の特徴を，日本の各種官庁
統計が閲覧可能な政府統計ポータルサイト（e-Stat）などで確認し
てみよう。
```

2　コミュニティへの期待と実態

　コミュニティという用語は，社会学だけではなく，社会福祉学，政治学とい
った様々な学問領域で用いられ，また日常的にも使われており馴染みのある用
語である。一般的にコミュニティとは，地域性と共同性の2つの要素から構成
される。すなわち，一定の地理的範囲のなかで，共同生活が営まれている状態
がコミュニティであると考えられてきた。こうした状態は，自分たちの地域と
いう帰属意識の共有によって支えられている。

　コミュニティに近い用語として地域社会があるが，両者の区分は曖昧であり，
厳密な使い分けは難しい。コミュニティは，例えばネットコミュニティのよう
に，実態としての地理的範囲を必要としない場合もあるが，地域社会は実際に
地理的範囲を設定し，そこに暮らす住民によって社会関係が形成される側面を
重視する。近年，地域福祉領域では，「地域コミュニティ」という同義反復的
な用語も使われるが，この語が用いられる背景には，「地域」に空間的な場と
しての意味合いを込め，「コミュニティ」には親密な関係性を期待することで，
様々な福祉課題や生活課題を解決していく役割への期待がある。

コミュニティと異質性

　さて，コミュニティは都市，農村を問わず存在する。しかし，人々の移動が
多く流動性が高い都市と，土地との結びつきが強い農林漁業に従事する土着性
の高い人々の多い農村とでは，コミュニティ形成の条件に差があると考えられ

てきた。

　一般的に，生活時間や生活空間が都市と農村とでは異なり，都市は，人口の規模が大きく，密度が高い社会であり，また，住民の異質性が高い場所であるため，都市はコミュニティという共同性を支える環境が，農村よりも脆弱であるとされてきた。シカゴ学派のワースは，20世紀初頭のアメリカの都市では親族関係や近隣関係などの第1次的関係が弱くなり，コミュニティが形成されにくく社会解体につながるとした。一方で，アクセルロッドは，都市でも第1次的な関係は存在し，コミュニティが成立するとした。コミュニティの形成に，都市の持つ様々な特性がどのように影響するのかが問われてきたのである（鈴木 1978）。

　しかし，近年では塀などで囲み，門（ゲート）を設けることで居住者以外の出入りを制限し他者を排除するような，社会階層の高い人々が集住する「ゲーテッドコミュニティ」も出現している。こうした均質な人々によって形成されるコミュニティとしては，青壮年層が流出し，移動できず取り残された高齢層が意図せず増加した過疎地域の集落も，その一例と言えなくもない。

　先に指摘したように，コミュニティへの関心は，むろん社会学領域だけには留まらない。地域福祉，社会福祉領域でのコミュニティへの期待は大きく，コミュニティに対して課題解決機能を求める場合が多い。先に述べた地域コミュニティや，福祉コミュニティなどはその例である。ここでは，支援を必要とする人々に対してサービスを提供するというサービス供給論に加え，相互支援的な関係が形成されるコミュニティが必要だという規範論的な議論も認められる。こうした議論では，コミュニティの社会的統合が強いことは望ましいとの前提が見え隠れしており，お互いに助け合うのは当然だという形で住民に支援活動を暗に強いているのではないかといった拘束性の問題などが取り上げられることは少ない。これには注意が必要である。

> ─── 調べてみよう ───
>
> 　それぞれの地域で，住民同士の支え合いの活動状況を調べてみよう。社会福祉協議会のウェブサイトなどを確認し，対象者や活動を支えている人にどのような特徴があるのかにも注意して欲しい。

3　コミュニティと社会的統合

　コミュニティにおける社会的統合の問題を，集合団地などで増えている孤立死の事例から考えてみたい。ある大規模団地での孤立死対策である（2014年1月20日，3月7日に千葉県M市のT団地自治会・地区社会福祉協議会関係者に聞き取りを行った。なお，この事例は〔高野 2015a〕から一部再掲した）。その前に，社会的な関心を集めている孤立死とは，いったいどのような状態なのかを確認しておこう。内閣府の『令和元年度版　高齢社会白書』（内閣府 2019：50）では，孤立死を「誰にも看取られることなく亡くなった後に発見される死」とする。また，孤立死問題に直面してきた団地を所管している独立行政法人都市再生機構では，「団地内で発生した死亡事故のうち，病死又は変死の一態様で，死亡時に単身居住している賃借人が，誰にも看取られることなく賃貸住宅内で死亡し，かつ相当期間（1週間を超えて）発見されなかった事故（ただし，家族や知人等による見守りが日常的になされていたことが明らかな場合，自殺の場合及び他殺の場合は除く）」としている（内閣府 2015：49）。また，孤立死とともに，孤独死，無縁死といった言葉も用いられるが，厳密に区別されているわけではない。孤立と孤独は異なる概念であり，例えばタウンゼント（タウンゼント 1963）は，社会的に孤立していることを「家族やコミュニティとほとんど接触がないこと」とし，孤独を「仲間づきあいの欠除あるいは喪失による好ましからざる感じを持つこと」と区別したが，これをもとに「孤独死」は本人の主観を問題にし，「孤立死」は客観的・外形的な事実を重視した用語との指摘もある（金涌 2018：102）。本章では，社会的統合との関係をふまえ，孤立死という言葉を用

いるが，社会的関心が高いにも関わらず，孤立死の定義は様々であり，それぞれの立場から捉えられている。このため，日本全体での孤立死総数も把握されていないが，孤立死と考えられる死因不明の急性死や事故で亡くなった人に対して検案，解剖を行う東京都監察医務院によると，東京23区内の一人暮らしで65歳以上の人の自宅での死亡者数は，2017年に3,333人であった。10年前の2007年は2,361人であり年々増加している（内閣府 2019：52）。

孤立死とコミュニティでの支え合い活動

　定義がどうあれ，住民にとってみれば，自分たちの暮らすコミュニティで，孤立死が起こるのは避けたいと思うのは当然のことかもしれない。しかし，実際に安否確認のための見守り活動を行っている民生委員，福祉員からは，仮に見守り活動をいくら行ったとしても，対象者が1人で亡くなることを完全に防げないとは分かっている，という声を聞く。しかし，そうはいっても見守りと次の見守りの期間に何かあったらどうしようと，気持ちが休まることはないのだという。先に指摘したように孤立死が死後1週間を過ぎて発見された状態とされれば，見守りは最低でも1週間以内に行わなければ避けられないことになる。そうなると，暗に1週間に1度は見守るように促すことにもつながりかねない。一方で，孤立死が起こらぬように常に気にかけているにも関わらず，1週間に1度声をかけておけば孤立死ではないとなると，その実態が発見までの単なる時間の問題にすり替えられかねない，という批判もある（中沢・結城 2012：229-231）。発見までの期間設定1つを取っても，コミュニティでの支え合い活動には大きな影響を及ぼすことがわかる。

　さて，先の大規模団地での孤立死対応を支えたのは自治会，地区社会福祉協議会，民生委員児童委員協議会であり，様々な活動に取り組んできた。これらの組織への参加層は，団地が設置された当初から40年以上にわたって住み続けてきた高齢の定住住民であった。この層を含め団地には，3つの住民層が認められる。この団地は東京都心にも近くベッドタウンとしての性格も持ち，小中高生を抱える青壮年移動層が居住している。加えて，50〜60歳代の中高年男

性の単身世帯層がいる。リストラや病気をきっかけとして経済的に不安定となり，さらにこれによって離婚につながる場合もあり，単身世帯として家賃が比較的低廉な団地に流入した人々である。この男性の中高年移動層が，2000年代初頭から孤立死に直面してきた。さらに，近年は，こうした都市部の集合団地で外国籍住民が増加しており，旧来の住民との関係形成の必要性も問われている（安田 2019）。

　「高齢定住層」，「青壮年移動層」，主に男性の「中高年移動層」といった住民層を社会的統合との関係でみると，高齢定住層のなかには団地開設初期の1960年代初頭に30歳代前後で入居した人々もおり，子育て期には様々な地域行事を通して相互に接点を持ち，また子どもが独立した後も，自治会，地区社会福祉協議会，民生委員・児童委員などによる相互支援活動の担い手となった人々がいる。流動性の高い都市団地であるが，この層の生活様式をみると，まるで都市の団地のなかに，ムラ社会が形成されているような社会的統合が実現されている状態にある。青壮年移動層は，子どもを介して互いに関係性を持ち，PTA などの子ども関係の組織に参加している。一方，中高年移動層は，地域組織との関係が弱く孤立し，社会的統合は他の層と比べて十分ではなく，社会的排除状態に陥っている例が少なくない。

コミュニティからの排除と包摂

　高齢定住層は，他の世代層と関わりを持たずに暮らすことも可能であった。しかし，男性の中高年移動層で孤立死が続発する。当初，高齢定住層は，あまり騒ぎ立てたくないという雰囲気であったが，自分たちの世代よりも若く，孤立死とは無縁に思われる中高年移動層に孤立死が広がっている事態を前にして，見知らぬ住民であった中高年移動層に何が起こっているのか理解できなかったという。しかし，孤立死の増加に直面し，危機感が共有され，その過程で民生委員児童委員協議会，地区社会福祉協議会，自治といった組織活動による話し合いの場を通じた問題状況の共有が図られていった。

　そして，これらの組織に参加している高齢定住層は，自分たちの問題として

の認識を深め，具体的な相互支援活動を検討する。男性の中高年移動層は，コミュニティの団体や組織に所属することなく，コミュニティから遊離した存在であったため，自治会，地区社会福祉協議会などは，相談窓口を設けるとともに，中高年の男性の集いの場を設けた。地域福祉活動では，高齢者の閉じこもり予防のための居場所づくりとして，コミュニティの集会所などの身近な場に高齢者に集まってもらい，レクリエーションなどを行う「ふれあい・いきいきサロン」（以下，サロン活動）と呼ばれる活動が全国的に広がっている。担い手は民生委員や地区社会福祉協議会などで，無償の活動であり，開催頻度は月に1〜2回程度が多く，開始時間はまちまちだが10時過ぎから始まり，担い手の手づくりの食事や弁当などの昼食を挟んで，14時前後まで続く場合が多い。この団地では，このような高齢者向けのサロン活動の内容をそのまま行っても中高年男性には参加してもらえないと考え，団地内のスーパーに近い空き店舗を借り受け，入室料100円として，飲み物が飲める喫茶店のような場所を設けた。そこには地区社会福祉協議会の役員が交代で2人ずつ有償ボランティアとして参加し，飲み物の準備や話し相手を務めている。また，高齢者対象の多くのサロン活動と異なり，ここは年末年始以外は毎日11時から夕方の17時ぐらいまで開いている。買い物帰りに立ち寄る中高年男性も増え，結果として，孤立死は少しずつ減少していったという。

4　社会的統合と社会問題

　中高年移動（男性）層との関係を深め，社会的統合を実現することで孤立死が減少していった経緯を紹介したが，このように関係が深まれば問題は解決されたといえるのだろうか。ここで，19世紀末から20世紀初頭に社会学の成立に大きく貢献したデュルケムの指摘を確認しておこう。

自殺と社会的統合
　デュルケムは，社会学の対象は社会的事実にあると主張した。そして，一見

きわめて個人的な問題にみえる自殺も社会の影響を受けた行為であることを
『自殺論』で展開した。カトリック信者とプロテスタント信者といった教義，
未婚，既婚という家族形態，平時と戦時という社会状況，好況時と不況時とい
う経済状況などと自殺との関係を検討するなかで，意外な事実を明らかにして
いく。自殺は，プロテスタント信者，未婚者，平時そして好況時に多いという
のだ。戦時の生活は苦しく社会も暗い状況で，不況時も同様に自殺は増えそう
であるが，事実は逆を示している。なぜ，こうした事態が起こるのか。カトリ
ックでは教義として自殺を禁じているために，自殺者は少ないのか。また，未
婚者は結婚できなかったことを儚んでいるのだろうか。そうではなく，カトリ
ック信者は教会でのミサに定期的に参列するが，このことによって信者間の関
係が維持され，社会的統合が図られていくのに対して，プロテスタント信者は，
個々人が神と相対峙するため，信者間の対面的な関係性が弱い。このことは結
果として社会的統合の弱さを導く。未婚者は既婚者と比べて，家族内での社会
的統合が弱いというわけである。

自己本位的自殺と集団本位的自殺

　社会的統合の強弱と自殺への傾向は逆相関関係にある。この点をふまえ，統
合が弱まることが自殺傾向を促すのであれば，逆に社会的統合を強めれば自殺
は抑制できるのだろうか。しかし，デュルケムは統合が強すぎることによって
促される自殺にも言及している。そして，これらの自殺を，社会的統合が弱い
ことに起因する「自己本位的自殺」，軍隊や警察，宗教組織における殉死や殉
教のように集団や組織に強く組み込まれていること，つまり統合が強すぎるこ
とから起こる「集団本位的自殺」と類型化している。

　さらに，道徳的な秩序が崩れ，人々の欲求が無規制状態に陥っているアノミ
ーという社会学的に重要な概念を用いて，そうした事態によって生じる「アノ
ミー的自殺」にも注意を向けている。不況期ではなく好況期にこそ，不満や焦
りを感じた人々が自殺に導かれる傾向をもつというのだ。もちろん，孤立死と
自殺とを同列に扱うことはできないが，自己本位的自殺と集団本位的自殺との

ように，社会的統合の強弱がもたらす影響を，2つの側面から捉えることは重要である。なお，日本の自殺者数は1990年代後半の経済不況期から年間3万人を超えていた。近年減少傾向にあるとはいえ2万人前後であり，諸外国と比較しても人口10万あたりの自殺死亡率は決して低くはない。また，中高年の男性の割合が大きく，高齢女性も少なくないという特徴をもつ。こうした自殺が，日本社会のどのような状況からもたらされているのかは，慎重に検討すべきである。

―― みんなで考えよう ――

　絆やつながりを強めるかどうかという二者択一（二項対立）に陥らず，緩やかにつながる社会を維持するためにはどうしたらよいか考えてみよう。

① 　声を出しやすい仕組みをつくる（社会的問題を顕在化する）。

② 　地域社会での支援の仕組みをつくる（社会的開放性を高めていく）。

③ 　社会連帯の多様な仕組みをつくる（社会構造を変えていく）。

5　緩やかな社会的統合

　先に示した団地では，様々な取り組みが続けられている。一人暮らしの中高年移動層の世帯を訪問し様子を尋ねたり，相談窓口を設けたり，団地内の空き店舗を利用して気軽に集える場を開設するなど，こうした人々の孤立を未然に防ぐ活動が展開されてきた。しかし，訪問しドアの呼び鈴を押しても返答してもらえなかったり，また，自分には関係ないとドアも開けずに断られることも稀ではない。また，実際に孤立しており，集いの場に本当に来て欲しい人はなかなか足を運んではくれないのだという。自治会や地区社会福祉協議会の人々は，こちらの気持ちがなぜ伝わらないのか，もどかしい気持ちのなかで，活動を続けることになる。

　それでは，こうした場に参加しない人は，一方的に非難されるべきなのか。もしかすると，多くの人々は自分自身が置かれている状況を十分に理解できておらず，実は自分自身が困っていることに気づいていない，とは考えられないだろうか。さらに，こうなった原因は自分にあり，この程度のことで助けを求めてはいけないのだと，自己責任論的に思い込んでいるのかもしれない。結果として，社会的統合を求める側と，そこから距離を置く側との溝はなかなか埋まらない。

　社会的統合を単に関係性の強化として捉えると，かえって問題が複雑化する可能性がある。それでは，互いに平等で参加の機会があり，排除されない状態を実現するためには，どのような対応が必要だろうか。

　先の孤立死対応の事例では，住民層間の関係形成を図り，課題を共有し，社会的統合を図ることによって，課題の解決が図られていった。社会的に排除されていた男性の中高年移動層を，社会的に包摂することが効果をもたらしたのであった。しかし，支援者である高齢定住層と被支援者である中高年移動層との関係をみると，意図せずとも力を持つ側，すなわち支援者の意向を，力の弱い側である被支援者は察知して，迷惑はかけたくない，これ以上関わらないで欲しいと，支援が受け入れられない場合がある。こうした事態を避けるためには，支援者と被支援者との関係をより対等なものに近づけていく必要がある。仮に支援側が孤立死が起こるようなコミュニティは恥だとして，その数を減らすことだけを目的にすれば，それは，被支援者である中高年移動（男性）層への監視にもなりかねない。このような事態は，被支援者に大きな精神的な負担を強いることになる。そうではなく，同じ団地に暮らす住民として対等な関係（情けは人のためならず）を支援活動は目指しているということが，支援者と非支援者との間で共有される必要があるのではないか。

　また，支援を避けようとする人や，自分自身が困っていることに気づいていない人々に，相談窓口を設けて「いつでも相談に来てください」と声をかければよいのだろうか。多くの自治体や社会福祉協議会には各種の相談窓口が設けられている。しかし，相談件数が伸び悩んでいる場合も少なくない。その理由

として，そもそも相談窓口の存在が知られていないこともあるが，仮に相談窓口の存在を知っていたとしても，役所や社会福祉協議会の事務所にある相談窓口まで出かけていくには抵抗があり，実際にはなかなか利用できないのである。相談窓口という場があることと，それが実際に使われるかどうかは別であり，単に相談窓口を設けても対応できない問題が出てくるのだ。

　先の団地でも，相談窓口を設けており実際に相談に訪れる中高年層も少なくない。しかし，それに加え，入室料100円で，ほぼ毎日開いているサロン活動を始めた。これは，わずかな金額であっても負担することで，中高年移動層が抱えかねない，お世話になるという負担感の軽減効果を果たしている。そして，気兼ねなくそこに集うことで，地区社会福祉協議会のボランティアとの何気ない会話のなかから様々な課題が引き出され，新たな支援活動が展開している。こうした取り組みに，いわば緩やかに実現される社会的統合の手がかりがあるのではないか。

　本章で検討してきたように，社会的統合を関係性の強化として捉えるだけでは，コミュニティの抱える問題解決につながるとは単純にはいえない。社会的統合がどのような意図で強められるのか，そこからこぼれ落ちているのは，どのような人々なのかを，考えておく必要がある。

　また，男性の中高年移動層の孤立死問題は，就労機会の確保と一体となった対応が必要である。このことは，社会的統合を高めコミュニティで対応することとは別次元の問題であり，社会制度的な対応が必要であることを指摘しておきたい。

深めよう

　「みんなで考えよう」の3つの選択肢の背景にある意味，それぞれの選択肢に対する自分と他者との意見の違い，グループで検討した結論について，さらに文献資料などを調べてみよう。

参考文献

金涌佳雅（2018）「孤立（孤独）死とその実態」『日医大医会誌』14(3)。

厚生労働省（2017）「我が事・丸ごと」地域共生社会実現本部『「地域共生社会」の実現に向けて（当面の改革工程）』。

これからの地域福祉のあり方に関する研究会（2008）『地域における「新たな支え合い」を求めて——住民と行政の協働による新しい福祉』。

鈴木広編（1978）『都市化の社会学〔増補〕』誠信書房。

タウンゼント，P.，山室周平訳（1963＝1974）『居宅老人の生活と親族網——戦後東ロンドンにおける実証的研究』垣内出版。

高野和良（2015a）「相互支援活動の地域福祉社会学」『現代の社会病理』30号。

―――（2015b）「人口減少社会における社会的支援と地域福祉活動——山口県内の『見守り活動』の実態から」徳野貞雄監修・牧野厚史・松本貴文編『暮らしの視点からの地方再生——地域と生活の社会学』九州大学出版会。

デュルケム，E.，宮島喬訳（1897＝2018）『自殺論』中央公論新社。

内閣府（2015）『平成27年版高齢社会白書』。

―――（2019）『令和元年版高齢社会白書』(https://www8.cao.go.jp/kourei/whitepaper/w-2019/zenbun/pdf/1s2s_04.pdf 2019年 1 月10日閲覧)。

中沢卓実・結城康博（2012）『孤独死を防ぐ——支援の実際と政策の動向』ミネルヴァ書房。

三井さよ（2013）「看取りの社会学」庄司洋子編『親密性の福祉社会学——ケアが織りなす関係』東京大学出版会。

安田浩一（2019）『団地と移民——課題最先端「空間」の闘い』KADOKAWA。

山口県社会福祉協議会（2019）『2019年度　福祉に関する県民意識調査　報告書』。

推薦図書

池田浩士（2019）『ボランティアとファシズム——自発性と社会貢献の近現代史』人文書院。

　＊関東大震災後の大学生による自発的なセツルメント活動（社会貢献活動）が，ヒトラー・ドイツの勤労奉仕的活動として戦時体制に組み込まれていく過程は示唆に富む。自発性の危うさが浮かび上がってくる。

橋本治（2009）『巡礼』新潮社。

　＊なぜゴミ屋敷に暮らすのか，暮らさなければならないのか。 1 人の年老いた男性の遍歴を通して，豊かな社会における孤独の意味を考えさせられる小説。

（高野　和良）

第2章

どうすれば献血者は増えるのか

―― この章で学ぶこと ――

　本章では，社会的連帯の弱体化を背景に，献血という領域における共生の問題を考える。献血の仕組みについて確認したうえで，どうすれば必要な量の血液を確保することができるのか考える。献血制度から売血制度や預血制度へ変更するという方策や，献血制度のままで処遇品を充実させること，受け手の「見える化」を促進すること，青少年への教育や啓発を進めることなどの方策を紹介し，それらの方策が有する課題と可能性について検討する。

キーワード：社会的連帯，献血，贈与，匿名関係，想像力

―――― この章の問い

　非対面的な関係性にある他者への「想像力」を高めるにはどうすればよいのか？

　社会的連帯概念は，19世紀末に E. デュルケムが前近代社会から近代社会への移行を機械的連帯から有機的連帯として指摘したことで知られている（デュルケム 1893＝2009）。それ以来，社会学における重要なテーマとなってきた。今日福祉社会学の領域においては，社会的連帯とは，親族関係や地域関係などの関係性を意味するものとして，あるいは，ボランティア活動などの具体的な行為を指すものとして論じられる（藤村 2013）。

　そこで，これらの関係性や行為の状況を確認すると，これまで人々の生活を支えてきた親族関係や地域関係といった関係性は希薄化し，社会的連帯は弱体化している。そのようななか，ボランティア活動に期待が寄せられているもの

図2-1　ボランティア活動参加率の推移

注：1986年は「社会奉仕」，1991年と1996年は「社会的活動」，2001年以
　　降は「ボランティア活動」として尋ねられている。
出典：総務庁統計局（1988，1998），総務省統計局（2013，2017）より作
　　成。

の，ボランティア活動の参加率（過去1年間の参加率）は，近年低下傾向にある（図2-1）。このように，社会的連帯は不安定化しつつあり，今日あらためて考えていくことが必要になっている。

　社会的連帯の再考にあたり，既存の福祉社会学的な研究を見渡すと，社会関係やボランティア活動の研究は多数なされてきた。しかし，私たちの生活を支えているものとは，上記のような，担い手と受け手が直接に接点をもつような，顔の見える関係性，あるいは，そのようななかで営まれる行為だけだろうか。私たちの生活とは，このような対面的な関係性だけでなく，非対面的な関係性によっても支えられている。献血や寄付・募金といった行為を思い浮かべてほしい。これらの行為では，提供された血液や金銭は，顔も知らない他者のもとへ届けられ，それが必要な人々の生活を支えている。あるいは，福祉国家における社会保障制度を思い浮かべてほしい（齋藤 2011）。年金や生活保護といった制度は，見知らぬ他者との非対面的な関係性によって支えられている。

　そして，このような非対面的な状況における社会的連帯は，今後ますます必要となるだろう。現代社会においては，格差や不平等の増大，グローバル化の進展，家族形態やライフスタイルの変化など，様々な領域における異質性や多

様性の増大が見受けられる。そのようななか，顔の見える他者や同質な他者との社会的連帯だけでなく，見知らぬ他者や，自らと異なる他者との社会的連帯も必要になってきている。つまり，見知らぬ他者への「想像力」をもつことが，重要となってきている。

「想像力」については，社会学では，C. W. ミルズによる社会学的想像力が広く知られた概念である。社会学的想像力とは，「個人環境にかんする私的問題」と「社会構造にかんする公的問題」を結びつける想像力であるが（ミルズ1959＝2005：10），より広くは，「一つの観点から別の観点へと移る能力」（ミルズ 1959＝2005：9）と説明される。必ずしもミルズ自身が指摘したわけではないが，後者のように社会学的想像力を広義に捉えるならば，見知らぬ他者への想像力のあり方も，その一側面として想定できる。

次節以降，非対面的な状況における社会的連帯の具体的事例として，献血の問題を取り上げ，どうすれば血液は集まるのか考えていく。献血を事例とすることで，これまでは取り上げられることが少なかった，非対面的な状況における社会的連帯の形成について検討する。

1　献血の概況

日本における2017年の献血者数は年間のべ478万人，献血率は5.5％である（日本赤十字社 2018）。献血者数の推移を確認すると，近年献血者数は大きく減少している（図2-2）。1980年代半ば頃には献血者数は800万人を超えていたが（日本赤十字社 1993），2017年には500万人を下回っている（日本赤十字社 2018）。さらに，年齢階級別の献血者数の推移を確認すると，10代や20代において献血者数が大きく減少している。献血により提供された血液は，検査・加工されて「血液製剤」になり，医療機関において患者の治療に使用される。人々が必要な治療を受けるためには，今後も社会のなかで献血する人々が一定数必要である。しかし，これからの献血を支えていく若年層において，献血者数の減少が著しく，このまま減少が続くと，将来的には必要な量の血液が集まらないおそ

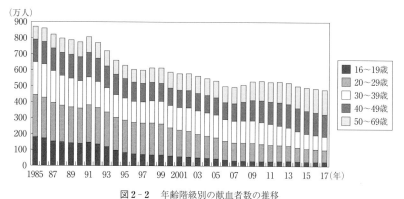

図2-2　年齢階級別の献血者数の推移

出典：日本赤十字社（1993，2003，2013，2015，2016，2017，2018）より作成。

れがあることも指摘されている（厚生労働省 2018a）。

　献血者減少という問題に対し，どのような方策が考えられるだろうか。議論を進める前に，献血の仕組みについて確認する。日本では，日本赤十字社が唯一の採血事業者として，献血ルームや献血バスにおいて献血者の受け入れを行っている。献血には採血基準があり，年齢や健康状態，病歴などの項目について定められている。病気の場合や，過去に輸血や臓器移植を受けたことがある場合は献血できず，女性の場合は，妊娠中や出産後半年間は献血できない。

　献血は，受付→問診→事前の血液検査→採血（献血）→休憩→終了という流れで進む。受付や問診において，上記の年齢や健康状態に関わる基準を満たしているか確認が行われ，さらに，事前の血液検査を経て，採血（献血）となる。採血後は，休憩場所で10分以上の休憩が求められ，水分補給や栄養補給のため，ジュースやお菓子が無償で提供される。休憩後には，受付にて「処遇品」と呼ばれる品物が渡される。処遇品は献血場所によって異なるが，洗剤や歯磨き粉などの生活用品，カップ麺やお菓子などの食料品などが渡される。加えて，献血の2週間後には血液検査の結果が通知される。ただし，献血したことによる謝金や交通費の支給はなく，献血者であっても，必要とした時に優先的に血液製剤の提供を受けられるわけではない。

```
┌─ 調べてみよう ─────────────────────────────┐
│  ①  献血者の属性，献血動機などについて調べてみよう。          │
│  ②  現行の献血推進政策について調べてみよう。              │
└────────────────────────────────────┘
```

2　どうすれば血液は集まるのか

　近年献血者数が大きく減少していることを確認してきたが，どうすれば必要な量の血液を集めることができるのだろうか。本節では，いくつかの方策を紹介し，それらが有する課題と可能性について検討する。

献血制度から売血制度へ変更すればよいのか

　現在日本では，人々が自発的に無償で血液を提供する「献血制度」が採用されているが，人々の自発的な善意にのみ頼ることは，血液の安定的な確保にあたって脆弱性を有する。そこで，血液提供者に対価として金銭を支払う「売血制度」へ変更することによって，血液を安定的に確保するという方策があるだろう。対価として十分な金銭を支払えば，血液を提供する人々が増え，必要な量の血液が確保できるのではないだろうか。

　日本でも1960年代半ば頃までは，売血が採用されていた（香西 2007）。当時，全国に「血液銀行」が設置され，血液は 1 本（200 ml）あたり400～500円で取り引きされていたという。しかし，この時期，血液提供者の健康面や血液の質が問題となり，マスコミ関係者や大学生による売血廃止運動もなされていた。血液銀行では，定職を持たない人々が血液提供を一種の「職業」と捉えて，頻繁に血液を提供するという状況も現れ，頻回採血により，健康を損ねる人々も見られた。他方で，血液を受け取った患者についても，輸血後の肝炎発症率が50.9％にのぼり，血液の安全性が問題となっていた（厚生労働省 2017a）。

　輸血による肝炎感染は日本に限ったことではなく，当時世界的に蔓延していた。そのようななか，R. ティトマスは各国の血液事業の比較分析を行い，「社

表 2 - 1　社会政策と経済政策

	血液供給制度	財の移転	価値観
社会政策	献　血	贈　与	利他主義
経済政策	売　血	交換（金銭を媒介）	利己主義

出典：Titmuss（[1970] 2002）をもとに筆者（2018：4）作成。

会政策」と「経済政策」という概念を用いて整理を行った（Titmuss [1970] 2002）。上記のティトマスの議論については，日本の先行研究において，表 2 - 1 のようにまとめられている（吉武 2018）。ティトマスによると，社会政策とは献血制度を指し，社会政策では，金銭を介さずに利他主義により血液が贈与されるため，輸血による肝炎感染の問題は起こりにくいという。他方で，経済政策とは売血制度を指し，経済政策では，血液は金銭を介して交換され，金銭を目的とした利己主義により血液が提供されるため，輸血による肝炎感染の問題が起こりやすいという。以上の整理により，ティトマスは献血制度の方が優れていると主張する。

　さらに，ティトマスによると，献血制度は，血液の安全性の観点からだけではなく，別の観点からも意義があるという（Titmuss [1970] 2002）。M. モース（1950＝2009）は，未開社会における贈与は，個人や集団間のつながりを生み出すと指摘していた。ティトマスはこの議論を参考にし，献血制度が採用され，人々が利他主義を表明する機会を得ることによって，社会におけるつながりは強められると考えていた。

　しかし，献血制度であれば，問題が起きないということではない。血液をめぐっては，1950～60年代の肝炎感染の問題だけでなく，1980年代には血液製剤の使用による HIV 感染の問題が起こっている（「薬害 HIV」問題）。日本でも輸入血液製剤の使用により HIV 感染が起こったが，この時の血液は，海外で売血により集められたものであった。他方で，この時期，フランスでは血液製剤の国内自給率が高く，国内の献血制度が整備されていたが，血友病患者（血液凝固因子の欠乏あるいは活性低下のため，出血が止まりにくい病気。治療のため血液製剤を使用する）の HIV 感染率は，諸外国と比べても高かった（今井 2006）。

　フランスの事例からは，必ずしも献血制度であれば安全性が保証されている
わけではないことがわかる。血液製剤の使用による肝炎やHIV感染が起こっ
たのは，当時はスクリーニング技術やウイルスの不活性化技術が未発達であっ
たからで，これらの技術が向上した現在では，売血制度の方が効率よく血液を
収集できるという意見もあるかもしれない。しかし，現在でも血液製剤の使用
によるウイルス感染は完全に無くなったわけではない。スクリーニング技術が
向上したとはいえ，ウイルス感染初期には，検査をしてもウイルスを検出でき
ない空白期間（ウィンドウ・ピリオド）が存在する。そのため，HIV感染の有無
を調べるという検査目的での献血をしないように，受付や問診の際に献血目的
の確認がなされている。献血制度と売血制度どちらがよいのかという議論は，
実際はかなり複雑であることがうかがえる。

献血制度から預血制度へ変更すればよいのか

　献血制度では，献血者であっても，必要とした時に優先的に血液製剤の提供
を受けられるわけではない。そこで，血液提供者やその家族が，必要とした際
に優先的に血液製剤の提供を受けられる「預血制度」へ変更すれば，血液を提
供する人々が増え，必要な量の血液が確保できるのではないだろうか。献血者
が増加しないのは，献血制度では，献血をしていても，していなくても，同様
に血液製剤の提供を受けることができるからなのかもしれない。自身は協力し
ないけれど利益のみを得るという，フリーライダーの存在が問題であるならば，
預血制度を採用することで，フリーライダーをなくすという方策があるだろう。
　過去には実際に，預血制度が採用されていた時期がある。日本では1960年代
半ば頃までは売血が主流であったが，輸血による肝炎感染が問題となり，自発
的な無償の血液提供である献血への移行が図られた。その過程で，1974年まで
採用されていたのが，預血である。当時の献血手帳には，「あなたやあなたの
ご家族が輸血を必要とされるとき，この手帳で輸血が受けられます」（日本赤十
字社 1988：443）と，血液の優先還元に関する文言が記載されていた。
　血液の安定的な確保のためには，預血制度が望ましいように思われるが，他

23

方で，預血制度が採用されていた時期には，血液の優先還元を受けるために，献血手帳が高値で売買されるといった問題も起こっていた（香西 2007）。献血手帳が売買されてしまっては，結局は，売血制度のようにお金で血液を買っていることと変わらないという批判もある。

　また，前述の採血基準を思い返してみると，血液提供希望者は年齢や健康状態，病歴などに関する基準を満たす必要があり，誰でも血液提供ができるわけではない。過去に輸血を受けたことがあるからこそ，血液を提供したいという考えを持つ人々もいると思われるが，血液提供の意思を持っていても，血液を提供できない人々も存在する。預血制度を採用すれば，採血基準を満たさない人々が，必要な時に血液製剤の提供を受けることができない事態に陥りかねない。預血制度への変更に関しても，注意深い議論が必要である。

献血制度のままで処遇品を充実させればよいのか

　これまで，売血制度や預血制度への変更という方策を紹介してきたが，献血制度を維持したままで，必要な量の血液の確保を目指すという方策もあるだろう。前述のように，現行の献血制度では，献血すると休憩時にジュースやお菓子が提供され，休憩後には洗剤などの生活用品を受け取ることができ，後日血液検査の結果が通知される。このような処遇品を豪華なものに変更すれば，献血制度のままでも，必要な量の血液を確保することができるかもしれない。処遇品の充実によって，人々に献血することのインセンティブを与えるという方法が考えられる（今井 2006）。

　過去には実際に，処遇品としてより豪華な品物が渡されていた。献血をすると，飲食店などで利用できる商品券，映画券，図書券などの金券が提供されていた。しかし，2002年に「採血及び供血あっせん業取締法」（旧血液法）が，「安全な血液製剤の安定供給の確保等に関する法律」（新血液法）へ改正され，献血者へ金券を提供することは禁止された。金券は換金可能であるため，結局は売血制度と変わらないという批判があったからである。

　他方で，金券などの過度な処遇品の提供は問題ではあるが，もう少し献血者

への処遇品や待遇を充実させるという方法もあるだろう。献血時に軽食を提供したり，洗剤などの生活用品をもう少し充実させるという方法ならば，問題にはならないかもしれない。その場合，どのような品物であるならば，人々は献血するだろうか。さらに，現在の仕組みでは，献血者は献血ルームに来所する際の駐車場の代金は無料になるが，献血場所までのガソリン代は支払われず，公共交通機関を利用した場合の交通費の支給はない。なかには遠方から献血に来る人もいることから，交通費の実費支給という考え方もあるかもしれない。

　また，献血バスや献血ルームは，受付時間が10時〜17時などの日中になっているため，働いている人々が仕事を終える時間には，受付終了になっていることが多い。そのような人々も献血しやすいように，ボランティア休暇のような形で，献血休暇が取りやすい職場環境を整えるという方策もあるだろう。献血者にインセンティブを与えるといっても，その内容はモノだけでなく，休暇やサービスの提供など，様々な内容が考えられるだろう。

献血制度のままで受け手の「見える化」を進めればよいのか

　献血制度を採用しながら，献血者を増やすということを考える場合，献血された血液を受け取る人々の「見える化」を進めるという方策があるだろう。献血された血液がどのように使われているのかがわかると，それが動機づけになる。

　献血では，献血者と受け手は互いに匿名関係にあり，献血者は，自身の血液が誰に，どのように使われたのかわからない。目の前に血液を必要とする人が存在し，直接の接点がある場合と比べ，献血のように，目に見えない他者を想像し，行動を起こすことは容易ではないだろう。そこで，血液の受け手の「見える化」を進めることで，献血を促すという方策があるだろう。

　献血推進の現場でも，「受け手の顔が見える取り組み」が進められている（厚生労働省　2018b）。輸血経験者のエピソードや感謝の声を映像化した動画やDVDを作成し，テレビやラジオのCMにおける放送，ウェブサイトやYou-Tubeにおける公開，献血セミナーにおける視聴などを行っている。また，動

画だけでなく，輸血経験者の写真やメッセージを献血の広報誌へ掲載したり，献血者へ受け手からのメッセージカードの配布を行うなどの取り組みがなされている。

　受け手の「見える化」については，すでに取り組まれているところではあるが，その際，受け手として「誰」のエピソードを紹介するのがよいだろうか。血液を受け取っている人々全員のエピソードを取り上げることは現実的には不可能であり，受け手のなかでも代表して特定の人々を取り上げる必要があると考えられるが，「誰」を取り上げればよいのか。この問いを考えるにあたり，実際に輸血を受けている（血液製剤のなかでも「輸血用血液製剤」を使用している）のはどのような人々か確認すると，60代以上の人々が大多数を占める（東京都福祉保健局 2018）。

　しかし，実際にテレビやラジオ，広報誌で紹介されるエピソードを見てみると，高齢者よりも，子どもや若者が多く取り上げられている。子どものエピソードを紹介した方が，人々に献血を促す力が強いと考えられ，戦略的に子どもを取り上げるという方法もあるだろう。他方で，人々が自身のもつイメージの誤り，つまり，輸血用血液製剤は子どもにはあまり使われていないことに気づいた途端に，献血をやめてしまうこともあるかもしれない。

　また，過度な「見える化」の促進は，危険性も有している。献血者に「献血によって役に立つことができた」という強い実感を与えるためには，献血者に受け手の詳細な情報を伝えるという方法もあるだろう。しかし，献血者と受け手にとって双方が誰であるのかが明らかになることは，両者の間に上下関係を生む危険性もある。受け手は，自らが血液の提供を受けたことが献血者や周囲に明らかになることによって，強い負い目を感じるかもしれないし，献血者から直接連絡があった場合，それを負担に感じることもあり得る。献血者と受け手の間に匿名関係が成立していることは，血液の贈与をめぐる上下関係から人々を解き放つということにもつながっている（cf. イグナティエフ 1984＝2003）。受け手の「見える化」を進めるといっても，どのようにして「見える化」を進めていくのかについては，慎重な議論を重ねる必要があるだろう。

献血制度のままで青少年への献血に関する教育を進めればよいのか

　献血制度を採用しながら，献血者を増やすということを考えた場合，青少年への教育や啓発を進めるという方法もあるだろう。学校教育などを通して，献血の必要性を伝えていくことや，他者への思いやりの気持ちを高めていくことなどの方策も考えられる。

　献血推進の現場でも，青少年への献血に関する教育や啓発が進められている（厚生労働省 2018b）。小学生や中学生向けの献血に関するパンフレット『愛のかたち献血』が作成され，献血の啓発ポスターも中学校などへ配布されている。高校生に対しては，献血に関する副読本『けんけつ HOP STEP JUMP』が配布され，高等学校学習指導要領解説の保健体育編に，献血について触れることが盛り込まれている（厚生労働省 2017b）。高校生や大学生向けの情報誌『献血 Walker』も作成されている（厚生労働省 2018b）。加えて，小学校，中学校，高校において献血セミナーが実施され，献血の仕組みや献血の重要性に関する講義もなされている。さらに，若年層が献血に興味を持ちやすいように，若者に人気があるアイドルやスポーツ選手を献血の広報に起用したり，アニメやゲームとタイアップするなどの工夫も進められている。インターネットや SNS の利用による，献血広報の促進もなされている。

　青少年への献血に関する教育や啓発については，様々な取り組みがなされている。しかしながら，若年層の献血者数は減少傾向にあり，特段回復するきざしはみられない（図2-2）。青少年への教育や啓発は重要であるが，具体的にはどのように進めていけば，効果的な献血者増加へつながるのだろうか。具体的な教育，啓発，広報の方法については，議論を重ねていく必要があるだろう。

── みんなで考えよう ──

　どのようにすれば献血者は増えるのか。以下の方策のなかからグループ討議によっていずれかを選択しよう。さらにグループ間で協議しよう。

　①　売血制度へ変更する

---

　②　預血制度へ変更する

　③　処遇品を充実させる

　④　「見える化」を進める

　⑤　教育や啓発を進める

3　社会的連帯の形成に向けて

　本章では，社会的連帯の具体的事例として，献血の問題を取り上げ，どうすれば必要な量の血液を確保することができるのか考えてきた。献血の特徴とは，献血者と受け手が非対面的な関係性にある点だが，これからの社会的連帯のあり方を考えていくにあたっては，従来の対面的な関係性の議論に加えて，非対面的な関係性のあり方についても考えていく必要があるだろう。

　しかし，受け手と担い手が顔の見える関係性にある場合には，より関係性を構築しやすく，社会的連帯の形成につながりやすいように思われるが，他方で，両者が非対面的な関係性にある場合には，社会的連帯を形成するのは容易ではないだろう。むしろ非対面的な関係性にあるからこそ，人は他者の置かれている状況に無関心になり，冷酷になることも考えられる。非対面的な関係性にある他者との社会的連帯の形成のためには，「想像力」の涵養が重要になってくると考えられるが，現代社会の状況を振り返ると，近年ヘイトスピーチやテロなど，社会のなかで特定の他者を排除し，分断を作り出す危険な状況も出てきている。どうすれば非対面的な状況における社会的連帯の形成が可能なのか，考えていくことが必要になっていると言えよう。これまで人々の生活は対面的な関係性に大きく支えられてきたが，他方で，対面的な関係性では，同じ地域の人々とのみ助け合うというような，内部／外部という区別を生み出しかねない危険性もある。非対面的な他者への想像力を育んでいくこととは，このような対面的な関係性の抱える限界を乗り越えていく可能性も有している。

───── 深めよう ─────

　どのようにすれば献血者は増えるのか。「調べてみよう」や「みんなで考えよう」をふまえて，また，献血に関する先行研究などを収集して，提案をレポートにまとめよう。

参考文献

イグナティエフ，マイケル，添谷育志・金田耕一訳（2003）『ニーズ・オブ・ストレンジャーズ』風行社。

今井竜也（2006）「献血におけるサンクションとインセンティブ——血液政策・供血システム転換の可能性と必要性」『保健医療社会学論集』17(1)，51-62。

香西豊子（2007）『流通する「人体」——献体・献血・臓器提供の歴史』勁草書房。

厚生労働省（2017a）「日本における輸血後肝炎発症率の推移」（2017年11月13日取得，http://www.mhlw.go.jp/new-info/kobetu/iyaku/kenketsugo/1e.html）。

─────（2017b）「平成29年度第1回血液事業部会献血推進調査会資料」（2019年6月26日取得，https://www.mhlw.go.jp/stf/shingi2/0000174569.html）。

─────（2018a）「平成29年度第3回血液事業部会献血推進調査会資料」（2019年6月26日取得，https://www.mhlw.go.jp/stf/shingi2/0000201811.html）。

─────（2018b）「平成30年度第1回血液事業部会献血推進調査会資料」（2019年6月26日取得，https://www.mhlw.go.jp/stf/shingi2/0000201811_00001.html）。

齋藤純一（2011）「制度化された連帯とその動機づけ」齋藤純一編『〈政治の発見〉第3巻　支える——連帯と再分配の政治学』風行社。

総務庁統計局（1988）『昭和61年社会生活基本調査報告　地域　生活行動編　その1』。

─────（1998）『平成8年社会生活基本調査報告　第6巻　国民の生活時間・余暇活動（解説編）』。

総務省統計局（2013）『平成23年社会生活基本調査報告　第7巻　国民の生活時間・生活行動（解説編）（調査票A）』。

─────（2017）『平成28年社会生活基本調査——生活行動に関する結果　結果の概要』（2017年11月13日取得，http://www.stat.go.jp/data/shakai/2016/pdf/gaiyou.pdf）。

デュルケム，エミール，井伊玄太郎訳（2009）『社会分業論（上・下）』講談社。

東京都福祉保健局（2018）『平成29年　輸血状況調査結果（概要）』（2019年6月26日取得，http://www.fukushihoken.metro.tokyo.jp/iryo/k_isyoku/yuketsutyousakekka.files/29gaiyou.pdf）。

日本赤十字社（1988）『日本赤十字社社史稿　第8巻』。
───（1993）『血液事業の現状　平成4年統計表』。
───（2003）『血液事業の現状　平成14年統計表』。
───（2013）『血液事業の現状　平成24年統計表』。
───（2015）『血液事業の現状　平成26年統計表』。
───（2016）『血液事業の現状　平成27年統計表』。
───（2017）『血液事業の現状　平成28年統計表』。
───（2018）『血液事業の現状　平成29年統計表』。
藤村正之（2013）「個人化・連帯・福祉」藤村正之編『協働性の福祉社会学──個人化社会の連帯』東京大学出版会。
ミルズ，C. W.，鈴木広訳（2005）『社会学的想像力』紀伊國屋書店。
モース，マルセル，吉田禎吾・江川純一訳（2009）『贈与論』筑摩書房。
吉武由彩（2018）「R. ティトマスの『贈与関係論』再考──社会的連帯の形成へ向けて」『福岡県立大学人間社会学部紀要』26(2)：1-18。
Titmuss, R., [1970] 2002, *The Gift Relationship: 1970*（*Palgrave Macmillan archive ed.*）, Basingstoke: Palgrave Macmillan.

推薦図書

Titmuss, R., [1970] 2002, *The Gift Relationship: 1970*（*Palgrave Macmillan archive ed.*）, Basingstoke: Palgrave Macmillan.
　＊本章でも紹介した献血の古典的研究。各国の血液事業を比較検討し，社会政策と経済政策という概念を提示して論じている。
モース，マルセル，吉田禎吾・江川純一訳（2009）『贈与論』筑摩書房。
　＊人類学における研究で，未開社会における贈与をめぐる研究。ティトマスの研究はモースの研究を参考にしている。

（吉武　由彩）

第3章
教育で貧困の世代的再生産が防げるのか

この章で学ぶこと

　近年，いわゆる「貧困の連鎖」を食い止めるための手段として，貧困・生活困窮世帯で育つ子どもへの教育的な支援（学習支援事業）が全国各地で行われている。世帯の経済状況や物的・文化的環境により，そこで育つ子どもが学習面や生活面で不利となることがあるため，それを防止しようとする制度的な取り組みである。本章では，学習支援事業を題材として用いながら，貧困が世代間で受け継がれていく貧困の再生産という問題に対して，"教育"がどのような役割を果たしうるのかについて考えてみよう。

キーワード：貧困の世代的再生産，教育，学習支援事業，機会の平等／不平等

この章の問い

　"教育"を通して何らかの知識・技術・資格を身につければ，職業選択の幅が広がり，就職が有利になる。"教育"を強調すれば貧困やその再生産といった問題を解決することができるのだろうか？

　貧困研究者の松本伊智朗は，若いころに児童養護施設で勉強を教えるボランティアをしていた際，次のような思いを抱いたという。「勉強ができるようになること」は子どもの自尊心の回復の手助けになるし，子どもの可能性を広げるものの，「勉強ができるようになって，高校に進学して，将来の選択肢を広げよう」という説明は，やっても成績が上がらない子どもにとっては，結局傷口に塩を塗りこむだけではないか，と。松本は，学習支援事業のような取り組みの積極的な意義を認めつつも，それが貧困の個人主義的な理解（「勉強ができ

なかった子が悪い」）や自己責任化（「勉強ができなかった自分が悪い」）を招く危険性に警鐘を鳴らしている（松本 2013：8）。貧困の原因の多くは，個人ではなく社会の側にあるからである。

　生活保護世帯などの子どもを対象とした学習支援教室で教えた経験がある筆者も，似たようなことを感じ，モヤモヤとした思いをもったことがある。家では勉強ができない子，教えてくれる大人がいない子，学びに価値を見いだせない子，塾に通えない子，生活が不規則な子，他人への信頼感情をもてない子，あきらめる癖がついている子，教室で睡眠時間を確保する子，学校に登校できない子などなど。発達上の重要な局面において，不安定な生活基盤のうえで育つ子どもたちに対して，"教育"は何ができ，何ができないのだろうか。このことを考える糸口として，筆者が感じた「モヤモヤ」を言語化してみよう。不安定な生活基盤のうえで育つことは，様々な体験や能力の獲得機会を失わせ，個人の生きる可能性の幅を狭める。その点をカバーする可能性を学習支援事業はもっているものの，それは貧困の個人主義的な理解を誘引し，結果的に自己責任論を多くの人々にすり込む装置へと横滑りしてしまう危うさをもつ。貧困と"教育"をめぐるこのジレンマを本章では考えてゆきたい。

1　貧困と不平等の違い

　まず，貧困と不平等という 2 つの概念の違いについて確認しておこう。貧困には様々な概念や定義があり，一般的には生きるために必要とされる資源が十分に調達できない状態を指し示す。ただし，ここで押さえておきたいのは，貧困という概念の本質は「どの程度の生活水準にあるか」や「どの程度困窮しているか」を判断する点にあるのではなく，「どの程度の生活水準なら社会的に認められるのか／認められないのか」を判断する規範的な概念であるという点にある。つまり，どのような水準であれ，何らかの状態を「貧困」と言い表すことは，それが社会的に許容できず解決される必要があることを表明しているのである（岩田・西澤 2005；スピッカー 2007＝2008）。

　一方で，不平等は貧困とは異なる性格をもっている。たとえば，資格の有無や役職などによって待遇が異なることは不平等であるが，そのことは多くの人々によって受け入れられている。もちろん逆に，不平等の程度や内実によっては，社会的に許容できない不平等も存在するだろう。両者のこうした概念の違いをふまえ，本章では，不平等を，生活を送るうえで必要とされる資源分配の歪みと考え，それが歪んでいることにより容認できないほど生活資源が不足した状態を貧困と考えていこう。

2　子どもの貧困

　近年，「子どもの貧困」が社会的な問題として注目されている。厚生労働省によると，子どもの貧困率（相対的貧困率）は2015年時点で13.9％であり，単純に計算すると約7人に1人の子が貧困状態にあることになる。これを多いと受け止めるか，少ないと受け止めるかは，その人がこれまでに所属してきた集団や地域や学校の偏りによって異なるだろう。もしくは，その人のもつ貧困のイメージによっても違ってくる。「子どもの貧困」には，目に見える問題（学用品を買いそろえることができない，衛生状態が悪い，低体重であるなど）ばかりではなく，目に見えない問題（栄養量のほとんどを給食でまかなっている，病院にかかることができない，自分や他者への肯定的な感情をもてない，意欲や希望がないなど）も存在する。このように聞くと，今の貧困は昔の貧困よりもましでぜい沢だ，と考える人もいるかもしれない。しかし，先ほどあげた厚生労働省の貧困率の算出基準（いわゆる貧困線）は，1人世帯で年間手取り122万円，つまり，月に10万円程度である。その10万円で月々の家賃や水道光熱費を支払い，食料を買い，必要に応じて病院にかかり，社会生活を送るために必要なモノやサービスを買い，将来に備えて貯蓄をできるだろうか。4人家族だと，年間所得244万円（月に約20万円程度）が貧困ラインとなる。果たしてこれは「ぜい沢な貧困」といえるだろうか。ちなみに，経済的理由により就学困難と認められる世帯を援助する就学援助制度の利用率を確認すると，2016年度時点で約15％と

なっており，この指標も約 6 〜 7 人に 1 人が貧困世帯で育っていることを示唆
している。

　もっとも，多くの研究者や実践家が指摘しているように，「子どもの貧困」
という問題は，それ自体が独立して存在しているわけではない。「子どもの貧
困」とは子どもが育つ世帯の貧困問題であり，容認できない経済状況におかれ
た（子育て）世帯を生み出す経済や社会の構造的な問題である。それゆえ，
「『おとなの貧困』を放置し『子どもの貧困』のみ取り上げるような問題の分
断」（松本ほか 2016：22）では解決を遠ざけてしまう。たとえば，両者を結び付
けた先駆的な取り組みとして「子ども・家族まるごと支援」を実践する NPO
法人抱樸（2017）は独自の調査から，保護者の生活状態と子どもの生活・学習
状態の間に関連がみられること，両者が支援により改善していることを報告し
ており，包括的な世帯支援の重要性を実証している。家族（親）への支援と，
子どもへの支援は，車の両輪としてとらえる必要がある。

　業績主義（その人の出自ではなく能力を評価する考え方）を標榜する社会では，
結果の不平等（所得・資産や職業の不平等）は容認されがちであり，大人の困窮
や貧困は見過ごされやすい。むしろ，その不平等の存在を経済発展の原動力の
一部として組み込んでいるために，そもそも否定しえない側面をもつ。しかし
ながら，その能力を身につけるための競争のスタート地点が異なっているとす
れば，話は違ってくる。勉強をしたいが，落ち着いて取り組める場所がそもそ
もない，何らかのスキルや資格を身につけたいが，経済的理由で進学すること
ができない。こうした問題は，能力形成や地位獲得をめざす一種の競争ゲーム
が，実はきわめて不平等かつ不公正な形式で実施されていることを端的に物語
っている。「子どもの貧困」が社会問題として大きな関心を集めたのも，この
点への問題意識が関係しているだろう。

　こうした不平等をもたらすメカニズムの一端はすでに明らかにされている。
例えば，その人が教育を受けた年数（つまり学歴）によって生涯を通して得ら
れる賃金が異なることはよく知られているが，その学歴の獲得という教育的な
達成も，本人の育つ家庭によって異なっている。具体的には，親が「高学歴」

で「いい仕事」に就いていれば子の学歴が高くなり，その結果，子も「いい仕事」に就く傾向があるという（吉川 2006）。どの家庭（親）に生まれるかによって，その後の人生の到達点が異なるということは，そもそも走る距離の違う不公正なゲームが実施されていることを意味する。ここに，業績主義を標榜する社会の矛盾があり，貧困・不平等が世代間で伝達される問題の解決策として"教育"に期待が寄せられる理由がある。つまり，できる限りスタートラインを揃えるために，不利な環境に置かれた子に対する"教育"を制度的に保障しよう，というわけである。

調べてみよう

　家計の状況によって，子育て世帯のお金の使い方がどのように違ってくるのか，またそれにより子の育つ環境がどのように変化するのだろうか。以下の本の「子どもの貧困状態を模擬体験してみよう」を参考にしながら調べてみよう。

＊松本伊智朗・湯澤直美・平湯真人ほか編著（2016）『子どもの貧困ハンドブック』かもがわ出版，62-65頁。

3　「子どもの貧困」への政策的対応

"教育"による貧困の再生産の防止

　2013年に成立した「子どもの貧困対策の推進に関する法律」は，こうした不平等なゲームの是正をねらいとしており，「子どもの将来がその生まれ育った環境によって左右されることのないよう，貧困の状況にある子どもが健やかに育成される環境を整備するとともに，教育の機会均等を図る」ことが目指されている。この法律の理念を具現化した「子どもの貧困対策に関する大綱」（以下，大綱）では，当面の重点施策として，「教育の支援」「生活の支援」「保護者の就労支援」「経済的支援」「子どもの貧困に関する調査研究等」「施策の推進体制等」の 6 本の柱が掲げられている。主だったものを具体的にあげると，

「教育の支援」として，学校をプラットフォームとした子どもの貧困対策の推進（学習指導，スクールソーシャルワーカーの配置），教育費負担の軽減（幼児教育無償化，奨学金制度の充実），学習支援の推進が目指されている。「生活の支援」として保護者・子どもの生活支援が，「保護者の就労支援」としてはひとり親家庭・生活困窮者・生活保護受給者への就労支援が，そして「経済的支援」としてひとり親家庭の養育費の確保や母子福祉資金貸付などを父子家庭へも拡大することなどが目指されている。

　貧困への対応を促す法律の成立は歓迎されるべきであるし，上述した個々の取り組みそれ自体に反対する人は少ないだろう。しかし当該法が実態として行っていることをパッケージとしてみると，「所得保障の観点が薄く学習支援が強調」（松本 2017：3）されているとの指摘もある。つまり，貧困をもたらす分配の歪みや，本来であればその歪みを是正するはずの税制・社会保障制度への介入がなく，"教育の機会"を均等にすることに力点が置かれているのである。もっとも，先に記したように，大綱はその目的・理念として教育の機会均等をうたっているため，"教育"が重要視されるのは当然かもしれない。つまり，貧困家庭で育ったために被る不利益を最小化することにより，貧困が世代間で再生産されることをくい止めようとしているのであり，その防止策として"教育"が位置づけられているのである。その背後に見え隠れするのは，教育を将来への投資とみなす人的資本論的な視点——教育や訓練により人間の経済的な価値を高めることができるという考え方——であり，子どもの貧困対策は人材育成策となる，という想定である。

学習支援事業

　重要なのは，当該法のもと実施されている取り組みの具体的な検討である。大綱で推進がうたわれている学習支援の大きな柱は，「生活困窮世帯等の子どもの学習支援事業」である。この事業は「『貧困の連鎖』を防止する観点から，生活困窮家庭の子どもへの学習支援や居場所づくり，学習の重要性についての保護者の理解の促進等の支援を行う」（厚生労働省）ものである。この事業の前

身は，生活保護世帯の自立支援プログラムの一環として行われてきた学習支援事業である。2015年に生活困窮者自立支援法が施行されたことにより学習支援事業が制度化され，生活保護世帯の子どもも対象に含める形態となった。対象は生活保護世帯・就学援助利用世帯・ひとり親世帯・非課税世帯の子どもなどである。

　厚生労働省（2018）によると，学習支援事業は2018年時点で，全国の約6割の自治体で実施されており，NPO・社会福祉協議会・社会福祉法人・学習塾・株式会社など，多様な主体によって運営されている。そこでの支援内容は，学習支援だけにとどまらず，居場所づくり，生活スキルや社会的スキルの習得，親に対する養育支援も含んでいる。展開形態は多様であり，対象となる子どもが特定の場所に集う教室型を中心としつつも，自宅訪問型の学習支援を実施している場合もある。また教室型であっても，一斉に学習を進めるのではなく，個別に学習を行うスタイルが一般的である。

　こうした学習支援事業は，当該地域の実情・利用要件・集う子どもたちの特性・実施主体や受託団体の方針・学校等関連機関との関係性などによりその性格は多様であるが，総じてみるとその効果は顕著である。NPO法人さいたまユースサポートネット（2017）が全国15団体の中学生748名を対象に実施した調査によると，「勉強がわかるようになった」「授業をおもしろいと感じるようになった」「苦手なことから逃げなくなった」「『わからない』『おしえて』と言えるようになった」など学習面のすべてで肯定的な回答が多数を占めている。と同時に，「周りから必要とされていると思うようになった」「自分を嫌いだと思うことが少なくなった」「自分の将来について希望を持てるようになった」などの項目でも肯定的な回答が多数を占め，学習支援事業が学習面のみならず関係面や情緒面でも大きな効果を果たしていることがわかる。

　このことは，学習支援教室で筆者が経験してきたこととも合致する。学習支援教室の存在は多くの子どもにとって重要なものである。多様な生活背景をもち，時として困難を抱えさせられた子どもたちが，そこに居場所をみつけ，学び，自己を表現し，つながりをつくりながら自己と他者を受け入れ，信頼を寄

せる。そしてそれらは，前向きな将来展望へとつながっていく。

― 調べてみよう ―

　学習支援事業の実態について，以下の報告書を参考にしながら調
べてみよう。
＊NPO法人さいたまユースサポートネット（2017年）『子どもの学
習支援事業の効果的な異分野連携と事業の効果検証に関する調査研
究事業報告書』（https://www.saitamayouthnet.org/pdf/ 報告書 -web.pdf）

4　"機会の平等"で貧困はなくしうるか

　では，学習支援教室の対象を広げたり，義務化したり，学校教育と組み合わ
せるなどをして，今以上に拡充すればよいのだろうか。"教育"を子どもの貧
困問題の解決策とすることに対して，批判的な視点も存在する。先に触れたよ
うに，子どもの貧困対策が「教育の機会均等」と「育成環境の整備」に焦点化
され，税や社会保障による所得の再分配が貧困対策の主要な柱になっていない
ことから，貧困を生み出す社会の仕組みを変えないままに，保護者の責任と子
どもの努力にその解決を委ねているように見える，という捉え方である（湯沢
2017）。確かに，"機会の平等"を目指すことによって貧困問題が解決するかど
うかは分からない。そればかりか，新たに生み出される貧困を追認する可能性
すらある。なぜならば，仮に平等な機会と公平な競争が実現されたとしても，
その土俵の上で生み出される貧困に対して，教育的アプローチは解決策を提供
しえないからだ。にもかかわらず，"教育"を貧困解決の手段として位置づけ，
親と子の双方に努力や頑張りを求め，それを称揚するということは，不公平な
ゲームのルールを変更することなく，そのルールのもとでも負けない（もしく
はゲームから離脱しない）よう個人が頑張ることをアシストするような，いびつ
な対応なのかもしれない。

　この問題は，子どもの貧困だけにみられるものではなく，近年の社会政策に

通底する志向性がもたらす問題構造だろう。たとえば仁平典宏は，社会的排除という問題に対して，教育や訓練を通じて包摂を図ろうとするワークフェア言説・政策が，結果として排除の原因を自己の責任問題として個人に認識させる機能をもっていたことを論じている（仁平 2009, 2015）。

5 “教育”と貧困をめぐるジレンマ

　ここにきて，私たちは1つのジレンマに直面する。“教育”は，貧困およびその再生産の根絶に寄与するのか，しないのか，である。そもそも，教育社会学のオーソドックスな考え方に従えば，学校教育は「学業的達成」という指標を通じて各々の社会的地位に人々を割り振る選別装置であり，なおかつそれは親の職業的地位（出身階層）の影響を受けている。その意味で学校という教育機関を不平等や貧困の発生ないしは存続に寄与していると見なすことも可能である。以下では，教育を，学校教育を中心とした教育システムと捉えたうえで，昨今の政策動向への批判的視点を摂取しつつも，あえて政策的方向性の論理を思考実験的に拡張する形式で，教育と貧困の関係性を考えてみたい。

教育が拡大すれば貧困はなくなるのか？

　このジレンマの答えを求めるために，まずはシンプルに教育の普及と貧困の関係性を考えてみたい。教育が貧困をなくしうるのであれば，教育の拡大によって貧困が消失すると考えられるからだ。図3-1では，貧困の指標として相対的貧困率（子どもの貧困率）と生活保護率を用いている。図が示すように，1985年から2016年の間で，大学進学率は26.5％から52.0％へと上昇しているが，相対的貧困率は12.0％から15.6％へとむしろ上昇している（子どもの貧困率は10.9％→13.9％）。生活保護率の推移を見てみても，同様のことを指摘することができる。

　もちろん日本のような脱工業化した国々と，そうでない国々とでは，教育の普及の意味は異なっており，教育と貧困が普遍的に無関連だというわけではな

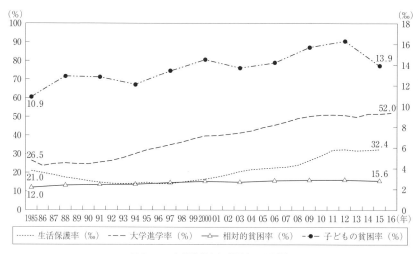

図3-1　大学進学率と貧困率の関係性

出典：文部科学省「学校基本調査」，厚生労働省「被保護者調査」，内閣府『平成27年版　子ども・若者白書』。

い。しかし少なくともここ30年間の日本社会では，教育（実体的には高等教育）が普及しても，貧困は減るどころかむしろ増えている。ここで，次のように考える人もいるかもしれない。それは教育達成がきわめて不平等なかたちで成し遂げられているからであり，その最大の要因は教育費の私費負担割合の高さにある。高等教育の無償化や奨学金制度の拡充などによってその点を是正し，大学をはじめとする高等教育機関に進学しない／できない人々の機会と達成をアシストすれば，不平等や貧困が根絶ないしは緩和されるのではないのか，と。

　だが，過去を参照してそのことを考えてみると，否定的にならざるを得ない。図3-2では，所得格差の度合いを表すジニ係数と高校進学率の推移を示している。これを見ると，高校進学率は1958年に53.7％だったものが，その20年後には90％を超えているが，その間も不平等は存在し続けてきたことが分かる。

　このように，2つの図から，不平等・貧困の割合と教育の普及度とは関連をもたないことが分かる。だとすれば，現状の大学進学率を高めたとしても，おそらくその先に待ち受けているのは出身大学の「看板」による差異がさらに強調される事態である。事実，高等教育が拡大した結果，大卒学歴一般の価値が

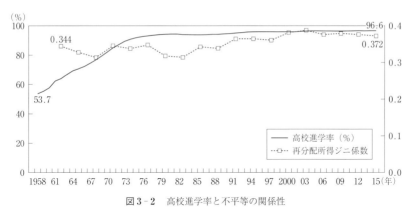

図 3-2　高校進学率と不平等の関係性

出典：文部科学省「学校基本調査」，厚生労働省「所得再分配調査」，内閣府『平成27年版　子ども・若者白書』。

低下し，いわゆる難関大学卒や大学院卒の学歴の価値が相対的に高まっていることが指摘されている（苅谷 2017）。

　もちろん，経済的に困窮しつつも，刻苦勉励して"よい学校"に入り，"よい仕事"に就く，という道を歩む人が一定数いるだろうし，そのこと自体を否定したいわけではない。繰り返しとなるが，ここで見落としてならないのは，教育機会を形式上ないしは実質上保障することが，その結果をすべて個人で引き受けることとセットであるならば，教育の機会を平等に用意することは，結果としての貧困・不平等を個人の責任問題としてみなす観点を増強するということである。教育や学習の強調・支援は，そのルートに上手く乗れる人とそうではない人とを選別し，後者が「救済に値しない人」として認識されていく可能性をはらんでいる（堅田 2019）。

　ここで立ち止まって考えなければならない。そもそも，チャンスさえ平等であれば，すべての人が"頑張って競争する"のだろうか。何のために，誰のために頑張るのか，頑張りの先にあるものにどの程度の価値を置いているのか，これらは人によって異なるだろう。苅谷剛彦によると，「努力」という営み自体，そもそも平等なものではないという。教育達成における結果の不平等は，能力の差異だけでなく，努力の差異も存在しており，その努力自体が，出身階

41

層による影響を受けているという。しかしその点を見落としたまま「努力」だけを強調し，何かが達成できなかったことを「努力が足りなかったから……」とみなす考え方は，生まれた家庭による様々な不平等を覆い隠す機能をもってきたという（苅谷 2000）。努力に期待し，機会の均等を確保するだけでは，同様の問題を「貧困対策」という名の土俵上で繰り返すだけだろう。

みんなが頑張って，みんなが苦しい？

　上述したことは，いささか"冷めた"見方かもしれない。と同時に，こうした視点だけでは，教育の重要な役割を見落としてしまう可能性もある。そこで，教育が付与する「能力」の内実を類別しながら，教育と貧困の関係を別の回路から考えてみよう。

　「能力」には多様なものが存在するが，それらは，それ自体が重要で価値あるものと，社会的競争において価値をもつものの 2 つに分けることができる。たとえば，読み書きや計算といった社会生活を送る上で必須の能力を身につける機会を逃した子に対して，学習支援を行うことは重要なことである（西牧 2019）。一方で，社会的競争において評価される能力は，これとは異なる側面がある。たとえば，限られた枠を争う入学試験・就職活動・昇進競争において評価される能力（試験の点数・学歴・資格やスキル・売上など）は，みんなが頑張ってその能力の獲得を目指すと，今度はその能力だけでは評価されなくなってしまう。たとえば，低賃金で不安定な仕事を避けるために，多くの人が学歴や資格の獲得を個人戦略として用いたとしよう。しかし，安定的な雇用の枠自体が限られているとするならば，たとえ頑張って能力を身につけたとしても，安定雇用に就けるかどうかは分からない。

　つまり前者の場合は「みんなが頑張ってみんなが達成する」ことは論理的に可能であるが，後者の場合は「みんなが頑張っても一部の人しか達成できない」ことがある。そればかりか，後者に多くの人々の努力が動員されればされるほど，その要求水準がさらに上昇していくことすらある。

　H. ガンズは，多くの人々が貧困をなくすべきだと考えているにもかかわら

ず，なぜ貧困が存続しつづけるのかという問いへの答えを，貧困が社会のなか
で果たす積極的な機能に求めている。そのうちの１つに，貧困者は他の人々の
上昇移動の手助けをしているという視点がある。ガンズによれば，貧しい人々
の教育機会や能力を伸ばす機会が奪われることによって，他の人々はよりよい
職を得ることが可能になっているという（Gans 1972 : 281）。つまり，誰かが
「（頑張らず／れず／っても）達成しないこと」は誰かが「達成すること」と裏腹
の事象なのである。平等な機会が用意され，皆が頑張ったとしても，貧困や不
平等は消失しないだろう。むしろ，達成すべき水準がどんどんと上昇し，さら
なる能力や努力が必要とされる際限のないゲームへと陥る可能性をもつ。

　この点を，労働市場との接続や産業的生産性も含めて考えよう。すでに知ら
れているように，現代の日本の貧困の特質の１つは，「働いていない（働けな
い）から貧困」なのではなく「働いてるけど貧困」という点にある。その背後
にあるのは，不安定・低賃金雇用の増大と，それが生活難に直結しやすい税
制・社会保障制度の不備とにある（益田 2018）。脱工業化したグローバルな社
会は不安定な雇用を一定数必要としており，誰かが安定的な職に就くことは，
誰かが不安定な職に就かなければならないことを意味する。ここで，次のよう
な考え方もある。現時点では不安定で低賃金な雇用が存在するが，それらの
人々も含めて皆が頑張って働くことで企業，ひいては社会全体の生産力が向上
し，すべての人々に恩恵をもたらすのだ，と。この物語の妥当性を，図３-３
から考えてみよう。

　図３-３は，労働者の賃金と生産性の関係性を示したものであり，1990年代
までは生産性と賃金との間に正の相関が認められるが，2000年以降は生産性の
向上が賃金上昇に結びついていないことが分かる。ちなみに，企業の業績と賃
金の間にも同様の関係性が認められ，企業の業績が向上したとしても，2000年
以降は賃金が伸びていないことが明らかになっている（出典は図３-３と同じ）。
つまり，何らかの能力を身につけたり，頑張って働いたりすることで生産性を
上げ，企業の業績が向上したとしても，それにより賃金が上昇することはもは
や見込めないのである。その表れの１つとして，現在の日本社会では，景気の

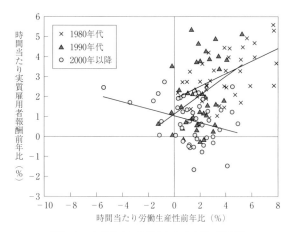

図3-3　名目賃金と時間当たり生産性の関係性

出典：内閣府「平成26年度　年次経済財政報告」135頁（https://www5.cao.go.jp/j-j/wp/wp-je14/h05_hz020216.html）。

良し悪しによって非正規雇用者の割合に変化は見られないどころか，場合によっては好景気のときに上昇することが指摘されている（太郎丸 2009）。つまり，生産力の向上も好景気も，生活の向上に直結しない社会に私たちはいるのである。

　したがって，均等な教育機会を準備し，みんなが過酷な（場合によっては無意味な）競争のなかで努力をして能力を身につけ，生産性を向上させ，企業業績を上げたとしても，不平等も貧困もその再生産も，消失するとは考えにくい。これは国家という枠内に閉じた話ではなく，グローバルな視野で考えても同様の事態が生じうる。

　　──みんなで考えよう──
　　貧困や不平等という社会の問題に対して，教育はどのような役割を果たしうるだろうか。本章の内容を念頭に置きながら，以下の5つの方法のうちどれが望ましいのかを，グループで考えてみよう。
　　① 幼児教育〜高等教育までのすべての教育費（学費だけでなく学

　用品費も）を無償（公費負担）とする。

②　学校に学習支援員を置き，学校での学びを支援する。

③　学校のカリキュラムを再考したり，評価基準を変更する。

④　家庭や学校だけに期待するのではなく，地域社会（住民）による教育（サポート）を制度化する。

⑤　スタートラインを揃えるのではなく，結果としての貧困に適切に対応する。

6　教育の不可能性と可能性

　すでにみてきたように，教育に過度に期待することは，結果として貧困問題を不可視化させ自責化させるおそれがある。しかしながら，筆者は学習支援のもつ積極的意義を捨て去るべきではないと考えている（益田 2016）。教育が貧困の再生産の根本的な解決をもたらさないとしても，学習支援教室のような場で獲得される学び・関係性・意欲・信頼感情は，教育でしか与えられない重要なものだろう。

　家庭教育や学校教育がそれらに「失敗」しているのであれば，そこを補う必要があるし，それを現在制度的に行われている学習支援事業に限定して考える必要はない。現在，子どもの育ちや学びを支える多様な取り組みが全国各地で行われているが，たとえば日置（2009）のように，教育も担う雑多で緩やかで統合的な場もある。教育の内実を社会的競争における能力獲得のみに限定せず，本来的な意味での教育を受ける場や機会を，社会のなかに豊かに用意しておかなければならない。もちろんこのことは，家庭や学校の教育的役割すべてを他の担い手に代替させるということではなく，家庭や学校の抱える困難の解決と同時に考えなければならない問題だろう。

　このことに加えてもう1点，貧困・不平等の発生や再生産について，教育でしか果たしえない役割があるように思える。教育はなにも経済的主体を生産す

るだけではないはずだ（広田 2007）。貧困や不平等の捉え方やその解決策を導く認識枠組みに対して，教育は大きな影響力をもつ。本章の３つの課題に取り組むことによってあなたの認識に何らかの変化があったとしたら，それは教育がもつ可能性の１つの表れであるともいえるだろう。

深めよう

貧困と不平等を切り分けたうえで，双方の問題の解決策を，短期・長期的な視点の双方から整理してみよう。その際に，学校教育・家庭教育・地域での教育が，社会において「果たしている役割」および「果たすべき役割」の２つに分け，あなたがこれまでに受けてきた教育と比較しながら整理してみよう。

参考文献

岩田正美・西澤晃彦編著（2005）『貧困と社会的排除』ミネルヴァ書房。

NPO法人さいたまユースサポートネット（2017）『子どもの学習支援事業の効果的な異分野連携と事業の効果検証に関する調査研究事業報告書』（https://www.saitamayouthnet.org/pdf/ 報告書 -web.pdf）。

NPO法人抱樸（2017）『ひきこもり状態にある若年者・児童およびスネップ状態にある者とその家族を支える包摂型世帯支援の構築と，世帯の支援メニューと支援ツールの開発，および困窮世帯を支える市民参加型の地域連携の在り方に関する調査・研究事業報告書』。

堅田香織里（2019）「『子どもの貧困』再考」佐々木宏・鳥山まどか編著『シリーズ子どもの貧困3　教える・学ぶ』明石書店。

苅谷剛彦（2000）「学習時間の研究」『教育社会学研究』66，213-230。

―――（2017）「教育拡大と学歴の効用の変容」石田浩編『教育とキャリア』勁草書房，90-112。

吉川徹（2006）『学歴と格差・不平等』東京大学出版会。

厚生労働省（2018）『平成30年度 生活困窮者自立支援制度の実施状況調査 集計結果』（https://www.mhlw.go.jp/content/000363182.pdf）。

スピッカー，ポール，圷洋一監訳（2008）『貧困の概念』生活書院。

太郎丸博（2009）『若年非正規雇用の社会学』大阪大学出版会。

西牧たかね（2019）「学習支援は何を変えるのか」佐々木宏・鳥山まどか編著『シリ

ーズ子どもの貧困3　教える・学ぶ』明石書店。

西村貴直（2016）「『子どもの貧困』問題の再検討」『関東学院大学人文学会紀要』135,
　　99-120。

仁平典宏（2009）「〈シティズンシップ／教育〉の欲望を組みかえる」広田照幸編『自
　　由への問い5　教育』岩波書店。

―――（2015）「〈教育〉化する社会保障と社会的排除」『教育社会学研究』96, 175
　　-196。

日置真世（2009）「人が育ち合う『場づくり実践』の可能性と必要性」『北海道大学大
　　学院教育学研究院紀要』107, 107-124。

広田照幸（2007）「教育社会学はいかに格差――不平等と闘えるのか？」『教育社会学
　　研究』80, 7 -22。

益田仁（2016）「学習支援事業は『貧困』の連鎖を食い止めるのか」『社会分析』43,
　　121-130。

―――（2018）「家庭（世帯）の貧困と子どもの貧困」大西良編著『貧困のなかに
　　いる子どものソーシャルワーク』中央法規。

松本伊智朗（2013）「教育は子どもの貧困対策の切り札か？」『貧困研究』11, 明石書
　　店。

―――（2017）「序　なぜいま，家族・ジェンダーの視点から子どもの貧困を問い
　　なおすのか」松本伊智朗編『『子どもの貧困』を問いなおす』法律文化社。

―――・湯澤直美・平湯真人ほか（2016）『子どもの貧困ハンドブック』かもがわ
　　出版。

湯澤直美（2017）「子どもの貧困対策の行方と家族主義の克服」松本伊智朗編『『子ど
　　もの貧困』を問いなおす』法律文化社。

Gans, H, J, The Positive Functions of Poverty, *American Journal of Sociology*,
　　Vol. 78, No. 2（1972）, 275-289.

推薦図書

S. ボウルズ・H. ギンタス，宇野弘文訳（1986/1987）『アメリカ資本主義と学校教育Ⅰ,
　　Ⅱ』岩波書店。
　＊学校教育における教師と生徒の関係性，規則の存在，そこで培われる態度。本書
　　は，学校教育と生産・経済システムとの関係性が対応的なものとなっていること,
　　そして不平等の正統化装置となっていることを暴いている。多くの論争や批判を
　　巻き起こした本書は，教育の役割について考える際のひとつの参照点となるだろ
　　う。

佐々木宏・鳥山まどか編著（2019）『シリーズ子どもの貧困3　教える・学ぶ』明石

書店。

＊教育と貧困を考える際の手引きとなる書であり，特に学習支援事業を論じた第10
章には重要な論点が提示されている。事業の意義に留まることなく，学習支援事
業から学校教育が逆照射されており，学校教育について改めて考えさせられる。

苫野一徳（2019）『「学校」をつくり直す』河出書房新社。

＊現在の学校教育の問題点を単にあげつらうだけではなく，その背景も押さえなが
ら，具体的な提案がなされている。「これからの学校」を考える際のヒントとな
る書。

（益田　仁）

第4章
なぜ都市への人口集中が続くのか

― この章で学ぶこと ―

　本章では，現代農村における過疎の問題について移住という観点を軸に考えていく。様々な調査の結果をみると，現代日本に暮らす多くの人々は，農村に対し「住みよく好ましい地域」という印象を持っていることがわかる。他方で，過疎問題はいよいよ深刻化し，限界集落の増加や地方消滅の危機などが話題となっている。なぜこのような矛盾した状況が生じているのか。本章ではこの問題に関する学説やデータを，3つの要因に分けて紹介していく。そうすることで過疎問題の複雑さを確認し，解決に向けた論点整理を行う。

キーワード：農村，過疎，移住，地域社会

―― この章の問い ――

　多くの人々が農村に対して好感を抱いているにもかかわらず，都市への人口の集中が続くのはなぜだろうか。

1　農村への関心の高まりと過疎問題の深刻化

　都市から農村への人口移動を指す「田園回帰」という言葉が注目されている。実際に農村への移住者は急激な増加傾向にある。NHK・毎日新聞・明治大学による共同調査によれば，2009年からの5年間でその数は2,864人から1万1,735人へと増加し4.1倍となった。また，2005年に都市住民を含む全国民から抽出したサンプルを対象として内閣府が実施した，「都市と農山村の共生・対流に関する世論調査」でも，若い世代を中心に農村への移住志向が高まっており，

農村は都市より子育てしやすい地域と認知されていることが明らかになっている（小田切 2016）。過疎の先進地域として知られる島根県では，市町村の本庁や支所の所在しない「田舎の田舎」において，30代の若者や子育て世代が増加していると報告されている（藤山 2015）。

　農村内部に目を向けてみても，住民による地域生活に対する総合的な満足度や地域社会に対する好感度は，比較的高いとする報告がある。高野らが2018年に鹿児島県伊仙町で実施した調査を取り上げよう。伊仙町は，徳之島という離島に位置する自治体であるにもかかわらず，「全体的に見た地域の住み心地」について「良い」「まあ良い」と回答したものが80.3%，「今住んでいる地域が好きだ」と思うかという問いに「そう思う」「まあそう思う」と回答したものが84.4%にのぼった（高野 2019）。同様の傾向は他の過疎地域で実施された調査でも確認されている。

　以上のように農村が好感を持たれ田園回帰志向も高まっている一方で，農村や地方の過疎問題をめぐっては，大野晃による限界集落論（大野 2005）や増田寛也らによる地方消滅論（増田 2014）に代表されるように，深刻な危機を強調する議論に注目が集まっている。これらの議論の共通点は，高齢化や若年女性の減少によって，集落や自治体の消滅が現実的に迫っていると主張しているところにある。「限界集落」や「地方消滅」という言葉はメディアでも広く取り上げられ，国の政策などにも大きな影響を与えた。

　では，田園回帰現象は現実に過疎問題を解決し，持続可能な循環型社会の構築につながる効果を発揮しているのだろうか。現状から確認してみよう。総務省の『「田園回帰」に関する調査研究報告書』によれば，2000年国勢調査時点での都市部から過疎地域への移住者数は39万5,167人であったのに対し，2015年では24万9,545人と 3 割以上減少している（前述の NHK・毎日新聞・明治大学の調査と数値が一致しないのは移住者の定義が異なるからである）。他方，都市部からの移住者が増加している区域（2000年 4 月 1 日時点で市町村だった範囲）は拡大しており，2015年時点では397地区（全体の26.1%）となっている。そのなかには島根県海士町のように，移住者の大幅な増加によって地域の人口を安定化さ

せている地域も含まれる。しかし，都市部からの移住者が減少している区域は
1,126もあり，増加している区域の3倍以上にのぼる。

　こうしたことを勘案して総合的に評価すれば，田園回帰は過疎問題を解決す
るほどの大きなトレンドとはなっていないと結論づけざるをえないだろう。農
村に対して好感を抱いている人々は少なくないのに，その人口減少にはほとん
ど歯止めはかかっていないのだ。

　しかし，常識的に考えれば，人は好感をもち住みやすいと思う地域でなるべ
く生活したいはずである。そうであれば，上記のような日本の現状は謎めいた
ものにみえてくる。そこで，本章では，なぜこうした事態が発生するのかを検
討する。そのために，以下では過疎問題に関連する既存研究や統計資料を3つ
の要因に分けて紹介していく。そのうえで，現代の過疎問題の複雑さを確認し，
その解決へ向けた論点の整理を行う。こうした作業を通して，過疎問題につい
て社会学的に考えるためのヒントを提示することが，本章の目的である。

2　物的・経済的要因

高度経済成長と過疎問題の発生

　最初に，物的・経済的要因に着目することにしよう。まずは都市への人口移
動の歴史を振り返っておきたい。実は，農村からの過剰な人口流出はそれほど
古い歴史をもつ現象ではない。歴史人口学の研究が指摘しているように，江戸
時代には，出稼ぎや奉公などのために都市移住することは命を縮める行為とさ
れていた。人口密度の高い都市では大火事や疫病などが発生しやすく，死亡率
が高かったからである（速水　2001：64-66）。つまり，歴史的にみれば都市への
人口移動は限られたものだった。明治維新後もこの傾向に大きな変化はみられ
ず，農村の農家戸数や農業従事者数は戦後まで大きな変動もなく維持された。
少なくとも1950年代前半までは，農村の人口はどちらかといえば過剰と考えら
れていた。

　ところが，高度経済成長期（1955〜73年）に入ると，こうした構造が急速に

変化していくことになる。この時期の日本では産業構造の転換が国をあげて進められ，農林漁業を中心とする第 1 次産業に従事する者の数および割合が急激に減少した，これに代わって製造業などの第 2 次産業や，サービス業などの第 3 次産業に従事する人々の数と割合が増加する。農業の内実も変化し，1961年の農業基本法で示された方針によって，機械と化学肥料の利用によって生産効率性の向上が目指されることになった（暉峻 2003：159-196）。

この期間の産業構造の変化と経済成長は，人々の生活様式にも多大な影響を与えた。半自給的性格をもつ農業を営む人々が減少し，都市の工場や小売店などで働き賃金を得て，生活のために必要な物やサービスのほとんどを商品として購入する人々が増加した。農家でも機械の利用などを通じて農業生産に必要な人手と時間は減少し，他産業へ就労する人々が増えた（「兼業化」）。そして，そこで得た所得は，耐久消費財の購入などに充てられたのだった。この時代に起こった生活の変化は劇的で，ある歴史学者は，この時期を境に15世紀（室町時代）以降形成されてきた様々な常識が通用しなくなったと述べている（網野 2005：12）。

この産業構造転換は，農村から都市への急激な人口移動を引き起こした。国勢調査によれば，1950年時点の日本の市部・郡部の人口比は37.3％対62.7％であったのに対し，1975年には75.9％対24.1％となった。たった25年ほどの間に都市と農村の人口比が逆転したのである。急速な都市化は，人口を受け入れた都市に「過密問題」を，人口を吐き出した農村に「過疎問題」をもたらした。

急速な産業化と都市への人口移動が並行して生じたため，初期の研究者たちは，過疎問題の原因として経済的発展の不平等に着目した。産業化の進む日本のなかにあって過疎地域とは，「経済的に問題の多い谷間」（伊藤 1974：20）であると認識されたのである。当時の農村社会学者たちも過疎の根幹に，戦後の異様な資本主義的発展の歪みがあると考えた（福武 1969：3-15）。そして経済的不均衡発展という外部要因から生じた人口減少は，地域に多岐にわたる悪影響を及ぼすことが明らかにされていった。安達生恒はそのメカニズムを，①地域の世帯・人口の減少が農地・山林の荒廃や小学校の廃校につながり，産業の衰

退や生活環境の悪化を引き起こす。②その結果，地域の人口はその産業・生活基盤に比して過剰となりさらなる人口減少を発生させる。③それだけでなく住民意識の後退も同時進行で発生し，やがては集落の消滅にまでつながる，と説明した（安達 1973：112-121）。

―― 調べてみよう ――

国勢調査などの政府が公開する統計データから，過疎問題の現状について詳しく調べてみよう。いま住んでいる都道府県内の市町村ごとに人口（社会増減と自然増減）や世帯数の動向などを整理してみよう。変わった傾向を示す自治体があればチェックしておこう。

近年における物的・経済的基盤の悪化

以上のような物的・経済的基盤の不平等発展は，今日においても改善されたとはいいがたい。もちろん，農村の社会資本（インフラ）は以前に比べ大幅に改善された。グリーンツーリズム（農村観光）が注目されるようになった背景にも，道路整備などの影響がある。とはいえ，都市に比して農村の物的・経済的基盤が脆弱であるのはいうまでもない。さらに，1990年代以降，グローバル化の進展による工場移転や，大手資本による郊外型店舗の増加による商店街の衰退など，農村を含む地方の経済状況はますます悪化している。

こうしたなかで上述の安達が提示したメカニズムは，今日の過疎地域でも依然として働いていると考えられる。それを深刻化させたのが，2005年頃をピークとする「平成の市町村合併」である。小泉内閣による三位一体の改革の影響によって，財政悪化に悩む過疎自治体の多くが市町村合併に踏み切り，総自治体数は1999年の3,229から2010年の1,727まで減少した。この市町村合併は過疎地域の生活基盤を縮小させ，さらなる人口減少につながった。例えば，長野県の過疎農村を調査した築山秀夫（2013）は，平成の市町村合併が行政サービスの低下や保育園，小・中学校などの教育機関の減少につながり，合併過疎ともいうべき状況を生み出したことを明らかにしている。

　また，市町村合併とともに見逃せないのが，農協合併の影響である。農協は農業生産だけでなく，地域の商店や金融機関などの機能を担う存在であり，合併によって支所などの拠点が失われれば，地域住民の生活に多大な影響が出る。そして，1999年に5,141あった単位農協は，2018年には2,209まで減少している（「農業協同組合等現在統計数」）。

　もう1点，過疎農村の物的・経済的基盤に関連して重要なのが，自然環境の管理不全問題である。農村における産業構造の転換や人口の減少は，従来の人と自然との関わり方をも大きく変化させた。山との関わりを例にあげよう。農村住民にとって，林野はスギ・ヒノキのような建築材ばかりでなく，肥料や屋根に利用される草木，薪炭などの燃料，さらには狩猟採集・焼畑などを通じて得られる食料など多様な資源の供給地であった。そして，これを管理するために様々な相互扶助的関係や組織が構築されてきたのである。しかし，林野の利用価値が減少するとともに人々は山に足を運ばなくなり，次第にその管理不全が目立つようになった（福田 2007）。

　そして，この管理不全が，農村の物的・経済的基盤に多大な負の影響をもたらしている。その1つが鳥獣被害の拡大である。かつて，農村で暮らす人々は猪や鹿，渡鳥などの野生動物を貴重なたんぱく源として消費してきた。しかし，狩りの習慣が失われるにつれこうした野生動物が増加し，山を下りてきた猪や鹿たちによって田や畑の作物が食い荒らされるなどの被害が多発するようになっている。こうした被害は営農意欲の減退にともなう耕作放棄地の拡大や，離農の増加など生産基盤そのものの弱体化にもつながる。いまや鳥獣被害は，田園回帰の動きを含め，農村への人々の定住を妨げる要因の1つとなっている（祖田 2016）。

物的・経済的基盤だけ改善すれば過疎問題は解決できるか

　このように過疎農村では，今日でも，地域の物的・経済的基盤の崩壊が進んでいる。したがって，冒頭の問いに対しては，農村は相対的に貧しく不便で生活しにくいという現実が，農村に対するよいイメージとは別に存在しており，

結果として農村への移住が進まないのだと答えられそうである。

　しかし，本当にそれだけでこの問題は解決したといえるだろうか。先ほど触れた伊仙町の調査結果を思い出してほしい。実は，過疎地域の住民意識をみると，地域の生活に関する総合的な満足度は必ずしも低くないのである。つまり，過疎地域は「暮らしやすい地域」と認識されているのだ。過疎問題の解決について真摯に検討するためには，この点を見逃してはならないだろう。では，いったい何が農村の暮らしやすさを支えているのか。また，どうして暮らしやすいと感じられているにも関わらず，農村の過疎問題は解決しないのだろうか。

調べてみよう

　農村生活の特徴やその歴史的変化について，農村社会学や民俗学の文献を読んでまとめてみよう。そのうえで農村生活の良いところ・悪いところを，都市と比較しながら考えてみよう。

3　社会的要因

農村の地域コミュニティ

　過疎地域の暮らしやすさを支えているものとは何かを考えるうえで注目すべきは，なんといっても人々の共同であろう。例えば，徳野貞雄（2014）は，沖永良部島の高出生率の理由を住民の生活のしやすさによる出産・育児などの容易さに求め，住民が生活しやすいのは，地域の人口，産業，インフラなどが低水準であっても，家族関係を中心に地域のなかでの社会関係が充実していることで柔軟に生活課題に対応できるからではないかと述べている。良好な関係性や高い相互信頼などがよい効果を生み出すことをとらえて，「社会関係資本」という概念が用いられることがあるが，農村には優れた社会関係資本が備わっているため，物的な諸条件が相対的に劣っていても，満足のいく生活が続けられている可能性がある。

　ところで，日本農村の地域社会とはどのようなものなのだろうか。このモデ

ル（理念型）として非常によく知られているのが，鈴木栄太郎の「自然村」である。鈴木によれば，日本農村では，特定地理空間上（一般的に「大字」の範囲）に①氏子や講などの社会集団・社会関係が累積し，②「村の精神」がその範囲で生活する人々の行動・考え・感情に一定の規範を与えており，社会的統一体が形成されている。鈴木はこれを明治時代に登場した行政上の村（＝「行政村」）と区別して「自然村」と呼ぶ。そして，これを構成する単位は「家」であるとされる（鈴木 1968）。

　ここでいう「家」とは，日本の伝統的な家族のことで，欧米の家族とはやや異なる性質をもつ。鳥越晧之によれば，家は①家産をもって家業を営む経営体である，②先祖祭祀を行う，③永続性を志向するという３つの性格を持つ（鳥越 1993：10-12）。そして，家々が各々の経営を存続させていくために形成する連合の１つが自然村であり，村の方針を決定する「寄合」などと呼ばれる会合には，家の代表者が参加するのが一般的だった。

家・村の衰退と新たな形態の地域社会

　このように家と村は，かつての農村において生産・生活上，非常に重要な意味を持つ集団・組織であった。人々は様々な生活課題に対して，家と村を基盤として集団を組織し解決にあたったのである。しかし，こうした村やそのなかで形成される多様な生活組織も，高度経済成長期以降の産業構造の転換によって大きく機能を低下させ，場合によっては姿を消した。近年では，高齢化によって村の役職の担い手等が枯渇し，共同活動を維持することが難しくなっている集落もある。限界集落論が強調するのは，まさにこの点である。

　とはいえ，高齢化によって多くの地域社会でその機能が失われようとしていると断定してよいわけではない。一見，村の消滅のようにみえる現象も，実は社会構造の変動に対応した，新たな地域社会への変容である可能性が残るからである。例えば，村の変容論を唱える徳野貞雄（2015）は，多くの農村で自動車の普及や通信技術の発達によって都市部にすむ他出子たちとの関係の維持・構築が容易になった結果，他出子とのネットワークを含む，「修正拡大集落」

とも呼ぶべき新たな形態の地域社会が形成されている可能性があると指摘する。

　この新しい地域社会の姿は，官公庁の統計などからは把握されないまま潜在化しているものの，実態としては，他出子たちは地域の農業や生活を支える重要な担い手となっている。逆にいえば，子どもたちは都市に居住しながら家族関係を維持できるため，農村に住む必然性が低下している。その意味で，こうした地域社会の変容は，統計データに現れる過疎を過大に見積もらせる要因ともなる。

地域社会の持続可能性と負の側面

　もちろん，現代農村の家族や地域社会に全く課題がないわけではない。以下，2つの課題を確認しておこう。

　まず，他出子と地域社会との関係の不安定さについて指摘しておかねばならない。さきほど，高齢化が進んでも修正拡大集落のような新たな地域社会が形成され，様々な機能をはたしている可能性を指摘した。しかしながら他出子に関する研究ではその機能を認める一方で，両者の関係はあくまで家族のなかで結ばれているものであって地域社会との関係は間接的である，親世代が亡くなってしまうと関係が切断されてしまう可能性が高い，一部の住民にとっては他出子との関係構築のハードルが高い，誰もが他出子との関係を頼れるわけでもない，といった指摘もなされている（上野 2016：林 2015）。

　次に，農村の社会的基盤のもつ負の効果について指摘しておかねばならない。かつて筆者がある熊本県の過疎農村で未婚の悩みを抱える男性たちにインタビューを行った際，多くの男性たちが結婚できない理由の1つとして，家族・親族や地域住民との関係について語ってくれた。例えば，ある専業農家の40代の男性は，どうしても若い女性と結婚したいと強く希望していた。そこでその理由を尋ねると，母親や親せき，集落の隣人たちから，長男だから結婚して後継者となる子をもうけるのが当たり前という圧力を感じているからだと答えてくれた。しかし，同時に，自分より10歳以上若い女性と出会い，恋愛結婚にまで至ることは難しいと感じているとも語っていた。この男性は，恋愛結婚が一般

的となった今日において，後継者を残せという要求に応じようとすれば結婚相手をみつけられず，結婚できなければ親族や近隣の住民から責められ続ける，というつらい立場に陥っていた（松本 2014）。

　このように農村の地域社会は，放っておけば維持されるようなものでもなければ，あらゆる生活課題に対応可能な万能の仕組みというわけでもない。場合によっては，その負の側面が働いて，農村への移住を阻んだり定住を妨げたりする要因ともなる。したがって，今後は，どのように農村の地域社会を保全していくかに加えて，どのように地域社会をよりよいものに変えていくかを検討する必要がある。上記の過疎農村では，自治体の結婚促進事業が，未婚男性たちがお互いの悩みを共有する場となることで，参加者のつらさが緩和されていた。こうした新たな場を構築することも，地域社会を変えていく手段となりえるだろう。

4　心理的要因

過疎問題と人々の心・意識

　これまで確認してきた物的・経済的な要因は主にマクロレベルの社会構造に関連し，社会的要因は主にメゾレベルの地域社会と関連していた。しかし，農村から人々が離れていく，あるいは地域に住み続ける，さらにはそこに人々が移住してくる，このいずれも具体的な個々人の判断と行動の結果であり，そこには何らかの当事者の主体性が表れる。そこで，最後にこれらの当事者個人の意識のレベルに着目して，過疎問題がなぜ解決できないのか検討してみよう。

　過疎問題と過疎地域の住民意識との関係については，初期の過疎研究の時代から着目されてきた。すでに紹介した安達は，過疎がもたらす「住民意識の後退」に着目し，経済的基盤と同様に過疎問題を構成する要素として重視せねばならないと指摘した（安達 1973：120）。ここでいう住民意識の後退とは，住民に「何をやっても地域はよくならない」という意識が広まることを指す。

　住民意識の後退問題は，限界集落論批判の文脈でもたびたび取り上げられた。

「限界」という極端な言葉で呼ばれることで，農村の現実を覆い隠してしまうばかりか，レッテル貼りが住民にこの地域はもうだめだと意識させてしまい，状況を悪化させてしまう可能性があるというのである（小田切 2009）。こうしたメカニズムは，社会学では「予言の自己成就」という名でよく知られている。地域に対する誇りが失われた結果，住民のやる気が低下し，地域活動が低調になれば，実際に地域の生活基盤を悪化につながって住民の離村を促すことになってしまう。

過疎地域で生活を続けようとする人々の心理

こうした過疎化が生み出すやる気や誇りの喪失に対して批判の目を向け，地域住民が自らのものさしで地域について考え，地域づくりを進めていく手法として注目されているのが「地元学」である。地元学の提唱者である結城登美雄は，「地元学とはポツリポツリの会話の学である。お互いの経験を持ち寄る場をつくることである。（中略）地元学とは，その土地を生きた人々から学ぶことを第一義とする」（結城 2009：27）と述べ，行政や市場の論理に基づく地域づくりの手法を当事者から主体性を奪うものとして批判している。

在野から起こった地元学に対し，アカデミズムのなかからも，過疎地域で生活を続ける人々の主体性に着目する研究が登場している。植田今日子は，災害やダム建設などによって存続の帰路に立たされた集落でのフィールドワークから，危機に直面した人々が村を存続させようとする傾向を集落の「存続志向性」（植田 2016：3）と名づけ，その背後に村に蓄積されてきた時間の継承への動機が存在していると論じている。

過疎研究の課題を整理した山本努は，過疎問題が社会減（転入に対する転出の超過）型から自然減（出生に対する死亡の超過）型に変化したことに伴い，従来の「流出人口論的過疎研究」に加え，「定住人口論的過疎研究」や「流入人口論的過疎研究」が必要となったと述べている（山本 2017：8）。過疎と個人の主体性というレベルでも，なぜ人々が出ていくのかに関連するテーマに加えて，なぜ人々が過疎地域に住み続けているのか，あるいはなぜ人々が過疎地域に入

ってくるのかについての研究が求められているといえよう。地域で生活する
人々の主体性に着目する地元学や植田の研究は，特にその前者に目を向けたも
のといえる。次に，移住者の意識にも目を向けてみよう。

移住者たちの意識

　都市から条件不利地域へ移住して地域で活動するための制度，「地域おこし
協力隊」[1]の応募動機に関する既存研究では，居場所探し志向と仕事おこし志向
の 2 つの傾向があると論じられている（図司・嵩 2016）。前者は過去の体験か
らくる田舎への憧れに基づくものであり，後者は自分の知識や技術を生かして
起業したいという意識に基づくものである。どちらも自己実現と結びつく動機
であり，小規模自給農業と自分のやりたいことを組み合わせる新たなライフス
タイルとして提唱された，「半農半 X」（塩見 2003）にもこうした志向が表れて
いる。

　上記の地域おこし協力隊はほとんどの場合 I ターン者であるから，地元に戻
る U ターン者についても移住の動機を確認しておこう。山本による広島県北
広島町調査の結果をみると，U・J ターンの理由として，「親のことが気にかか
るから」（37.3%）と「先祖代々の土地や家を守るため」（36.3%）という回答が，
それぞれ 1 位と 2 位を占めている（山本 2017：103）。さらに中若年層（20～59
歳）の U ターン者が地域に「住み続ける最大の理由」をみると，「後継者（農
業・商工業など）だから」という回答が15.0％と最も高くなっている（山本
2017：129）。U ターン者が農村へ移住し定住する動機として，家族や家業の存
在が大きな影響を与えていることがわかる。

　こうしてみると，同じ移住者といっても，I ターン者と U ターン者で動機に
は大きな違いがある。様々な価値観をもつ人々が農村に関心をもつことは望ま
しいことである半面，こうした多様性が関係者に理解されなければ過疎問題に
とって負の影響をもたらしかねないことも事実である。

　高齢化が進むなかで I ターン者に期待する声は大きくなるばかりだが，I タ
ーン者の移住動機や地域への期待が理解されなければ，受け入れが困難になる

ばかりか，受け入れた後に移住者と地域住民の双方に失望が生じる原因ともなりえる。もちろん，移住者側も地域生活を理解しようとする姿勢がなければ，農村での生活を継続させていくことは困難であろう。

　Uターン者についてはIターン者とは異なり，地域への参入障壁は比較的低いと想定されるが，他方で，親世代と子世代との間に将来に対する考えのズレがある場合も少なくないように思われる。山本の調査結果からもわかるように，Uターンの動機は家族や家業とかかわるものが中心だが，親世代は自分たちや家業の将来について子どもたちに相談するのは気が引けると感じている場合が多い。結果として，子世代にUターンの意思があってもそれが実現しないという事態が生じることもあるだろう。IターンにせよUターンにせよ，あるいはJターンや二地域居住のような他の形態にせよ，移住者の心理的側面に着目することで，移住・定住を妨げている要因を発見することができるかもしれない。

> ─── フィールドに出よう ───
>
> ①　実際に過疎地域に出かけていって話を聞いてみよう。役所の職員だけでなく，地域づくりなどに取り組んでいる一般の住民など，なるべく多様な年代・性別の人たちの声に耳を傾けてみよう。役所に相談すればよい話し手を紹介してくれるかもしれない。不便だと思われている過疎地域での毎日の暮らしや，地域生活の魅力や日常の中で困っていること，地域や自分とその家族の将来のことなど聞き取ってみよう。
>
> ②　聞き取った内容をもとに，地域の抱えている課題についてみんなで議論しよう。また，その課題を解決するために何が必要かをあわせて考えてみよう。

5　過疎問題解決へ向けたいくつかの論点

複合的な社会現象としての過疎問題

　本章では農村への好感度が高いにも関わらず，なぜ都市に人々が移住してしまうのかを考えるため，過疎問題に関する学説や統計データを3つの側面から確認してきた。そこで明らかとなったことは，今日の過疎問題が物的・経済的要因，社会的要因，心理的要因など様々な諸要因が絡み合って発生している，複合的な社会現象であるということだ。したがって，これを解決するためには多様な視点からのアプローチが必要となってくる。それでは具体的に将来の過疎問題の解決に向けて，私たちは何を考えていかなくてはならないだろうか。以下，いくつかの論点を提示しておこう。

過疎問題解決に向けた論点整理

　まず，本章で検討した要因ごとに関連する論点を検討しておこう。物的・経済的要因に関しては，今後の地域開発の目標や主体をどう設定していくのかが1つの検討課題となるだろう。例えば，開発の目標は経済効果を最大限優先すべきか地域資源の活用や地域の生活課題解決をより優先すべきか，農業のような地域内産業を重視するか兼業先を含めて広域的に考えるべきか，開発の主体は外部企業など専門性をもつ組織がよいか地域内の組織がよいか，などが考えられる。

　社会的要因との関連では，既存の地域社会をどう持続させていくかに重点をおくか，それとも新たな組織づくりを進めていくべきかなどが論点となりそうである。行政の側では，市町村合併などを期に住民自治組織の制度を整える動きもみられるが，地域社会の側がしっかり動く条件が整っていないとこうした組織もうまく機能しないことが多い。地域社会の基盤づくりと制度設計の関係を考えることも重要な課題といえるだろう。

　心理的要因に関しては住民意識の後退を防ぐために何をすればよいか，多様

な価値観をもつ移住者をどう受け入れてゆけばよいかなどが議論される必要があるだろう。過疎地域の今後を考えるためには，単に人々が生活できるという次元を超えて，住民の暮らしのなかの楽しみや自己実現などにも目を向けていく必要がある。

　最後に，ここでは十分議論できなかったが，各要因間の諸関係にも目を向ける必要があるだろう。特に，要因間のトレードオフ関係が生じてしまう場合には注意が必要である。地域開発によって地域社会のなかに対立が発生してしまうケースや，宅地開発などで移住が急増したことで混住化が進み，既存の地域社会が対応を迫られるケースなどが想定される。

> ── 深めよう ──
>
> 　「フィールドに出よう」でまとめた地域の現状や課題を，大きな社会の流れのなかに位置づけなおしてみよう。例えば，地域課題の原因がどのような歴史的過程を経て生み出されてきたのかを，当該自治体の市町村史や戦後日本の経済史，社会史などの文献をもとに考えてみよう。

過疎問題の解決に向けて

　いうまでもないことだが，以上ですべての過疎問題に関する論点が尽くされたわけではない（たとえば，ここでは論じられなかった少子高齢化の影響なども非常に重要な論点である）。これらはあくまで現代の，多くの地域に共通してみられる課題の一端を整理したものだ。時代状況や地域のおかれている諸条件によって，過疎問題の解決のあり方も異なってくるだろう。すでに，地域社会の存続そのものの是非が問われるようなケースも登場しており，そうした地域においてあくまで存続のために善処すべきか，村をうまく閉じるための方法を検討するべきかが議論の的になっている。

　いずれにせよ，ここで繰り返しておきたいことは，過疎地域と一口にいってもその実態は非常に多様であるということだ。そうであるならば，まずは地域

の現状をよく見定め，住民の考えをしっかり理解することからしか過疎問題解決のための第一歩を踏み出すことはできない。本章を読んで過疎問題に関心をもった読者は，ぜひ実際にフィールド（現場）に出て，地域のこれからについて住民と一緒に考えてみてほしい。

---- 深めよう ----

　再びフィールドに戻って住民の生活史を調査してみよう。そのうえで，歴史的な出来事が実際の人々の人生にどのような形で影響を与えたのかを読み取ろう。最後に，ここまでで得た知識をもとに，地域の過疎問題を解決する方法について再度検討してみよう。

注

(1) 地域おこし協力隊とは，「都市地域から過疎地域等の条件不利地域に住民票を移動し，生活の拠点を移した者を，地方公共団体が『地域おこし協力隊』として委嘱」（総務省ホームページ「地域おこし協力隊の概要」）する制度である。隊員には，一定期間（1年以上3年以下）地域に定住して，地域おこしの支援などを行ってもらい，期間後の定住・定着につなげることを目的としている。実施主体は地方公共団体で，総務省は隊員1人あたり400万円を上限（隊員への報償費に200万円，活動経費に200万円）に，地方公共団体に対し財政的な措置を行う。2009年に開始され，2019年現在で実施自治体1,061，隊員数は5,359である。

参考文献

安達生恒（1973）『"むら"と人間の崩壊——農民に明日があるか』三一書房。
網野善彦（2005）『日本の歴史をよみなおす（全）』筑摩書房。
伊藤善市編（1974）『過密過疎への挑戦』学陽書房。
植田今日子（2016）『存在の岐路に立つむら——ダム・災害・限界集落の先に』昭和堂。
上野淳子（2016）「他出子の訪問の社会的効果とその条件——山村における人口流出と社会階層，地域労働市場の関係」『桃山学院大学社会学論集』50(1)，67-94頁。
大野晃（2005）『山村環境社会学序説——現代山村の限界集落化と流域共同管理』農山漁村文化協会。
小田切徳美（2009）『農山村再生』岩波書店。
——（2016）「田園回帰の概況と論点——何を問題とするか」小田切徳美・筒井

　　一伸編著『田園回帰の過去・現在・未来——移住者と創る新しい農山村』農山漁村文化協会。

塩見直紀（2003）『半農半Xという生き方』ソニーマガジンズ。

図司直也・嵩和雄（2016）「移住希望者，地域おこし協力隊希望者とつながる」小田切徳美・筒井一伸編著『田園回帰の過去・現在・未来——移住者と創る新しい農山村』農山漁村文化協会。

鈴木榮太郎（1968）『鈴木榮太郎著作集Ⅰ——日本農村社会学原理上』未來社。

祖田修（2016）『鳥獣害——動物たちと，どう向きあうか』岩波書店。

高野和良（2019）『「伊仙町生活構造分析調査」報告書1』。

築山秀夫（2013）「市町村合併と農山村の変動——長野市旧大岡村を事例として」佐藤康行編『年報村落社会研究49　検証・平成の大合併と農山村』農山漁村文化協会。

暉峻衆三編（2003）『日本の農業150年——1850〜2000年』有斐閣。

徳野貞雄（2014）「南西諸島の高出生率にみる生活の充足のあり方——沖永良部島和泊町の生活構造分析から」徳野貞雄・柏尾珠紀『T型集落点検とライフヒストリーでみえる家族・集落・女性の底力——限界集落論を超えて』農山漁村文化協会。

————（2015）「人口減少時代の地域社会モデルの構築を目指して——「地方創生」への疑念」徳野貞雄監修『暮らしの視点からの地方再生——地域と生活の社会学』九州大学出版会。

鳥越皓之（1993）『家と村の社会学　増補版』世界思想社。

林琢也（2015）「『取り残される農村』は消滅していくのか？——郡上市和良での『経験』とそれをもとにした『反証』」『地理空間』8(2)，321-336。

速水融（2001）『歴史人口学で見た日本』文藝春秋。

福武直（1969）『日本農村の社会問題』東京大学出版会。

福田恵（2007）「森林問題と林野資源の可能性」日本村落研究学会編『むらの資源を研究する——フィールドからの発想』農山漁村文化協会。

藤山浩（2015）『田園回帰1％戦略——地元に人と仕事を取り戻す』農山漁村文化協会。

増田寛也編著（2014）『地方消滅——東京一極集中が招く人口急減』中央公論新社。

松本貴文（2014）「農村の結婚問題と新しい連帯の形成」『西日本社会学会年報』12，51-64。

山本努（2017）『〈増補版〉人口還流と過疎農山村の社会学』学文社。

結城登美雄（2009）『地元学からの出発——この土地で生きた人びとの声に耳を傾ける』農山漁村文化協会。

推薦図書

堤マサエ・徳野貞雄・山本努編著（2008）『地方からの社会学——農と古里の再生を
　　もとめて』学文社。

　＊グローバル化の時代における地方に焦点をあてた論集。家族・女性，少子高齢化，
　　地域社会，農業・環境など多様なテーマの論考が収められている。本書を読めば，
　　本章で取り上げたいくつかの論点だけでなく，家族や女性，子育て，福祉などこ
　　こで触れることのできなかった過疎問題に関連する重要論点について，多くのこ
　　とを学ぶことができるだろう。

徳野貞雄・柏尾珠紀（2014）『T型集落点検とライフヒストリーでみえる家族・集
　　落・女性の底力——限界集落論を超えて』農山漁村文化協会。

　＊これからの過疎問題を考えていくうえで，これまであまり注目されてこなかった
　　他出子や女性といった主体に着目することの意味は大きい。本書では徳野による
　　第 I 部で他出子との関係による新たな地域社会の可能性が，柏尾による第 II 部で
　　地域における女性たちの活躍が，それぞれ具体的な事例から描かれている。地域
　　の未来について考えるための第 1 歩としておすすめできる専門書。

（松本　貴文）

第Ⅱ部

家族のジレンマ

　家族は基礎集団として，様々な機能を持っているが，多様な家族の形が広がるなかで，期待されてきた機能を十分に果たせない場合も増えてきた。しかし，家族は親密な関係を保ち，互いに支え合うべきだという意識は広く支持されている。育児の社会化は進みつつあるが，母親が育児を担うべきだという意識は強く，なかでも障害のある子どもを持つ母親自身は，家族で支えなければと思い込んでしまう。シングルマザーが直面する経済的な困難は，ふたり親家族という「標準家族」から外れているが故に起こると考えられがちであるが，そこにはジェンダー不平等が隠れている。性的少数者にとっての親密な関係性は，同性婚によって家族となることでしか認められないのだろうか。高齢社会の成熟化のなかで最期の時を在宅で迎えたいと思う人が増えているが，家族の負担をどう支えるかというジレンマがある。ここでは，多様な家族の姿から見えてくるジレンマのいくつかを解題しよう。

第5章
なぜ私たちは母親の頑張りを求めるのか

―― この章で学ぶこと ――

　1990年代以降，育児を社会全体で支える方向性が現れ，政策的にも社会通念的にも広がりつつある。また実際に育児支援サービスは充実しつつあり，子育てしている家族には多くのサポートの手が差し伸べられているようにみえる。

　しかし育児の社会化の志向性とは裏腹に，私たちは時に母親の頑張りや一生懸命さを求めがちである。なぜ人々はみなで育児を支えるべきだと考えているのに，母親の育児にこだわるのか？　そこには，育児の母親責任が組み込まれた家族のあり方と，家族責任が強くインプットされた福祉の仕組みが影響している。

キーワード：育児，母親，福祉，近代家族，障害児

―――― この章の問い ――――

　私たちは，社会で育児を支えるべきだと思っているのに，同時に子育てにおける母親の責任を強く問う。なぜだろうか。

1　育児における矛盾する見解

　子育ては社会によって支えるべきだという考え方が広がり，その環境も整いつつある。地域のあちこちには，子育て支援の場もみられるようになった。一方で私たちは，家族，特に母親はきちんと子育てをすべきだと思いがちである。

「保育園に長時間預けて子どもがかわいそうだ。お母さんの愛情はたりてい

るのだろうか？」

「お母さん，子どものために，早期療育を頑張りましょう。」

　このような言説に代表されるように，私たちは，母親が子どものそばに寄り添い，子育てを頑張ることを期待し，そうでない場合には批判的態度をとりがちである。特に障害児や病児の母親に対しては，子育ての責任を求める態度が強まる。社会全体で子どもを育てるあり方に賛同しつつ，なぜ一方で母親の責任を追及するのだろうか？　本章では，「育児の社会化」と「母親責任の追及」という相反する考え方が共存する理由について考えてみよう。

育児の社会化の進展

　現在，地域には子育て支援センターなど育児を支援してくれる場所があり，子育てに関する様々なサービスがみられる。子育てを社会で行う機運は醸成され，公的部門，民間部門ともに子育て支援サービスを充実させてきた。育児の社会化は，社会的合意事項であり，子育てを担う家族は，バリエーション豊かなサポートを受けられる環境が整いつつある。

　社会全体で子どもを育てるべきだという考え方が浸透したのは，国の育児支援政策の影響が大きい。国による子育て政策は，合計特殊出生率が過去最低となった1989年（平成元年）の「1.57ショック」を契機として着手され，事実上は少子化対策として位置づけられる。1994年に策定された「エンゼルプラン」を嚆矢とし今日にまでその取り組みは続いているが，1990年代当初展開された施策の内容は，仕事と子育ての両立支援が政策の目玉であり，保育サービスの拡充が中心的な目標となっていた。いわば共働き夫婦を支援の念頭においたものであった。その後，2000年代になっても少子化への歯止めがかからなかったため，従来の仕事と子育ての両立支援に加え，専業主婦が抱える問題を包含する「すべての子育て家庭」を支援対象とするサービスや，「男性を含めた働き方の見直し」などの新たな支援の方向性が登場する。こうして，公的領域における子育て支援は，仕事と育児の両立のみを射程においていた初期の段階から

多様化し，子育て中の家族は多くの支援サービスを受けることができるように
なっている。

---- 調べてみよう ----

　国別の女性の就業率と合計特殊出生率を調べ，その関連について
考えてみよう。

　また民間ベースでも，子育て支援の活動は広まり，それぞれの地域では多く
の団体が活動している。民間における子育て支援の担い手は，1990年代以降の
ボランティア活動や市民活動の隆盛により拡充した歴史があり，特に母親自身
による団体の組織化やNPO法人の増加がみられた。こうした動きは成熟の段
階を迎え，現在では多くの団体やNPO法人が活躍しており，各地域において
行政の委託事業によりサービスを提供していたり，独自の支援活動を展開した
りしている。

　このように現在では官民ともに多くの子育て支援サービスを提供しており，
子育てをしている家族は，多様な支援メニューの恩恵にあずかれるようになっ
ている。社会で子育てを応援する土壌は培われ，私たちは子育てを社会全体で
応援しているようにみる。しかし一方で，私たちは子育ての責任の所在は母親
にあると考えるのである。その理由は，家族のあり方と，社会の福祉の仕組み
にあると考えられる。次にそのあり方を探ってみよう。

母親のみが子育ての責任を負う近代家族

「甘やかすからこんなことになるんだ。……とにかくそれを言われるし。逆
になんか，やっぱり叱ると，なんか言葉がきついから子どもが傷ついてこう
なったんじゃないかって言われるし。」

　この語りは，発達障害児をもつ母親のものである。子どもの行動に対する周
囲の人々の言葉を母親はこのように話し，このような批判がとてもつらいと考
えている。筆者は発達障害児の母親の研究を行っており，調査の場面で同様の

話を何度も聞いてきた。発達障害は障害であり，当然育て方の問題ではないが，他者からは，母親の問題や躾の問題とされることが多々ある。

　障害に限らず，子どもが不登校になったり，病気にかかった場合も，母親たちは咎められたり責められたりする。他方で，父親や祖父母といった家族，子どもと関わりのある近隣の住民や学校の先生などの専門職などが非難されることはあまりない。育児を一身に担い，責任を負うことが当然視されるのは母親のみであり，子どもが病気や障害をもったり，問題を抱えたりするときには母親が責められるのである。

　こうして母親が子どもに責任をもつ考え方は，古くから続いているもののように思われがちだが実はそうではない。母親 1 人が育児に責任をもつあり方は，実は近代という時代にあらわれた近代家族に特有のものである。近代家族の成立により，家族の暮らす世界は公的な領域と私的な領域に分離し，かつ公的領域で仕事をするのは男性である夫の役割，私的領域である家族において仕事を担うのは女性である妻の役割となった。いわゆる「男性は仕事，女性は家事・育児」という性別役割分業が出現した。この性別役割分業においては，公的領域における労働は対価としての賃金が支払われる有償労働，私的領域における労働は賃金が発生しない無償労働となったことも大きな変化であった。

　近代家族のさらなる特徴は，子ども観の変化である。フィリップ・アリエスは，中世時代は，「小さい大人」と考えられてきた子どもについて，近代以降は無垢で弱く，発達過程にあり，大人とは異なる存在であるという認識が生まれたという。そして，「子ども時代」への意識が生じたことで，子どもを可愛がる必要性が生じ，かつ子どもを育てることに大人の責任が発生した（アリエス 1960＝1980）。そこで，私的領域におかれていた女性が「専業母」（宮坂 1988）ともいうべき役割を担うようになったのである。このように近代家族では，公的領域と私的領域の分離，公的領域に男性，私的領域に女性という性別役割分業に加え，育児における母親の排他的責任といった特徴があらわれた。

　育児の母親責任に関し，日本では，高度経済成長期以降に「母性神話」や「三歳児神話」が形成され広まったことが，さらにその考え方を定着させてい

る。心理学者の大日向雅美によると，「三歳児神話」とは，「子どもが小さいうちは，特に三歳までは母親が子どものそばにいて，育児に専念すべきだ」（大日向 2000：83）とする考え方である。「母性神話」とは，「子育ては産みの母親にこそ最も適性が備わっているものだと主張し，その母の愛情を絶対的で崇高なものであると賛美」（大日向 2000：3）する考え方である。これらの考え方は他の国よりも日本社会で浸透したが，その背景には，第二次大戦後の孤児たちの心身の発達について研究したジョン・ボウルビィの研究成果が広く知られたことの影響がある。ボウルビィは，戦後の孤児にみられる心身の発達問題は母親の不在から生じたものと論じたが，この研究は，特に日本においては，「母性剥奪の理論」（マターナル・ディプリベーション理論）とともに母子関係の重要性が強調された形で広まった。おりしも高度経済成長期後の1970年代は専業主婦が多数派になった時代である。さらに1970年代の終わりには，日本の政府が，高齢者の介護や育児において，家族，とりわけ女性責任を謳う日本型福祉社会論と呼ばれる政策を打ち出した時期と重なる。こうして専業主婦が主流となった実態や政策的意図と合致する形で，母子関係を重視する価値観が科学的根拠を伴ったものとして広まり，母親責任が当然視されていった。その後，母子関係のみを重視することへのボウルビィへの反論も相次いで出され，政府から三歳児神話の根拠がないことも発表されたが，こうして根づいた考え方はなかなか消失していない。特に子どもの発達において，母子関係を重要視する向きはいまだ強い。

> ─── 調べてみよう ───
>
> 　三歳児神話，母性神話は，なぜ日本で広まったのかについて，調べてみよう。

　今日に至ってもなお母親責任が強い点については，イギリスの社会学者であるグラハム・アランが指摘している（アラン 1985＝2015）。アランは，女性の雇用労働の比率があがっているにも関わらず，家庭責任における夫と妻の分業は継続しているという。子どもたちのニーズを満たす仕事についても双方の親が

平等に負担しておらず，子育ての責任の多くは女性にある。そのような「絶え間のない，最優先される責任は，母親に対して開かれた社会的機会を厳しく切り詰めてしまい」（アラン　1985＝2015：64），母親たちを狭い社会関係に限定している。さらにアランはイギリスの福祉政策に触れ，国家の政策の多くは家庭内の性別役割分業を前提としており，イギリス社会において「福祉国家」施策の削減を伴いつつ，家庭内の役割分業はさらに強化されていると論じている。

　このように母親が1人子育てを行い，1人責任を取る家族のあり方は，近代以降にあらわれ広がったものだが，現代にも連綿と続いているのである。子どもが病気にかかったり不登校になったり，子どもに障害があったりするときに，私たちが父親や他の人たちを責めずに，母親だけに非難の目を向け責任を追及することは，こうした近代家族のあり方と関連している。また日本の社会においては，母子関係を重視する考え方が強く浸透したことも大きく影響した。

　このような家族規範や家族のあり方のなかで，母親は次のような思いに至る。

　「やっぱり自分の両親にさえも思いを言えないお母さんとか，自分のせいだって抱え込んでるお母さんがすごく多い。」

　これは，筆者が調査をしている発達障害児の母親が，同じ境遇の母親について語った言葉である。

> ── 調べてみよう ──
> 　母親責任を当然視するあり方に一石を投じた「育児不安」研究について調べよう。

母親責任が組み込まれた福祉の仕組み

　母親が子育ての責任を1人で引き受ける背景には，実は社会の仕組みも影響しており，特に福祉のあり方との関連がみられる。ここではイエスタ・エスピン゠アンデルセンの福祉レジーム論に基づいて社会における福祉の仕組みを考

表5-1　福祉レジームの特徴

	自由主義	社会民主主義	保守主義
役　割			
家族の—	周辺的	周辺的	中心的
市場の—	中心的	周辺的	周辺的
国家の—	周辺的	中心的	補完的
福祉国家			
連帯の支配的様式	個人的	普遍的	血縁，コーポラティズム，国家主義
連帯の支配的所在	市　場	国　家	家　族
脱商品化の程度	最小限	最大限	高度（稼得者にとって）
典型例	アメリカ	スウェーデン	ドイツ・イタリア

出典：Esping-Andersen, Gøsta（2000：129）。

えてみよう。エスピン＝アンデルセンは，公的福祉のみを扱う福祉国家論への批判的観点から福祉レジーム論を提起している。エスピン＝アンデルセンは福祉レジーム論を，「福祉が生産され，それが国家，市場，家族のあいだに配分される総合的なあり方」（エスピン＝アンデルセン　1999＝2000：64）として定義する。

国家，市場，家族の3つの担い手は，リスクを管理するうえで根本的に異なる原理をもつ。国家は権威的な再配分の形態をとる。ただし平等主義とはなっていない。市場は金銭関係を通じた分配をとる。家族のもつ支配的原理は互恵性である。しかしこれも必ずしも家族内での平等な資源配分とはなっていない（エスピン＝アンデルセン　1999＝2000：65）。このような異なる原理をもつ国家，市場，家族という3つの担い手の役割の強度や福祉国家としての脱商品化の程度などにより，エスピン＝アンデルセンは，「自由主義レジーム」「社会民主主義レジーム」「保守主義レジーム」という3つの類型にわけた（表5-1）。

しかしながら日本の福祉レジームについては，これら3類型にはあてはまらず，雑種のケースであると位置づけられている。また日本の福祉においては，家族が重要な役割を果たしており，「公的な社会サービスは，高齢者向けであれ，児童向けであれ，周辺的なものにとどまっている。それは，家族が実際の責任を負わなければならないということが制度的に想定されているからである」（エスピン＝アンデルセン　1999＝2000：136-137）と指摘されている。

次にエスピン＝アンデルセンの福祉レジーム論を批判的に再検討し，「生活

保障システム」として社会の福祉のあり方を論じた大沢真理の議論も日本社会の福祉を考えるうえで参考になるのでとりあげたい（大沢 2007）。大沢は，生活保障システムについて，「生活が持続的に保障され社会参加の機会が確保されるため」（大沢 2007：7）に存在している，政府の社会政策，家族，企業およびコミュニティや非営利協同組織などの制度・慣行を含むものと説明し，「男性稼ぎ主」（male breadwinner）型，「両立支援」（work/life balance）型，「市場志向」（market oriented）型の３つの類型を設定している。「男性稼ぎ主」型の典型は，大陸ヨーロッパ諸国と日本であり，壮年男性に対して安定的な雇用と妻子を扶養できる家族賃金が用意され，他方で家庭責任は妻がフルタイムで担うこととなっており，保育，介護などのサービスは，低所得や「保育に欠ける」などのケースにおいて限定的に提供されるものとなっている。「両立支援」型の典型は北欧諸国であり，ジェンダー平等化により，女性も男性も職業と家庭・地域での活動を両立している。つまり男女ともに稼ぐこととともにケアも行う。この類型では家族責任を支援する社会サービスも社会保障の対象であり，児童手当，保育サービス，高齢者介護サービス，育児休業などの家族支援は制度として用意されている。「市場志向」型ではアングロサクソン諸国が典型とされ，家族の形成を支援する公共政策はあまりない。

　大沢は，1980年代の日本の生活保障システムは国家福祉の役割が小さく，かつサードセクターの規模も小さく，家族福祉と企業福祉が相互補強するなかで強い性別役割分業があったことを特徴としており，他の国よりも強固な「男性稼ぎ主」型であったと説明している。さらに日本がこの類型にあてはまるのは，伝統的な家族や福祉に基づいたものとは説明されない。先にも述べた「日本型福祉社会」政策によりこの方向へと大きく舵をきった経緯があり，国家ではなく，家族，なかでも女性が福祉の担い手であることが強調されるようになる。また女性が家事，育児，介護などを行い正規就労ではなく，家計補助的にパート就労に従事する場合には，税制や年金制度などにおいて優遇される仕組みが作られ，「男性稼ぎ主」型は強化されていった。その後，1990年代に入ってからは，前述の「エンゼルプラン」をはじめとして，介護や子育ての福祉を拡充

する政策が登場するが，家族の責任については緩和されないままであり，「男性稼ぎ主」型は維持されていた。さらに2000年には介護保険制度の導入により，介護部分においてはその社会化が図られ「脱家族化」がある程度成立したものの，子育てにおいては，「男性稼ぎ主」型のパターンのままに，女性がその責任を負うことが続くのである。

　エスピン゠アンデルセンや大沢の議論に共通してあらわれるように，日本社会の福祉のあり方は，家族が中心的役割を果たしており，家族による責任で行われている。特に育児においては，介護保険制度により脱家族化が図られた介護に比べても，今なお家族が主要な役割を担うこととされている。また性別役割分業によって，女性がその役割を期待されており，実質的な担い手となっている。育児における母親責任は，日本社会の福祉の仕組みとして強固に組み入れられているのである。

調べてみよう

　出生率の高い北欧諸国において，育児はどのように社会化されているのか。国別に具体的な施策や取り組みを調べてみよう。

2　育児責任を引き受ける母親たちの苦しみ

　こうして子どもを育てることに母親が責任を担うことは，家族のあり方からも，社会の福祉の仕組みからも水路づけられてきた。そしてこのような家族のあり方や社会の仕組みに方向づけられ，母親たちは支援を受けて当然のはずなのに，1人で頑張るという，非合理的な行動をとるのである。特にその傾向は，障害をもつ子どもや病気をもつ子ども，また不登校などの問題を抱える子どもの母親の場合に強まることが様々な研究で指摘されている。ここではそのなかで障害児の母親がどのように子育てをしているのかをみていこう。

　重度障害児の母親研究においては，母親は女性であることからケア役割に従事し，そのことにより母親の生活が長期的に制約されている実態が明らかにな

っている。加えて生活上の多くの制約に対する社会的支援はみられない。それは子どもに対する支援が優先されるからであり，家族はその支援者として想定されているからである。母親はケア役割を専従的に担うことで生活が制約されており，子どもの福祉が優先されるなか，母親の生活問題は黙認されている（藤原 2006）。つまり母親はケア役割によって大変な状況にあっても，子どもの福祉が優先され，母親への社会的支援はないままの状況である。

　身体障害者の母親研究では，母親たちが訓練を施す役割と介助する役割の2つを専従的に担い続ける実態が明らかになっている。訓練を施す役割は，子どもに障害の診断が下された瞬間から医師や看護師などの専門職により母親に要請される。訓練を怠ることは非難されることから，母親たちは訓練を行う役割を積極的に引き受けている。また子どもの日常生活全般を世話する介助の役割は，通常であれば子どもの成長とともになくなる。しかし身体障害者の場合，食事，排泄，入浴などの生活のあらゆる面での介助が，労力を要するものとして継続して必要となる。母親たちは罪責感や責任からこの介助役割を自然に担っている。こうして母親たちは外部の要請に応じて子どもに訓練をし，さらに重い介助役割を背負い続ける実態が明らかにされている（土屋 2002）。

　筆者は発達障害児の母親の生活実態をとらえる研究を行ってきた。この研究で明らかになったことのうち，いくつかの点について紹介したい。まず母親の生活実態についてであるが，母親の生活は，障害児のケアを行うことにより，様々な面で混乱していることがわかった。例をあげると，昼夜逆転になるなど生活リズムが崩れる，心身の不調が訪れる，仕事を続けることができなくなるなどの問題である。一方で母親たちは子どもの成長や障害の対応のために，専門機関や周囲の人々への支援を求めようと奔走するが，思うようなサポートは得られず孤立していた。このなかで問題であると筆者が感じたのは，子どもの問題解決のために母親たちは奮闘するが，母親自身の問題については何の解決も求めようしないことである。そのため母親自身の問題は可視化に至らず潜在化していた（山下・河野 2013）。また母親の対人的な支援関係についての調査分析では，同じ立場の母親たちとのみ助け合っているような状況であり，支援が

欠落し非常に孤立したなかで育児を行っていることが明らかになった（山下2014）。

　このように障害児の母親たちは，障害児のケアを排他的に行うことが当然視され，また自らもそれを自明のこととして引き受けている。孤立し苦しみを抱えながらも，手を差し伸べてくれる人はいない。一方で，母親自身におこる問題に関しては，母親自身が問題解決の道を探すことはなく，困り事や大変さはかくれたまま，私たちの目にはみえないのである。母親たちは1人で苦しみを抱えながら育児を引き受け，自分たちの問題については声をあげない。

── 調べてみよう ──

「育メン」が注目されることの意味を検討してみよう。

── みんなで考えよう ──

　母親のみに育児の責任を押しつけることから脱却するための方法を考えてみよう。次の5つの方法についてどの方法が最善となるのか，グループで協議してみよう。

①　相談の場を増やしたり，仕事との両立支援策を増やすなど，育児をしている母親に対する支援を充実させる。

②　育児休業制度の取得などにおいて父親の育児参加を促し，男性の育児参加を増やす。

③　地域住民による育児支援を呼びかけ，充実させる。

④　育児に従事する外国人労働者の受け入れを認め，その数を増やす。

⑤　すべての人が多様なライフスタイルを選択できるようにし，かつ，育児のケア負担，経済的負担は国民全体で負うような公的な施策を充実させる。

3　母親たちの苦しみを乗り越えるために

　では母親のみが苦しみながら育児を行う問題を乗り越えるためには，どのよ
うなことが必要なのだろうか。それには，やはり家族のあり方と福祉のあり方
の変更を迫ることが重要となろう。この点について，変革への提案がなされて
いる研究を紹介しよう。

　家族に関しては，アメリカの法学者であるマーサ・A. ファインマンが革新
的な論点を提示している。ファインマンは，「正式に認められた異性愛による夫
婦の絆を核とした単位」（ファインマン 1995＝2003：153）を性的家族と表現してお
り，この家族は「自然な」形態としてみなされ，法的な特権が与えられてきたと
いう。一方でそれ以外のシングルマザーなどの家族形態は逸脱とされ，保護の
対象から外れてきた。加えて性的家族はあらゆる社会制度において最もジェン
ダー化されたものだと位置づけられている。すなわち性的家族は子どもや病人
をケアする重荷を引き受ける単位となっており，ジェンダー化した役割分担の
もと，女性たちが妻，母としてケアの担い手となってきた。こうした性的家族
についてファインマンの著作を監訳した社会学者の上野千鶴子は，「積みすぎ
た方舟」と表現している（上野 2011）。その意図は，「出航したときから座礁を運
命づけられていた」ということであり，「ケアの負担を他からのいっさいの援
助なしにかかえこみ，しかもその負担が家族のなかのたったひとりの成人女性
（妻＝母という名の）の肩にかかるのは，最初から無理な相談だった」と論じら
れる（上野 2003：267）。ファインマンによると，家族がケアをする単位であり，
かつ女性がケア責任を引き受けるというジェンダー化した役割分担は，数十年
にわたる女性運動やフェミニズムの運動の後でも，そうした運動が市場労働
への平等な参加や雇用差別にのみ注力していたことから，変化はないという。

　そうした状況に対し，ファインマンがラディカルに提唱するのが，第1に性
的家族に対する法的支援の廃止，第2にケアの受け手と担い手とからなる養育
家族単位（nurturing family unit）に対する保護である。第1の提案は，婚姻制

度の廃止とも同義であり，急進的な提案にみえる。しかし実際には，シングルマザーの家族をはじめ周辺的で逸脱していると位置づけられる家族に対する，性的家族の特権的な地位の問題を解消し，かつすべての性的な関係は互いに平等なものとなることが期待できるものである。第2の提案は，夫・妻の二者関係を基本単位とする性的家族に代わり，ケアが必要な弱者とケアの与え手から構成される関係を家族とするものである。ファインマンは，ケアは必然的に生ずるのであり，そうしたケアの単位を支援する法制度を要求している。これらの提案は，一見ラディカルに思えるが，現代の家族，とりわけ女性責任を問うケアのあり方を乗り越える具体的な理念型の提示としてとらえられる。

　また倫理学者のエヴァ・F. キテイは，どんな社会においても，子ども，病気や障害のある人，介護が必要な高齢者のニーズがあり，そのニーズを満たす人がいなければ社会は存続できないにも関わらず，ケアの必要な人のみが重視され，ケアを提供する人々に社会が目を向けてこなかったことに警鐘を鳴らす。さらにケア提供を引き受けてきたのは女性だったことに着眼している。そして次のように指摘している。

　「ケア責任を免れている女性，子どものいない女性は，賃金報酬において，男性に近づいています。しかし，女性全体の労働力率の増加，教育水準の達成にもかかわらず，子どものいる女性は，そうなっていません。（中略）合衆国でも世界のどこでも，あいかわらず，依存者のケアをする責任を担っている女性は，より貧しく，平等を実現しがたいのです。」（キテイ 1999＝2010：3）

　つまり女性に課せられるケア役割が男女の平等を阻んでいるという。そしてケア提供者の存在が黙認され，多くの女性に不利益があった状況に対し，ケアをしている人を支える仕組みが提案される。キテイは，ケアが必要な人も，ケアする人も同様に大切にされるべきであり，ケアする人への福祉が必要であるという。ケアをしている人が不利益を被ることなく，正常な社会生活を継続で

きる仕組みを社会的に構築していくべきだと主張されている。

　さらに社会の福祉の仕組みを変革をしていく必要もある。先にものべたように，日本社会の福祉の担い手は，家族への期待が強く，そのなかでも強固な性別役割分業のもと女性への責任が集中している。エスピン＝アンデルセンは，こうした福祉の仕組みの変更を主張する。特に家族主義に基づいた社会政策が少子化にも寄与しているパラドックスがあることから，家族主義から脱却すること，育児に関する福祉の機能を「脱家族化」することの重要性を述べる。また福祉の担い手として，家族に代わり，国家，市場，非営利団体がどう役割分担すべきかに関して，北欧諸国にみられる福祉レジームを評価している点は参考になろう（エスピン＝アンデルセン　2008＝2008）。

　このように母親のみに育児責任を課すあり方を乗り越えるためには，家族のあり方，さらには福祉のあり方について抜本的な改革を伴わなければならない。今日の社会では母親のみが子育ての責任を押しつけられる側面があり，そうしたことが現実的に母親たちの苦しみを産んでいる。社会を構成する人々みんなで子育てをする社会の実現に向け，家族のあり方を再考し，福祉における脱家族化を図るなど，多くの変革が望まれる。

深めよう

　育児の責任を社会全体で担うためにはどのような方策が必要だろうか？「みんなで考えよう」で協議した内容について，さらに文献資料で調べレポートにまとめよう。

参考文献

アラン，グラハム，天木志保美訳（2015）『家族生活の社会学——家庭内役割の不平等はなぜ続くのか』新曜社。

アリエス，フィリップ，杉山光信・杉山恵美子訳（1980）『〈子供〉の誕生——アンシァン・レジーム期の子供と家族生活』みすず書房。

上野千鶴子（2011）『ケアの社会学——当事者主権の福祉社会へ』太田出版。

エスピン＝アンデルセン，G.，渡辺雅男・渡辺景子訳（2000）『ポスト工業経済の社

会的基礎――市場・福祉国家・家族の政治経済学』桜井書店。

―――，京極高宣監修，林昌宏訳（2008）『アンデルセン，福祉を語る――女性・子ども・高齢者』NTT 出版。

大沢真理（2007）『現代日本の生活保障システム――座標とゆくえ』岩波書店。

大日向雅美（2000）『母性愛神話の罠』日本評論社。

キテイ，エヴァ・F.，牟田和恵監訳・岡野八代訳（2010）『愛の労働あるいは依存とケアの正義論』白澤社。

―――，岡野八代・牟田和恵ほか訳（2011）『ケアの倫理からはじめる正義論――支えあう平等』白澤社。

土屋葉（2002）『障害者家族を生きる』勁草書房。

ファインマン，マーサ・A.，上野千鶴子監訳，穐田信子・速水葉子訳（2003）『家族，積みすぎた方舟――ポスト平等主義のフェミニズム法理論』学陽書房。

藤原里佐（2006）『重度障害児家族の生活―ケアする母親とジェンダー――重度障害児の母親の生活分析を通して』明石書店。

宮坂靖子（1988）「専業母」金井淑子編『ワードマップ家族』新曜社。

山下亜紀子（2014）「発達障害児の母親の対人的支援についての考察――ソーシャル・サポート分析に基づいて」『西日本社会学会年報』12号，5 -19。

―――・河野次郎（2013）「発達障害児の母親が抱える生活困難についての研究」『日本社会精神医学会雑誌』22巻 3 号，241-254。

推薦図書

ファインマン，マーサ・A.，上野千鶴子監訳，穐田信子・速水葉子訳（2003）『家族，積みすぎた方舟――ポスト平等主義のフェミニズム法理論』学陽書房。

　＊現代の婚姻制度を根本的に問い直すラディカルな論考。家族のケア責任が女性に集中する問題を指摘しており，家族の単位を夫―妻関係を中心とするものから，ケアの必要な人とケアをしている人の関係へと変更し，かつその関係を法的な保護の対象とするという画期的な提案をしている。

藤原里佐（2006）『重度障害児家族の生活―ケアする母親とジェンダー――重度障害児の母親の生活分析を通して』明石書店。

　＊障害児の母親の生活実態について，ジェンダー視点を含めて考察されている。障害児の福祉が優先され，母親は福祉実現のためのアクターとなることが当然視され，かつ母親の生活ニーズは潜在化することを論じている。

（山下　亜紀子）

第6章

シングルマザーの貧困はなぜ解消されないのか

── この章で学ぶこと ──

　本章ではシングルマザーの福祉に焦点を当てることで，福祉とジェンダーの問題について考察する。日本において，シングルマザーと子どもからなる母子家族の貧困や低所得は「女性の貧困化」や「子どもの貧困」の文脈で問題化され，政策的介入が行われてきたが，その特徴はワーキング・プアであることとされる。この問題の背景には，社会の不平等なジェンダー構造がある。シングルマザーの経済的困難を解消し，ジェンダー平等な社会福祉を実現するにはどうしたらよいのか。就業とケア労働の両者の責任を担うシングルマザーに注目することで，就業とケアをめぐる女性の社会的権利，そして女性のシティズンシップをめぐるジレンマの問題についても考察することができる。

キーワード：福祉国家，ジェンダー，シティズンシップ，シングル
　　　　　　　マザー，貧困

── この章の問い ──

　シングルマザーはなぜ貧困に陥りやすく，そこから抜け出すことが難しいのか。その背景には何があるのか。この問題を解決するにはどうしたらよいか。

1　福祉国家とジェンダー

福祉国家の成立と発展

　本章の目的は，シングルマザーの貧困や低所得の問題に注目し，その現状と原因を概観したうえで，福祉国家再編の時代にこの問題を解決するためにはどのような政策・改革が必要なのかをジェンダーの視点から考えることである。

　私たちには，個人として尊重され，健康で文化的で人としてふさわしい十分な水準の生活を送り，平等かつ自由に社会に参加する権利がある。市民の権利としてのシティズンシップの発展を論じたイギリスの社会学者 T. H. マーシャルは，18世紀には市民的権利が，19世紀には政治的権利が形成され，20世紀には社会的権利が保障されるようになったとする（Marshall 1950）。この社会的権利あるいは社会的シティズンシップは人権の重要な一角をなす。

　社会政策を通して国家や社会が人々の生活を保障するのは，私たちの人生には失業，病気やケガ，老齢，配偶者の死亡などの様々なリスクがあるからである。資本主義社会において私たちは「自立」や「自助」を求められるが，これらのリスクに直面するとそれが難しくなり，貧困や社会的排除に直面する可能性が高まる。さらに，これらのリスクはジェンダーや「人種」，エスニシティ，階層，家族形態，年齢などによって不平等に分配されている。たとえば，階層によって失業したり低賃金になったりする可能性は異なるし，子ども期や高齢期には低所得や貧困に陥りやすい。また，女性は男性に比べて短時間労働や非正規の職に就くことが多く，賃金が低く，配偶者の死亡や離別によって経済的なリスクに直面する可能性も高い。そして，リスクは世代間で伝達されるともいわれる。社会保障を含む社会政策は，社会的属性などによって異なるリスクを管理し，支援の必要な人に給付や社会サービスを提供することで，社会全体の平等や福祉に資するために行われるのである。

　社会的権利を保障するために，社会政策を行う国家を福祉国家と呼ぶ。最初の福祉国家は，第二次世界大戦後の20世紀半ばにヨーロッパで成立し，先進資

本主義諸国においては1970年代のはじめまで繁栄した。それを支えたのは，戦後の高い経済成長とそれに基づく完全雇用，そして性別分業に基づく近代家族の広がりであった（近代家族については第5章を参照）。国家は公共投資などによって需要を作り出すことで完全雇用を実現し，社会政策などによって男性への比較的高い賃金や雇用保障を支え，それを土台とした大量生産・大量消費が実現した。また，家庭における育児や介護などのケア役割を女性が専業で行うことにより，社会サービスのコストを抑えることができたのである。

　社会学者イエスタ・エスピン＝アンデルセンは，欧米の福祉国家を比較し，「自由主義レジーム」「社会民主主義レジーム」「保守主義レジーム」の3つに分類している（エスピン＝アンデルセン 1990＝2001）。「自由主義レジーム」は，国家による福祉を最低限に抑え，市場を中心とした問題解決を行うアメリカやオーストラリアなどのアングロサクソン系国家が典型であるという。スカンジナビア諸国を中心とする「社会民主主義レジーム」は，普遍主義を原則とし，国家が強力かつ包括的に社会的権利を保障することで高水準の平等を実現することを目指す。一方，フランスやドイツなどを代表とする「保守主義レジーム」においては，職業的地位に付随する社会保険制度が中心である。また，キリスト教の影響により福祉における家族やコミュニティの役割が重視される。

　ここまでの議論で明確なのは，社会福祉を提供する主体は必ずしも国家だけではないということである。福祉の担い手には国家，市場，家族，さらにはコミュニティなども含まれる。そして，福祉をめぐる議論においては，常にこれらのアクターの間で責任をいかに配分するのかという福祉ミックスの問題が大きな議論となってきたのである。

新自由主義と福祉国家の再編

　戦後，ヨーロッパを中心に発展した福祉国家は，1970年代以降，再編が求められるようになる。その背景には，戦後の高い経済成長の終焉やグローバル化の進行，脱工業化，就業する女性の増加などに伴う近代家族の揺らぎがある。先進諸国では「福祉国家の危機」が叫ばれるようになり，イギリスやアメリカ

をはじめ，各国で新自由主義（ネオリベラリズム）の影響が拡大していった。

　新自由主義は経済以外のあらゆる社会の領域に市場原理を拡張し，競争を強く推し進める。そして，そこでの国家の役割は，そのような市場の拡張，競争の促進を可能とするような政策を行うこととなる。それによって，社会政策においては所得の再分配や人々の間の平等化は目標とはされず，むしろ人々はリスク保障を自己責任，自助努力のもとに行うことが推奨されることになる。重要なのは，このような福祉改革が非正規雇用の拡大などを含む雇用の不安定化や経済的格差の拡大と同時に起こることである。新自由主義は人々に就労を通じて自己充足する責任を負わせる一方で，福祉給付や社会サービスを縮小し，雇用を柔軟化，不安定化することで自己充足の可能性自体を奪うのである（バトラー　2015＝2018）。

　その後，1990年代以降には，アメリカを出自とするワークフェアがヨーロッパやオセアニアをはじめとする国々へ急速に広がった。それは，福祉と就労を再編し，福祉受給者の労働を中心とした社会参加を促進するための政策である。特に，就労支援が不十分なうえに，福祉プログラムが縮小され，就労が福祉受給の条件とされ，就労をしなかった場合には福祉が停止されるなどのペナルティが課されるようなアメリカ型のワークフェアは新自由主義的といえる（宮本2002：78）。そして，ワークフェアによって貧困問題などを解決することには根本的な問題が付きまとう（埋橋 2007）。ワークフェアの背景には雇用情勢の悪化がある。にもかかわらず，経済的困難に直面する人々を福祉から就労へと移行させることによって，福祉や貧困の問題を解決しようとするからである。これは，最低限度の水準の収入を得られないワーキング・プアに対してワークフェア政策を行う際などに典型的にみられるといえる。

日本における福祉国家とジェンダー

　日本においては1973年が「福祉元年」とされ，福祉国家の成立は欧米よりも約四半世紀遅かった。また，「後発福祉国家」の日本においては，新自由主義の影響も遅れて生じ，社会政策においてその影響がみられるようになったのは

21世紀の初頭であった。

　日本の福祉レジームに関して，エスピン＝アンデルセンは保守主義と自由主義との混合としての性格が強いと述べるが（エスピン＝アンデルセン　1990＝2001），社会政策研究者の大沢真理は，エスピン＝アンデルセンの福祉レジーム論に対するフェミニストなどからの批判を踏まえ，国家／政府・市場・家族・サードセクターなどからなる「生活保障システム」をジェンダーの視点から3つに類型化し，日本はその1つの「男性稼ぎ主」型の典型であったと論じた（大沢2007）。企業が男性の安定した雇用と妻子を養えるだけの家族賃金を保障し，妻子は男性稼ぎ主に扶養され，ケアの責任は妻が担うものとみなされていたのである。一方，政治学者の三浦まりは，女性を中心とする非正規雇用の人々を調整弁として男性正社員の雇用を保障することで福祉の拡充を避けてきた日本の雇用・福祉レジームを「雇用を通じた福祉」と呼んだ（三浦 2015）。このような雇用の場におけるジェンダー格差が女性が働く際の障壁となっているがために，日本は男性稼ぎ主モデルから抜け出せないのである。1990年代後半以降の労働市場の変化が非正規雇用の拡大を生み，「雇用を通じた福祉」は政策パラダイムとしてのみ維持されつつ，実質的には機能不全に陥り，それは女性の貧困の悪化，特にシングルマザーの貧困につながっているという（三浦 2015）。

　先に述べたように，福祉国家，特にスカンジナビア諸国以外の福祉国家は，性別分業に基づく近代家族，家庭における女性のケア労働を前提として成立していた。日本の労働市場や社会政策などの社会システムは，正規雇用の男性を「標準的な労働者」とみなし，その「標準的な労働者」と専業主婦と子どもからなる性別分業に基づいた近代家族を「標準的な世帯」「標準家族」とみなしていたといえる。社会空間を生産の場である公的領域と再生産の場である私的領域に分け（公私二元論），それぞれに「男」「女」が位置づけられ，そのようなジェンダーのあり方に基づいて社会システムが作られてきたのである。それにより，女性の賃金は低く抑えられ，また，標準家族モデルから外れる家族は経済的な困難に直面してきた。1990年代後半以降は男性の非正規雇用も増加し，男性が稼ぎ主として家庭を支えることが困難になりつつあるが，標準家族モデ

ルとしての「男性稼ぎ主」型は維持されてきた（大沢 2007）。

　このようなジェンダー化された社会において，女性はシティズンシップをめぐるジレンマに直面する（ペイトマン 1989＝2014）。近代社会は「市民＝シティズン」を，公的領域において他者に依存しない，自立／自律した主体とみなし，それはある一部の「男性」を基準として構築されてきた。私的領域において男性に経済的に依存しつつ，そのメンバーに対してケア労働を行う女性は，そのような男性主体を支え，将来の市民を産み，育ててきたにも関わらず，完全な市民として認められてこなかったのである。女性は，男女には差異がないとして，公的領域における男性との形式的平等を求めると，既存の男性性に基づく市民のあり方が再生産されることになる。一方，男性との差異，女性の私的領域における役割の重要性を強調し，それに見合った社会的承認を求めても，公私二元論と性別分業は再生産され，シティズンシップにおける実質的なジェンダー平等は実現されない。男性との平等を求めても，差異を強調しても，「市民＝男性」が基準であり続ける限り不平等なジェンダー構造は再生産され続けることになる。

　そして，新自由主義はこのような状況を悪化させる。それは人々が必要とする社会福祉や公共サービスを縮小・民営化し，その責任を個人や家族，特に女性に還元することにより，従属的なジェンダー関係を強化すると同時に，そのような女性のケアに対する責任や性別分業をますます不可視化する（ブラウン 2015＝2017：118-121）。それにより，女性のシティズンシップをめぐるジレンマは解消されるどころか，強化される。

　このような状況において，就業とケア労働の両方の責任を担うひとり親，特にシングルマザーは，ひときわ困難な状況に陥ることになる。以下では，福祉とジェンダーをめぐる問題について考察するため，シングルマザーの経済的困難を取り上げて論じる。

2　シングルマザーの貧困とその背景

ひとり親家族をめぐる状況

　ひとり親家族は他の世帯構成に比べ，貧困に陥りやすい。OECDのデータによれば，2015年（あるいは最新のデータ）の世帯構成別の可処分所得の平均は，総じてひとり親家族が最も低い（OECD 2018）。また，2016年（あるいは最新のデータ）の相対的貧困率，つまり等価可処分所得が中央値の50％に満たない世帯員の割合においてもひとり親家族の状況は深刻で，OECD加盟国の平均は32.5％であった（OECD 2019）。これは大人が2人以上の子育て世帯の割合の約3倍の高さである。

　日本のひとり親家族，特に母子家族がおかれている状況はOECD加盟国平均よりも総じて厳しい。厚生労働省の2016年の調査によれば，母子世帯の推計世帯数は約123万世帯，父子世帯は約18万7,000世帯であるが，その前年の2015年の平均年間収入は，母子世帯が348万円，父子世帯が573万円であり，児童のいる世帯全体の707.8万円を大きく下回った（厚生労働省 2017a）。また，労働政策研究・研修機構の2018年の調査によると，母子世帯の相対的貧困率は51.4％，父子世帯では22.9％であり，ふたり親世帯の5.9％に比べて著しく高かった（労働政策研究・研修機構 2019a：21）。生活意識の面でも「大変苦しい」とした母子世帯は2016年では45％に上り（児童のいる世帯では26.8％），「やや苦しい」と合わせると約83％が生活が「苦しい」と述べている（厚生労働省 2017b：17）。

　このように，先進国におけるひとり親家族の経済的状況は総じて厳しいが，日本のシングルマザーの世帯は特に厳しい状況にある。

シングルマザーの貧困とジェンダー

　では，なぜひとり親家族，特に母子家族は経済的困難に陥りやすいのか。日本のシングルマザーはその8割以上が就業している。にもかかわらず，経済的困難に直面しているシングルマザーの世帯は多い。つまり，ワーキング・プア

なのである。

　その主な要因は，シングルマザーの賃金の低さにある。それは，直接的には
まず正規雇用の職に就く者が少ないことに起因する（周 2014）。厚生労働省の
調査によれば，2015年のシングルマザーの平均年間就労収入は200万円である
（厚生労働省 2017a）。シングルファーザーは398万円であるので，約2倍の格差
があることになる。シングルマザーの81.8％が就業しており，そのうちの44.2
％が正規雇用，48.4％が派遣やパート・アルバイトなどの非正規雇用であった。
正規雇用と非正規雇用の就労収入の差は大きく，正規の職に就く者の平均年間
就労収入は305万円であるが，パート・アルバイト等の者は133万円とその半分
にも満たない。働いているシングルマザーの約半分が，不安定で低収入の職に
ついていることになる。一方，シングルファーザーで就業していたのは85.4％
であるが，その約7割が正規の職に就いており，さらに18.2％が自営業で，非
正規雇用だったのは7.8％であった。また，2015年の正規雇用の父親の平均年
間就労収入は428万円，パート・アルバイト等では190万円であった。

　就業と子育ての両者をひとりでこなさなければならないことが，シングルマ
ザーが正規雇用になることを妨げているという指摘もある。幼い子どもをひと
りで育てていることで，無職や非正規雇用からの正規雇用への転換や就業の継
続が難しくなるというのである（西村 2014）。さらに，シングルマザーの低学
歴層への偏りと正規雇用率の低さや低収入との関連も指摘されている。

　一方，正規雇用のシングルマザーに関しては，中途採用の者が相対的に多い
ことが賃金の低さにつながっているとの指摘がある。シングルマザーの正社員
は，既婚で子どものいる正社員の女性よりも再就職や転職など中途採用の者が
多く，平均年収も既婚の母親の8割程度にとどまるという（周 2014：40-41）。

　このようなシングルマザーのおかれている困難な状況の背景には，賃金や雇
用形態，昇進など，労働市場における男女格差や，結婚や妊娠，出産に伴って
退職やキャリアの中断をする女性の多さなど，社会全体のジェンダー構造があ
る。労働市場についてみてみると，2018年の日本における女性の賃金は，男性
の7割強にとどまる（厚生労働省 2019）。また，雇用形態にも格差があり，2020

年1月の15〜64歳の就業率は男性が84.1％，女性が70.6％であったが，男性の75％以上が正規雇用であるのに対し，女性の半分以上が非正規の職に就いていた（総務省統計局 2020）。2018年の女性の管理職割合も14.9％と著しく低い（労働政策研究・研修機構 2019b：103）。

　さらに，家事や育児などのケア役割は女性に偏って配分されている。女性の家事・育児に費やす時間は男性に比べて長い。これは男女の賃金格差に関係している。子育て期にフルタイムで働く女性の賃金は，子どものいない女性に比べて男性との賃金ギャップが大きい（OECD 2012：169）。また，妊娠・出産を機に退職する女性もいまだに多い。2018年の調査によれば，4割以上の女性が第1子出産後に退職している（労働政策研究・研修機構 2019a：49）。

　離婚した元夫からの養育費の不払いも母子家族の貧困の原因とされるが，これも離婚した男女間での経済的な側面も含めた子どものケアの不均等な配分を示すものといえるだろう。1950年以降，離婚後の親権を母親がもつケースが増加し続けている。その一方で，離婚の際などに養育費の取り決めをした母子世帯は約4割にとどまり，また養育費を現在受給している母子世帯も全体の4分の1弱に過ぎない（厚生労働省 2017a）。これまで養育費を受け取ったことがないシングルマザーは5割を超える。

　このように，日本におけるシングルマザーの貧困や低所得の背景には，就業とケアをめぐるジェンダー不平等の問題があるのだ。

3　シングルマザーに対する政策とその問題

「自立支援」への転換

　ひとり親家族，特にシングルマザーの経済的困難の原因については社会政策自体の問題も挙げられている。日本ではひとり親家族に対し，「子育て・生活支援策」「就業支援策」「養育費の確保策」「経済的支援策」の4つの柱のもと，様々な施策が行われている（厚生労働省子ども家庭局家庭福祉課 2019）。「子育て・生活支援策」は，子どもの保育所への優先的な入所や母子・父子自立支援

員による自立のための情報提供や指導等の支援を含む。「就業支援策」においては，就業支援サービス等の提供，教育訓練や資格取得のための給付金をはじめとする事業が行われている。「養育費の確保策」では，離婚の際などに養育費の取り決めを行い，養育費が確実に支払われるように様々な支援が行われる。「経済的支援策」では，児童扶養手当の支給や，生活や子どもの修学などに必要な資金を貸し付ける事業なども行われている。

　このような支援体制は，2002年に厚生労働省が策定した「母子家庭等自立支援対策大綱」に基づいて行われた母子家族に対する福祉改革によって成立した。母子家族に対する施策は，それまで，児童扶養手当などの所得保障を中心に行われていた。離婚または死別などによりひとりで子ども（原則として18歳以下）を養育する親などに与えられる児童扶養手当は，1961年に創設された。その2年前の1959年に制定された国民年金法により，夫と死別した母子家族には母子福祉年金が与えられるようになったが，離婚などによる生別母子家族には支援がなかったため，それを補完すべく作られたのである。つまり，死別か生別かでシングルマザーは制度上差異化されてきたのである（さらに，離婚／未婚による差別化も行われていた）。その後，離婚の急増に伴って児童扶養手当の受給者数が大幅に増加したことから，所得による手当の全部支給と一部支給の2段階制などが導入された。そして，2002年に「母子寡婦福祉対策の歴史上初めての抜本的な改革」（母子寡婦福祉法令研究会 2004：30）が行われ，母子及び寡婦福祉法や児童扶養手当法等の法律およびそれらに関わる政令等が改正された（母子及び寡婦福祉法は2014年に母子及び父子並びに寡婦福祉法へと改正された）。それにより母子家族に対する政策は児童扶養手当中心の支援から「自立支援」を主眼とする総合的な支援へと転換され，現在に続く4本柱による施策が行われるようになったのである。

　この改革により，母子家族への政策はワークフェアへと舵が切られたといえる。改革が行われた2000年代初頭のこの時期は，新自由主義が日本の社会政策に最も大きな影響を与えていた時期であり，そしてこの福祉改革が「アメリカ型の〔つまり新自由主義的な〕ワークフェア政策を参照している」（湯澤 2007：

152-153）とされていたことは強調しておきたい。

　児童扶養手当に注目して述べれば，2002年の改革は受給の制限と受給期限の設定，さらに自立に向けた活動を行わなかった際の制裁を組み合わせて導入したものであり，シングルマザーに対して自立への自助努力をより一層求めるものであった（湯澤 2004：64）。まず，2002年8月より全部支給，一部支給，支給停止のそれぞれの所得／収入限度額が変更となった。一部支給の収入限度額は上がったが，全部支給はそれまでの204.8万円から130万円にまで引き下げられた。一部支給の額は所得に応じて10円刻みで減額されることになり，養育費の8割が所得として換算されるようになった。

　また，児童扶養手当に受給期限が設定されることになった。2002年11月に改正された児童扶養手当法には，支給開始から起算して5年または手当の支給要件に該当するに至ってから7年を経過した場合には，政令により一部支給しないことが明記され，2008年度から適用されることになった。それにより，政府は児童扶養手当を離婚などの直後の生活が大きく変化する期間（のみ）を支えるものとして位置づけ直そうとしたのである。なお，この一部支給停止措置は母子家族の状況に改善が見られないことなどから，2008年に政令が改正され，就業や求職活動など，自立に向けた活動をしているなどの事由に該当する場合には適用から除外されることになった。

　2002年の改革はシングルマザーに自立への自助努力を一層要請するものであった。改革にあたり策定された「母子家庭等自立支援対策大綱」には，児童扶養手当について「支給を受けた母の自立に向けての責務を明確化する」ことが明記されていた（厚生労働省 2002）。改正された児童扶養手当法には，手当を受ける母親は「自ら進んでその自立」を図らなければならないこと（第2条），そして受給者の母親が正当な理由なく求職活動などの自立のための活動をしなかった際には，手当の全部または一部が支給されないこと（第14条）が明記された。自立に向けた活動を行わないとペナルティが課せられるようになったのである。この改革は新自由主義的であったと言える。

　その後，児童扶養手当は2010年より支給対象が父子家族にも拡大され，さら

に2014年からは公的年金の受給額が児童扶養手当を下回る場合はその差額分が支払われることになった。2016年には，第2子，第3子以降の加算額が引き上げとなり，2018年からは全部支給の収入限度額が30万円引き上げられ160万円となった。なお，児童扶養手当の受給者数は，2012年度末を境に減少している。また，ひとり親の就業支援のための特別措置法の制定やその後の母子及び父子並びに寡婦福祉法や児童扶養手当法の改正などを通して，就業支援は拡充されてきた。支給額が一部引き上げられる一方で，就業を通した「自立支援」も確実に強化されてきたのである。

― 調べてみよう ―

　興味のある3カ国を選び，シングルマザー（あるいはひとり親家族）に対する福祉政策がどのようなものか，具体的に調べてみよう。

ジェンダーとワークフェアの問題の交差

　「自立支援」を中心とする政策への転換は，シングルマザーの貧困や低所得の問題を解決することにはつながっていない。本項ではその理由を明確にするため，ジェンダーの視点から，シングルマザーに対する政策とその改革の問題点を論じる。

　第1節でも述べたように，1980年代に強化された日本の「男性稼ぎ主」型の生活保障システムは，正規雇用の男性を「標準的な労働者」，性別分業に基づく近代家族を「標準家族」とみなしてきた。そのような社会システムにおいて，「標準」から外れるシングルマザーとその子どもは，経済的困難に直面することになる。標準家族モデルにおいて，女性は男性稼ぎ主に扶養されることが前提とされるが，シングルマザーにはそれがない。また，性別分業はジェンダーに基づく賃金格差とともに雇用形態（正規／非正規）の格差にもつながってきた。シングルマザーはケア役割も担わなければならないため，非正規雇用に就く者も多くなり，貧困や低所得に直面する可能性が高まる。国家は，そのようなシングルマザーの状況を緩和するため，自立を求めつつも，社会扶助として

児童扶養手当を中心とする母子家族に対する支援を行っていたが，それは決して生活自体を保障するものではなかった。

　新自由主義の影響が強まった2000年代以降は，福祉国家再編のなかで，母子家族に対する政策が福祉給付を中心としたものから「自立支援」を中心としたものへと転換され，シングルマザーに対し自立への自助努力が一層要請されるようになった。すでに述べたように新自由主義は，福祉給付や社会サービスなどを縮小・民営化することで，福祉に対する責任を家族，特に女性に還元し，社会をより一層ジェンダー化する。他方，新自由主義は雇用自体の不安定化，非正規雇用や低賃金での雇用の拡大を促進することにより，労働者の自助努力による自己充足の可能性を奪う。公・私，両領域におけるジェンダー・ギャップが解消されぬまま，社会福祉が縮小され，公的領域における雇用が不安定化することは，シングルマザーが経済的困難に直面する可能性を高めると同時に，そこから脱却することも困難にする。ジェンダー構造とワークフェアの問題が交差するなかで，シングルマザーはすでにワーキング・プアであるにもかかわらず，十分な生活保障がなされないまま，自助努力で自立することをさらに強く求められ，ワーキング・プアから抜け出せなくなってしまっているのである。シングルマザーの経済的困難は社会構造によって生み出された問題，つまり構造的不正義なのである。

　さらに，女性のシティズンシップの観点から，ワークフェアにおける「労働」や「自立」の概念の問題にも言及しておきたい。「自立支援」を中心としたワークフェアにおける「労働」は有償労働を指し，「自立」は基本的には経済的自立を指す。経済的に自立し，社会に参加することが道徳的な行動規範となる一方で，その努力を怠ることや福祉給付に過度に依存することが非難の対象となるのである。就業していない者やそのための努力をしていない者が必ずしも自立していないわけではないし，就業やそれに向けた活動以外にも社会参加する方法はいくらでもある。たとえば，母親たちは育児を通してネットワークを形成し，社会に参加している。にもかかわらず，「自立支援」を中心としたワークフェアにおいては「自立」が労働＝有償労働をすることとみなされ，

価値がおかれる一方で，ケア労働を含む無償労働には価値が見出されない。公的領域において男性が主として行ってきた労働にはより一層価値が与えられる一方で，私的領域において主として女性が行ってきた労働の価値は認められないのである。そのために，たとえシングルマザーが子育てを通して社会に参加していたとしても，それには保障が与えられず，就業することが強く求められるのである。

公的領域における経済活動を通して「自立」し，社会参加する主体はある一定の男性性に基づくものであり，新自由主義的なワークフェアのもとではそのような主体のあり方がより規範化される。このような狭い「自立」概念，シティズンシップのあり方に基づき，強固にジェンダー化された社会において，女性がひとりでケア労働をしながら，男性と同じように経済活動などに参加し，「市民」として認められることは困難に近い。シングルマザーのおかれている状況を改善するには，現状のジェンダー構造を前提とした「自立支援」ではなく，社会構造自体を変革するような施策が必要なのである。

みんなで考えよう

「調べてみよう」の成果を持ち寄って，各国のシングルマザーに対する福祉政策の特徴を分析してみよう。まず，「推薦図書」に挙げたマジェラー・キルキーの著書などを参考に，各国の各施策が以下の4つのどれに当たるのかを考察し，それぞれの施策の効果，良い点や問題点を検討しよう。さらに各国がどのように施策を組み合わせているのかを確認しよう。

① ケア労働に専念することを可能にする政策：育児に専念する期間を確保できるようにする政策，社会扶助や年金，その他のケア労働に関わる現金給付やサービスの提供など

② 就業／就労支援政策：就業とケア労働の両立支援や両者を担う親への現金やサービス移転，税制度など

③ ケア労働と就業の間を容易に移行できるようにするための政

策：ケア労働から就業への移行を財政的に支える制度，再雇
用政策など

④　その他：特にシングルマザーのための施策とはされていなく
ても，彼女たちに影響を与えるような政策

そして，シングルマザーとその子どもの社会的権利のためには，
どのような政策をどのような組み合わせで行うのが良いのかを話し
合おう。最後に，調べた国のなかでどの国の政策が一番理想的なの
かを決めよう。

4　ジェンダー平等な福祉を実現するために

ここまでの議論をふまえ，最後に，現代日本においてシングルマザーの貧困
問題を解決し，女性のシティズンシップをめぐるジレンマを乗り越えて，ジェ
ンダー平等な福祉制度をつくるためのヒントをいくつか示しておきたい。

まず重要なことは，単に就業の場である公的領域におけるジェンダー平等を
目指すのではなく，公私二元論に基づく性別分業自体を解体し，ジェンダーを
脱構築するような制度の再編を目指すことである。フェミニズム理論家である
ナンシー・フレイザーは，ジェンダーの観点から脱工業化社会における福祉国
家再建のための3つモデルを検討している（フレイザー　1997＝2003）。1つ目は，
デイケアのような社会サービスを国家が提供することなどにより，女性の雇用
を促進し，ジェンダーの公平を達成しようとする「総稼ぎ手モデル」である。
2つ目は，国家がケア提供者手当を提供することなどにより，ケア労働を支援
し，ジェンダーの公平を促進しようとする「ケア提供者対等モデル」である。
フレイザーは，どちらも完全なジェンダーの公平を達成できないとして，第3
のモデル，「総ケア提供者モデル」を提唱する。このモデルでは，男性も含め
てすべての人が主要なケア労働の担い手となることが奨励され，それを規範と
して労働市場を含むあらゆる制度がデザインされる。ケア労働には公的な支援

も行われるが，親戚や友人，市民社会によっても行われることになる。それにより，性別分業は解体されると同時に，「労働」を有償労働のみに限定することが回避され，ケア労働の価値が認められ，公的領域と私的領域の区分も解体されることになる。フレイザーは，現行のシステムにただ乗りしているのは貧しいシングルマザーではなく，「十分に，あるいは全く賃金を支払わないで，労働者たちの労働にただ乗りしている企業，及びケアワークと家庭内の労働を回避している，あらゆる階級の男性たち」であると述べ，そのような「ただ乗りを阻む政策」の展開が鍵となるとするのである（フレイザー　1997＝2003：94）。

　また，ふたり親家族を「標準家族」とみなすことも改める必要がある。そのためには，社会保障などの制度の基準を「世帯」とすることをやめ，年齢などに応じて各個人に対し支援を行っていくことが必要となるのではないか。

　そして，母子家族の貧困や社会的排除の問題の背景に社会構造があることを理解し，社会として責任を果たしていくことが重要である。フェミニズム理論家であるアイリス・マリオン・ヤングは，構造的不正義をもたらすプロセスに関わるすべての人が責任を分有するという，責任の「社会的つながりモデル」を提唱し，人々にはその構造を変革するため，集団的に行動することが求められるとする（ヤング　2011＝2014）。ヤングの議論は，新自由主義の時代にあって，私たちが社会的な存在であることを改めて認識させる。新自由主義は「自己責任」を強調する。それは問題の責任を個人化することで，その背景にある社会構造を不可視化すると同時に，人々が自分自身にのみ責任をもち，他者に対しては責任を負わないことを意味する。しかしながら，私たちが全員，他者に責任を負わず，自分自身のことのみを考えるようになれば，社会福祉は崩壊する。そして，程度の差はあれ多くの人が「プレカリティ／不安定性」（バトラー　2015＝2018）に晒される現代においては，そのような状況は社会全体にとって望ましいことではないだろう。市民の義務のみならず，権利としてのシティズンシップ，社会的権利の重要性を改めて確立していく必要があるのではないか。

```
┌─── 深めよう ───────────────────────────────┐
│
│  「みんなで考えよう」および本章の議論をふまえ，日本のシング
│  ルマザーの貧困問題を解決するためにはどのような政策を実施した
│  らよいのか，レポートしよう。
│
└──────────────────────────────────────┘
```

参考文献

埋橋孝文（2007）「ワークフェアの国際的席捲──その論理と問題点」埋橋孝文編著『ワークフェア──排除から包摂へ？』法律文化社，15-45。

エスピン゠アンデルセン，G.，岡沢憲芙・宮本太郎監訳（2001）『福祉資本主義の三つの世界──比較福祉国家の理論と動態』ミネルヴァ書房。

大沢真理（2007）『現代日本の生活保障システム──座標とゆくえ』岩波書店。

キルキー，マジェラー，渡辺千壽子監訳（2005）『雇用労働とケアのはざまで──20カ国母子ひとり親政策の国際比較』ミネルヴァ書房。

厚生労働省（2002）「母子家庭等自立支援対策大綱」厚生労働省（2020年4月12日，https://www.mhlw.go.jp/topics/2002/03/tp0307-3.html）。

────（2017a）『平成28年度　全国ひとり親世帯等調査結果報告（平成28年11月1日現在）』厚生労働省。

────（2017b）『平成28年　国民生活基礎調査の概況』厚生労働省。

────（2019）『平成30年賃金構造基本統計調査の概況』厚生労働省。

厚生労働省子ども家庭局家庭福祉課（2019）「ひとり親家庭等の支援について」厚生労働省（2019年8月31日，https://www.mhlw.go.jp/content/000539080.pdf）。

周燕飛（2014）『母子世帯のワーク・ライフと経済的自立』労働政策研究・研修機構。

総務省統計局（2020）『労働力調査（基本集計）2020年（令和2年）1月分』総務省統計局。

西村純子（2014）『子育てと仕事の社会学──女性の働きかたは変わったか』弘文堂。

バトラー，ジュディス，佐藤嘉幸・清水知子訳（2018）『アセンブリ──行為遂行性・複数性・政治』青土社。

ブラウン，ウェンディ，中井亜佐子訳（2017）『いかにして民主主義は失われていくのか──新自由主義の見えざる攻撃』みすず書房。

フレイザー，ナンシー，仲正昌樹監訳（2003）『中断された正義──「ポスト社会主義的」条件をめぐる批判的省察』御茶の水書房。

ペイトマン，キャロル，山田竜作訳（2014）『秩序を乱す女たち？──政治理論とフェミニズム』法政大学出版局。

母子寡婦福祉法令研究会編著（2004）『総合的な展開をみせる母子家庭等施策のすべて』ぎょうせい。

三浦まり（2015）「新自由主義的母性――『女性の活躍』政策の矛盾」『ジェンダー研究』第18号，53-68。

宮本太郎（2002）「社会民主主義の転換とワークフェア改革――スウェーデンを軸に」日本政治学会編『2001年度年報政治学　三つのデモクラシー――自由民主主義・社会民主主義・キリスト教民主主義』岩波書店，69-88。

ヤング，アイリス・マリオン，岡野八代・池田直子訳（2014）『正義への責任』岩波書店。

湯澤直美（2004）「日本における母子世帯の現代的様態と制度改革――ワークフェア型政策の特徴と課題」『コミュニティ福祉学部紀要』第 6 号，45-66。

―――（2007）「日本における母子家族政策の展開――福祉と労働の再編」埋橋孝文編著『ワークフェア――排除から包摂へ？』法律文化社，143-169。

労働政策研究・研修機構（2019a）『子どものいる世帯の生活状況および保護者の就業に関する調査2018（第 5 回子育て世帯全国調査）』。

―――（2019b）『データブック国際労働比較2019』。

Marshall, T. H., *Citizenship and Social Class and Other Essays*, 1950, Cambridge University Press.

OECD, *Closing the Gender Gap: Act Now*, 2012, OECD Publishing.

―――, "OECD Family Database: CO2.1 Income Inequality and the Income Position of Different Household Types," 2018, OECD（2019年12月 2 日，http://www.oecd.org/els/soc/CO_2_1_Income_inequality_by_household_type.pdf）.

―――, "OECD Family Database: CO2.2 Child Poverty," 2019, OECD（2019年12月 2 日，http://www.oecd.org/els/soc/CO_2_2_Child_Poverty.pdf）.

推薦図書

G. エスピン＝アンデルセン，岡沢憲芙・宮本太郎監訳（2001）『福祉資本主義の三つの世界――比較福祉国家の理論と動態』ミネルヴァ書房。
　＊欧米の資本主義福祉国家を比較して 3 つの「福祉国家レジーム」に類型化した。その後の社会政策研究に多大なる影響を与えた研究書である。

マジェラー・キルキー，渡辺千壽子監訳（2005）『雇用労働とケアのはざまで――20カ国母子ひとり親政策の国際比較』ミネルヴァ書房。
　＊日本を含む20カ国のシングルマザーに対する政策を比較分析し，福祉国家と女性の社会的権利について検討したものである。比較分析の枠組みや女性のシティズンシップをめぐる問題について多くの知見を提供する。

ナンシー・フレイザー，仲正昌樹監訳（2003）『中断された正義——「ポスト社会主義的」条件をめぐる批判的省察』御茶の水書房。

　＊大きな論争を呼んだ「再配分から承認へ？」や本章でも取り上げた「家族賃金の後に」など，「ポスト社会主義」の諸条件について批判的に考察した論文集である。

（藤田　智子）

第 7 章
性的少数者にとって家族とはどのような存在か

───── この章で学ぶこと ─────

　性的少数者が性自認や性的指向を理由とした不利益を被ることは
差別であるといえよう。性的少数者の権利を擁護する取り組みとし
て，近年，同性婚やパートナーシップ制度を法制化し，同性間のカ
ップル関係を社会的に保障しようという機運が高まっている。しか
し，これらの制度をめぐっては同性愛者の異性愛社会への同化であ
るという指摘もある。それでは，性的少数者が築く親密な関係性は
どのように保障されるべきであろうか。

キーワード：性的少数者，同性婚，パートナーシップ制度，ケアの
　　　　　　　倫理

───── この章の問い ─────

　同性婚が制度化されれば，性的少数者が家族をめぐってかかえる
問題は解決するのだろうか。

　ここ数年の間に，「LGBT」という言葉をメディアなどで目にすることが多
くなった。「LGBT」とは，レズビアン（女性同性愛者），ゲイ（男性同性愛者），
バイセクシュアル（両性愛者），トランスジェンダーの頭文字をとったものであ
り，これらを含む性的少数者の総称としても用いられる。

　ひとくちに性的少数者といってもそのあり方は様々であり，性自認（Gender
Identity，自身の性別についてどのようなアイデンティティをもっているのか）におけ
るマイノリティと，性的指向（Sexual Orientation，どのような性別の人を好きにな
るのか）におけるマイノリティに大別することができる。前者には，出生時に

割り当てられた性別とは異なる性別として社会生活をおくるトランスジェンダーがあてはまる。後者には，女性として女性を好きになるレズビアンや，男性として男性を好きになるゲイなどがあてはまる。また，性的少数者には「LGBT」のそれぞれの人々にくわえ，アセクシュアル（無性愛者）や性自認や性的指向が明確ではないクエスチョニングなど様々な人々が含まれる。

　もちろん，近年「LGBT」という言葉を目にすることが多くなったといっても，性的少数者の人々が突然現れたり，急増したりしているわけではないだろう。2015年6月の全米での同性婚を合法化する米国連邦最高裁判決や同年11月の東京都渋谷区での同性パートナーシップ制度の運用開始以降，「LGBT」という言葉の流行とともに，性的少数者の人々を社会の一市民として包摂していこうという動きが加速しており，それにともなって，かれらの存在が可視化されてきたという方が適切であろう。性的少数者を包摂する取り組みとしては，自治体におけるパートナーシップ制度の導入や，教育現場における性的少数者である児童への支援，女子大学へのトランスジェンダー女性の入学許可など，様々な分野において対応がみられるようになってきた。

　また，性的少数者に特有の問題として性自認や性的指向をとらえるだけではなく，すべての人々がもつ属性として「SOGI」（Sexual Orientation, Gender Identity）をとらえたうえで，あらゆるSOGIのあり方が尊重されるべきであるにもかかわらず，ある特定のSOGIをもった人々（例えば「LGBT」と呼ばれるような性的少数者の人々）の権利が侵害されている問題としてとらえられるようにもなっている。つまり，翻って考えれば，性的少数者のSOGIのあり方が尊重されない社会のなかには，出生時の性別と性自認が一致しているのが当然であるといった考え方や，性愛のあり方として男女間における異性愛関係のみを正しいものとみなし，それ以外の性愛のあり方を異常とするような考え方（異性愛規範）が存在しているともいえる。

1　パートナーシップ制度と同性婚

パートナーシップ制度

　パートナーシップ制度とは，従来，法的な婚姻から排除されてきた同性同士のカップルのパートナー関係を，制度的に承認しようというものである。日本においては地方自治体のレベルで制度化が進んでおり，2015年11月の東京都渋谷区の運用開始を皮切りに，2019年4月時点では全国20の自治体で制度が導入されている。また，将来的な制度の導入を検討している自治体も多い。

　パートナーシップ制度には，議会による決議を要する条例を根拠とするものや首長が行政機関内部の内規として定める要綱にもとづくものなどが存在する。実際の導入例としては後者の例が多く，その場合の制度の概要は，パートナー関係にある者同士が市長に対し，双方が互いのパートナーであることを誓うことによって，宣誓書受領証を受け取るというものである。要綱にもとづくパートナーシップ制度は法的効力を持たないが，当該自治体における公営住宅への入居申し込みが可能となる例や，自治体立病院などでの手術などの同意書の連名署名などが婚姻関係と同様に取り扱われる例がある。

　日本においては自治体レベルで導入が進んでいるパートナーシップ制度であるが，世界を見ると国レベルで導入されている例も多く，2017年時点で28カ国で導入されている（ILGA 2017）。パートナーシップ制度には対象が同性カップルに限定されているものもあるが，フランスのPACS（民事連帯契約）のように異性カップルも利用できるものもある。

調べてみよう

① 世界各国の同性婚やパートナーシップ制度の法制化の状況を調べてみよう。

② 日本において，地方自治体で導入されているパートナーシップ制度の内容について調べてみよう。

同性婚

　また世界には，先の米国連邦最高裁判決の例のように，同性同士でも異性間のカップルと同じように結婚を行うことができる国が24存在する（ILGA 2017）。

　一方で，日本においては，自治体レベルのパートナーシップ制度は導入されているものの，同性同士での結婚ができるように法律を改正するような動きは，実現性が高いものとしては展開されていない。同性婚が制度化される国々が存在する一方で，日本のように同性婚が制度化されない国々が存在するのはなぜだろうか。また，日本においても同性婚の法制化がなされるべきであろうか。

　同性婚というと，同性愛者であるレズビアンやゲイを対象とした制度という印象をいだくが，トランスジェンダーの場合においても同性婚の制度を利用することがある。というのも，トランスジェンダーの場合には当事者間においては異性愛カップルと認識されるような関係であっても，法律上の性別では同性同士ということもあるからである。

2　様々な同性婚反対論

従来的な家族制度を擁護する立場

　同性婚やパートナーシップ制度などの同性間のパートナー関係の公的承認については，様々な立場からその制度化に反対する主張がなされてきた。

　そのなかでも最も古典的であり，根強い批判として，婚姻とは男女による生殖をともなうものであるという批判がある。例えば，民法学者の大村敦志（1995）は婚姻を男女間に限定する思想的根拠として，「婚姻による家族の形成は，種の再生産に資するものとして法的保護を受けてきた」（大村 1995：64）と主張し，生殖をともなわない同性婚は認められるべきではないとする。

　このような，生殖や人口の再生産を基準とした同性婚反対論は，「同性婚を認めることは，少子化を助長する」という意見にも通底するものであろう。しかしながら，男女による異性間の婚姻であれば，すべてが生殖をともなうものといえるだろうか。日本においては，年齢や身体上の都合により妊娠が難しい

女性であっても婚姻できるし，同様に不妊症の男性であっても婚姻は可能である。また，カップルが生殖によって子どもをもたないことを前提に婚姻をしたとしても，その婚姻関係は制度的に保護をうける。つまり，異性間であれば，実際には生殖をともなわない場合でも婚姻が認められているのである。

　この点に関して，大村は「子をもつことはないにせよ定型的には子をもちうる異性愛カップルが婚姻制度を利用するのは社会的に許容できることである。しかし，このことと生殖をともなうべくもない同性のカップルに婚姻を認めるかどうかとは別の問題であろう」（大村 1995：64-65）として，同性カップルの婚姻制度の利用は社会的に許容されないとする。

　しかし，このように「生殖をともなうか否か」という基準で異性愛に優位性を付与し，異性カップルにのみ婚姻を認める論理には，同性カップルに対しては生殖の有無が，異性カップルに対しては生殖可能性が用いられるというダブルスタンダードが存在しており（風間 2003：39），その論理が同性婚反対論を正当化するための恣意的なものであることが指摘されている。

　近代社会における家族制度が異性間の法律婚のみを法的保護に値する関係として特権化し，それ以外の関係性を法の外におくとき，異性愛が自然な関係であるがゆえに法的保護に値し，同性愛は自然に反した関係であるがゆえに法的保護に値しないとする論理がしばしば主張される。しかし，生殖をともなうか否かという基準の恣意性にみられるように，婚姻の正当性は単なる自然の反映ではなく，むしろ，法を介して人為的につくり出されたものであるといえよう。

同性婚が従来の家族規範を再生産するという立場

　このように従来の家族制度を擁護する立場からの同性婚反対論が存在する一方で，志田哲之（2009）は，同性婚，ひいては婚姻制度が有する「カップル志向」のもつ問題に着目して，同性婚反対論を展開している。

　志田は従来の婚姻関係に見られるようなカップル関係を超える関係性として，同性愛者が築いてきた人間関係に注目する。志田によれば，同性愛者の「ネットワーク状の人間関係は，性的な関係を起点にしながらも，そこにとどまらず，

そこで育まれてきた関係はサポート的な側面としても機能しており，それはより包括的な生活や人生といった『生』において重要な役割を果たしているといえる」（志田 2009：158）という。

　志田は，同性婚を制度化しようとする要求について，ライフスタイルについてのモデルが相対的に少ない同性愛者が，自らの将来に不安を覚え，そのような不安を解消させるために結婚という制度を想起することはうなずけるとしたうえで，結婚という制度は，「カップルを前提としているために，カップル関係が存続している間こそは強固であるものの，その関係が損なわれたときにはふたたびさまざまなリスクが浮上することが見込まれ」ると指摘する。そして「このことは，制度を利用してきた異性愛者が先行して問題点を主張してきた」（志田 2009：151）という。そのため，「たとえ同性愛者が制度を手に入れたとしても，将来的な問題点はすでに提示されている」（志田 2009：163）という。

　たしかに，現行の婚姻制度における離婚の増加や未婚化・非婚化といった現象は，結婚制度が前提とするカップル関係の永続性が損なわれていることや，カップル関係が普遍性をもつものでもないということを表しているかもしれない。また，シングルマザーの貧困といった問題は永続する男女のカップル関係を前提とした結婚制度が内包する性別役割分業や雇用におけるジェンダー不平等の結果であるともいえ，このような問題は同性婚を実現した同性カップルにも当てはまる可能性があるだろう。

　つまり，異性愛カップルを中心とする家族に多くの機能が期待されることによって家族の機能不全は引き起こされているが，同性愛者たちはそのような機能を分散して配置する親密圏によって代替させているともいえる。そのような親密な関係は現代社会のニーズに応える先駆的なものであるにもかかわらず，同性婚を制度化すべきとする議論においては，機能不全を起こしているカップル関係への回帰がみとめられ，そのことが批判の対象となっているのである。

3　「レズビゲイ家族」のもつ可能性

　それでは，カップル関係を超えた同性愛者の関係性とはいったいどのような
ものであろうか。釜野さおり（2008）は，志田が指摘するような同性愛者が築い
てきた親密圏について，「法的にも社会的にも承認されている主流の『家族』か
ら除外されてきたレズビアンやゲイが，生き残りの手段として培わざるをえな
かった副産物」（釜野 2008：17）であるとしたうえで，そのようにして，レズビア
ンやゲイによってつくられた「家族」（「レズビゲイ家族」）を，近代家族的な「従
来の家族」がもつ規範を相対化するような問いかけをなすものとしてとらえる。

　釜野はレズビゲイ家族による近代家族的な従来の家族への問いかけを，①
「友人ネットワークとコミュニティが家族であることによる問いかけ」，②「血
縁が家族の基盤であることのへの問いかけ」，③「親子関係と生殖のあり方へ
の問いかけ」，④「パートナー関係のあり方からの問いかけ」の４つの側面か
らまとめている。

友人ネットワークとコミュニティ

　まず，①「友人ネットワークとコミュニティが家族であることによる問いか
け」とは，レズビアンやゲイが血縁家族・定位家族から排除されてきたために，
友人ネットワークから身体的，精神的，経済的サポートをえたり，コミュニテ
ィを作り，精神的，物理的なサポートの場として機能させていたりすることを
示している。また，レズビアンやゲイの親密関係においては，恋人と友人の境
界が緩やかで，１対１の性関係にとらわれない関係性があるという。これは志
田がカップル関係を超える関係性としてとらえた同性愛者の人間関係とも重な
る指摘であろう。

家族の基盤としての血縁

　次に，②「血縁が家族の基盤であることへの問いかけ」とは，レズビアンや

ゲイの当事者が血縁家族のなかで居場所がなく孤独感を感じており，とりわけ親にはカミングアウトすることが難しいことなどから，血縁家族が精神的な支えになるという前提が疑問視され，血縁があれば家族と見なすような前提を問う可能性があるということを示している。

親になること

さらに，③「親子関係と生殖のあり方への問いかけ」とは，レズビアンやゲイが親となり子どもをもつためには，カップルのみでは生殖が不可能であることから，親は1組の男女（父母）であるという常識が問われることになり，また子どもを中心に，産みの母親，そのパートナー，父親，父親のパートナーなどを含む拡大した親子関係が可能となり，異性間の生殖にもとづく親子関係の自明性が問われることを示している。

パートナーシップのあり方

最後に，④「パートナー関係のあり方からの問いかけ」とは，レズビゲイ家族におけるパートナー関係では，日常の家事や育児に柔軟に対応する実践が行われており，核家族の基盤とされるジェンダー役割を超えた関係が観察されることから，それらを通じて従来の家族を問う可能性があることを示している。

レズビゲイ家族の可能性と限界

このようにレズビゲイ家族は，従来の家族の規範を問いなおす可能性をもつ一方で，釜野はレズビアンやゲイも異性愛規範をもつ社会のなかで生きているため，そこから完全に自由になるのは不可能であり，革新的に見えるレズビゲイ家族の実践も，従来の家族の規範に加担する可能性があるとも指摘している。例えば，同性婚の法制化などによって同性カップルの法的保障がなされた国において，その保障が1対1のカップル関係や同居カップルに限られていることは，1対1の長期的関係でないものや友人ネットワークの軽視につながる。また，レズビゲイ家族が子どもをもつことについても，子どもがいてこそ家族で

あるという規範を再生産することもありうる。

4　戦略的な同性婚要求

「戦略的同性婚要求」論

それでは，同性婚やパートナーシップ制度の法制化は従来の家族規範を再生産するものであるとの批判は避けられないのであろうか。ここでは，同性婚のもつ負の側面を認めつつも，それでもなお，同性婚を導入すべきであるという「戦略的同性婚要求」（清水 2007）の立場を紹介したい。

清水が「戦略的」という言葉を用いるのにはいくつかの理由があるが，とりわけ重要なのは，従来の家族・婚姻制度そのものへの批判をふまえたうえで，なおも同性婚を要求するという意味での戦略性であり，これは同性婚を絶対的なゴールと措定したり，神聖視したりするものでは決してない。

この立場は，同性愛者による同性婚の要求を結婚制度への単なる同化ととらえずに，同性婚の要求は現行法における異性間の婚姻を基準とした権利保障体制への意義申し立てであり，現行の婚姻制度の本質に疑問を投げかけ，その変容を制度内部から促すものであると主張される（清水 2007：111）。

つまり，従来の婚姻制度がジェンダー秩序や異性愛主義の再生産装置として機能してきたことは認めつつも，そのような婚姻制度に同性カップルが参入することによって変容した婚姻制度は，ジェンダー秩序や異性愛主義を再生産するものとはいえないというのである。例えば，婚姻の当事者が同性同士であることにより，男女間の権力関係を前提とするジェンダー秩序を再生産するものとはいえない。また，同性カップルの婚姻は生殖をともなうことが自明視されず，また，何らかの形で同性カップルが子育てを行ったとしても，そこでは規範的な異性愛家族のなかで期待されるジェンダー化された個人が，定型的に再生産されることにはならない（風間 2003：40-41）。

そのため，同性婚の要求は異性愛規範やジェンダー規範を再生産するものではなく，ジェンダー役割や異性愛規範を組み込んだ近代家族のあり方をゆさぶ

るものとなりうるというのである。

異性愛者である親との関係から

　このような，同性婚やパートナーシップ制度の要求と異性愛規範との関わりについては，同性愛者と異性愛者である親との関係に注目した研究からも議論がなされている。三部倫子（2009）は，レズビアン，ゲイ，バイセクシュアル（非異性愛）の当事者へのインタビュー調査から，かれらと異性愛家族である定位家族（自分自身が生まれ育った核家族）との関係を再検討している。

　たとえば同性カップルは，定位家族から承認を得ることで心理的幸福感を得ることができ，そのような承認がある場合には，パートナーの定位家族を媒介して病院での面会権などの社会的利益をえることができる（三部 2009：81）。一方で，定位家族からの承認がえられない場合には，定位家族がむしろカップルへの脅威となり，定位家族の意向に左右されない婚姻制度やパートナーシップ制度などの社会的保障が要望されることになるという（三部 2009：85）。

　三部は，定位家族にカップル関係を承認してほしいという要求や，カップル関係への社会的保障の要求は非異性愛者が異性愛社会の規範を内面化したものとみなせるかもしれないとしながらも，そのような要求は社会的な制約のなかで生きようとする非異性愛者の実践であると強調している。

　つまり，同性カップルへの制度的な権利保障がない状況下では，異性愛的な家族制度が強固であるがゆえに血縁のある定位家族を媒介とすることによってしか権利を保障されないため，同性カップルは定位家族に承認を要求することによってカップルの権利を守ろうとするのである。一方で，定位家族からの承認を期待できない場合には，定位家族を媒介せずに直接的に同性カップルの権利を保障することが求められ，同性婚やパートナーシップ制度などの社会的保障がより重要性を増すのである。

　性的少数者を集合的に表す「LGBT」という言葉がさかんに用いられ，かれらに対する社会の寛容度合いが高まっている一方で，釜野ほか（2016）の調査によれば，自身の家族が性的少数者であった場合の抵抗感は依然として強い。

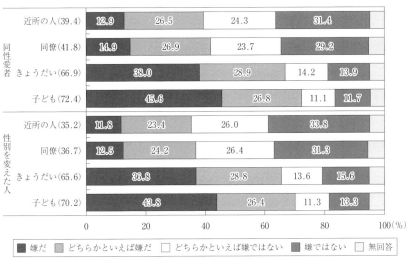

図7-1　身近な人が「同性愛者」「性別を変えた人」である場合の抵抗感

注：回答者数は1,259人。（　）内の数値は「嫌だ」と「どちらかといえば嫌だ」を足した割合（％）。

出典：釜野ほか（2016：97）。

図7-1からは身近な人が性的少数者であった場合に抵抗感を示す人の割合が，「近所の人」や「同僚」に比べ，「きょうだい」や「自分の子ども」のような家族に対して，より高い傾向があることがわかる。このように，自身の定位家族との関わりのなかで葛藤を抱える性的少数者にとって，同性婚やパートナーシップ制度などの社会的保障が重要な意味をもつことは想像に難くない。

───**みんなで考えよう**───

　各地の社会制度のもとで，性的少数者がどのような生活上の問題を抱えるか考えてみよう。

5　「ケアの倫理」の立場から

　それでもはやり，同性カップルを異性間のカップルと同一の婚姻制度へ包摂することや，パートナーシップ制度を導入することについては，異性愛社会と

いう主流社会への同化ではないかという批判がおこりうる。このような批判として「ケアの倫理」にもとづく主張を確認して，本章を終えることとしたい。

　岡野八代（2015）は，ファインマンらによるケアの倫理の議論をふまえて，異性愛社会における家族規範の下では，「ケア関係を維持するための財を自ら賄う健全な家族は，税法，社会保障，その他さまざまな特権を与えられ，その一方で，ケア関係を維持するために公的なものに頼らざるを得ない者たちは，懲罰的ともいえる不利益と社会的烙印を被る」（岡野 2015：65）という。そのうえで，異性愛者たちと「同じ」権利を求める同性婚の要求は「よりよいケア関係を維持するために必要な基盤を整える社会的責任の放棄」（岡野 2015：66）であると指摘している。

　このような立場からは，同性婚の法制化は婚姻関係を基準に関係性を序列化することによって，異性愛社会におけるジェンダーの秩序や家族規範の温存・強化を招くものとしてもとらえられる。つまり，カップル関係を築かない人々や結婚を望まない性的少数者，例えば，「生涯単身者，ポリアモリー（筆者注：互いの合意のもとで複数のパートナーとの間で同時期に親密な関係をもつこと）の人，アセクシュアルの人，性的関係を共同生活の理由にしない人，愛と切り離してセックスをする人」（青山 2016：30）などが周縁化される可能性がある。

　同性カップルを異性間のカップルと同様の婚姻制度やパートナーシップ制度に包摂しようとする要求は，同性カップルの権利を保障することによって，生活上の問題を解消するという意義をもつ。しかしそれは，性的少数者のごく一部が社会制度に包摂され，多くの性的少数者を排除する構図を再生産することにもつながりうる。つまり，同性婚やパートナーシップ制度の法制化は一部の性的少数者にとっては包摂となりうるが，一方では，新たな排除を生み出す危険性を有しているともいえる。

　同性婚やパートナーシップ制度の法制化の要求は，同性カップルに単に異性間のカップルと同一の権利の保障を目指すだけではなく，既存の家族規範を問い直し，多様なケア関係の保障を視野に入れたものでなくてはならないだろう。

---深めよう---

　性的少数者の生活上の課題を解決するためには，どのような婚姻制度，パートナーシップ制度が望ましいかレポートしよう。

参考文献

青山薫（2016）「『愛こそすべて』──同性婚／パートナーシップ制度と『善き市民』」『ジェンダー史学』12，19-36。

大村敦志（1995）「性転換・同性愛と民法（下）」『ジュリスト』1081，61-69。

岡野八代（2015）「平等とファミリーを求めて──ケアの倫理から同性婚をめぐる議論を振り返る」『現代思想』43(16)，60-71。

風間孝（2003）「同性婚のポリティクス」『家族社会学研究』14(2)，32-42。

釜野さおり（2008）「レズビアン家族とゲイ家族から「従来の家族」を問う可能性を探る」『家族社会学研究』20(1)，16-27。

────・石田仁・風間孝・吉仲崇・河口和也（2016）『性的マイノリティについての意識──2015年全国調査報告書』科学研究費助成事業「日本におけるクイアスタディーズの構築」研究グループ（研究代表者 広島修道大学 河口和也）。

三部倫子（2009）「『同性愛（者）を排除する定位家族』再考──非異性愛者へのインタビュー調査から」『家族研究年報』34，73-90。

志田哲之（2009）「同性婚批判」関修・志田哲之編『挑発するセクシュアリティ──法・社会・思想へのアプローチ』新泉社。

清水雄大（2007）「同性婚反対論への反駁の試み──『戦略的同性婚要求』の立場から」『Gender and Sexuality』3，95-120。

ILGA, 2017, Overview Map─Sexual Orientation Laws（2017），（https://ilga.org/map-sexual-orientation-laws-overview-2017）．

推薦図書

ファインマン，マーサ・A.，穐田信子・速水葉子訳（2009）『ケアの絆──自律神話を超えて』岩波書店。

　＊従来の家族制度が婚姻など「性の絆」を保護の対象をしてきたことを批判し，ケアするもの／されるものという「ケアの絆」を単位として社会制度を再編する必要性を説く。

三部倫子（2014）『カムアウトする親子──同性愛と家族の社会学』御茶の水書房。

　＊同性愛者であることを親にカミングアウトする子どもと，子どもからカミングアウトされる親の語りから，日本社会における同性愛と家族をめぐる問題経験の諸

　相を明らかにする。

（井上　智史）

第8章

家族の負担にならない自宅死は実現できるか

―― この章で学ぶこと ――

　住み慣れた自宅で最期を迎えたいと願う人々が多いにもかかわら
ず，なぜ自宅死は一向に増えないのか。本章では，その背景と要因
を，終末期ケアの主な担い手である家族の負担や本人との関係性に
焦点をあてて探る。さらに，どうすれば家族の負担が軽減され，本
人の願いが尊重される終末期を送ることができるか検討していく。

キーワード：終末期ケア，家族ケア，多死社会，終末期ケア体制

―― この章の問い ――

　住み慣れた自宅で最期を迎えたい。しかし，家族の負担になるの
は避けたい。家族の過重な負担にならないで，自宅で自分らしく終
末期を過ごせるのか。

1　自分の死に方は自分で選択できるか

　人はだれしも自分自身の死を1人で迎える。どこでどのように最期を迎える
か，また終末期をどう過ごすかは，一見，死にゆく本人のプライベートな事柄
のようにみえる。さらに，こんにちの日本社会では，医療や介護の公的サービ
スをはじめ，死後の処置や葬儀なども市場でサービス化されているため，多様
なサービスを受けながら独りで死に向かうことが可能である。

　しかしながら，死に方の選択は実際のところ，本人の認知能力や経済力の程
度などの個人的状況のみならず，本人を取り巻く環境や，ケアする側との関係

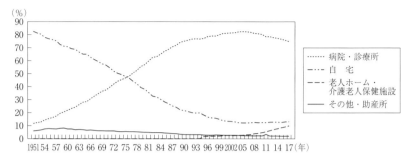

図 8‑1　死亡場所の推移

出典：厚生労働省（2018a）より筆者作成。

におおいに左右される。例えば，看取りの場所や終末期ケアの内容は，政策の方向性，慣習，社会資源の有無やアクセシビリティなどに非常に影響を受ける。さらに，終末期ケアをめぐる選択と責任が依然として家族に求められることが多いため，本人は家族の意向や状況を考慮せざるをえない。

　死亡場所の推移を確認すると，1951年には自宅死が 8 割以上を占めていた。つまり戦後の日本においては自宅で亡くなるのが当たり前であった。しかし，1970年代半ばからは，病院死が自宅死を上回るようになった（図 8‑1）。このような死の医療化ないし病院化は，経済の成長や医療技術の進歩が背景にある。さらに，脳血管疾患や悪性新生物・心疾患などの生活習慣病が増え，医療への依存度が高まったこと，核家族化や女性の社会進出によって家族介護力が低下し，入院医療に依存する傾向となったこと，1961年国民皆保険制度，1972年老人医療費支給制度などの社会保障制度の確立によってより医療サービスの利用が容易になったことなどがあげられる（新村 2001）。そして，病院で最期を迎えるようになるとともに，どこでどのように終末期を過ごすか，誰にどんなケアを受けるかなどに関する判断や選択は，医療職に委ねられるようになった。

　ところが，高齢社会となった1990年代以降，医療供給体制の改革のもと，今度は死の脱病院化が政策的に推進されはじめた。医療給付費の急激な増加を抑制するために，入院日数を短縮化し，病床数は減らされつつある。それゆえ老衰や末期がんなどの治癒を目的としない終末期の人々は，病院以外の終の棲家

を確保せざるをえなくなった。再び本人や家族が死に方について自ら思い悩み，選択する役割を果たすこととなるとともに，家族に終末期ケアの提供や責任がより求められるようになった。

　後にみるように，人生の最期を自宅で迎えたいと思う人は多い。住み慣れた生活の場で，患者や病者としてではなく生活者として最期まで過ごすことを願っている。しかし，2016年時点で病院死は約74％である一方，自宅死は約13％にすぎない（厚生労働省 2018）。新村（新村 2001：8-10）は，病院死がいっこうに減少しない理由として，病院医療に対する高い依存心や，病院で死ぬことが世間体にも良いという病院信仰が強いこと，自宅での死を支えるシステムに不備があること，死を看取ることに家族や福祉施設の職員が不安を抱いており，最後まで家あるいは福祉施設で看取ろうとする決心がなかなかつかないことをあげている。

　以上のように，死に方は，本人1人の意思や希望で決まらない。とりわけ，自宅で最期を迎えたいが，家族の負担が過重になりかねないため，自宅死をあきらめるというジレンマに悩まされている人が少なくない。

　本章では，まず，死にゆく本人が，自身の死に方をどうするか考える際に，家族の負担を考慮して療養場所，最期を迎える場所などを選択する可能性が高いことをみていく。さらに，終末期ケアの担い手としての家族の負担について確認する。加えて，どうすれば，家族の負担を軽減し，住み慣れた自宅で最期を迎えたいという願いを実現できるのかについて検討していく。

2　家族の負担からみた自宅での最期

　『人生の最終段階における医療に関する意識調査』（以下，「最終段階の調査」）は，日本人の死生観，終末期における医療・療養に対する考え方などを調べるために，昭和62年以来おおむね5年ごとに行われてきた調査である。「最終段階の調査」の結果は，人々の死に方をめぐる意識の全体的な傾向を把握するのに役立つ。ただし，この調査は回答者が人生の最終段階になった時を想定し，

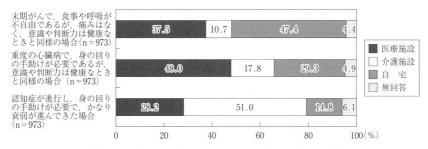

図8-2　人生の最終段階において，医療・療養を受けたい場所

出典：厚生労働省（2018b）より筆者作成。

現時点での希望を回答していることに留意する必要がある。

　調査の結果をふまえながら，本人が死に方を選択する際に家族の負担を考慮していることについて考えたい。

　平成29年（2017）に実施された「最終段階の調査」では，「人生の最終段階において具体的にどのような医療を希望するかについては，その症状の違いによって希望が異なると考えられる」（厚生労働省 2018b：49）ことから，人生の最終段階の状況を「末期がんの場合」「重度の心臓病の場合」「進行した認知症の場合」の3つ例示し，調査を行った。

　その結果，「医療・療養を受けたい場所」については，「末期がんの場合」には「自宅」という回答が47.4％でもっとも多く，「医療機関」が37.5％であった。さらに，「重度の心臓病の場合」には，「医療機関」が48.0％，「自宅」が29.3％となった。また，「進行した認知症の場合」には，「介護施設」が51.0％，「医療機関」が28.2％であった（図8-2）。

　以上のように3つの人生の最終段階の状況によって，「医療・療養を受けたい場所」が異なるのはなぜだろうか。その理由を，3つの人生の最終段階の状況によって，医療・介護の必要量や頻度，内容が異なり，家族が担う負担もそれぞれ異なることから推測できる。

　まず，「末期がんの場合」には，最期を迎えるまでの期間がある程度予想でき，比較的短い。さらに，意識や認知能力が最期まで通常保たれることも多く，家族とのやりとりができることから，残りわずかな時間を自宅で家族と過ごし

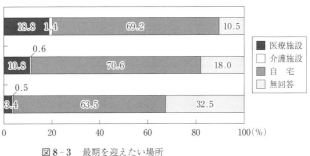

図 8 - 3　最期を迎えたい場所

出典：厚生労働省（2018b）より筆者作成。

たいと願う人が多いと思われる。

　次いで，「重い心臓病の場合」には，半数近くの人が病院で医療・療養を受けたいと回答していた。重い心臓病のような臓器不全の場合には，身体の機能が 2 〜 5 年かけてしだいに低下する経過のなかで，急に悪化と回復を繰り返すため（池上 2017），急変時の家族の不安や対応を考慮し，病院で医療・療養を受けることを希望していると推測される。

　さらに，「進行した認知症の場合」は，一般に 5 年以上かけて身体・精神機能が徐々に低下して死に至る（池上 2017）が，比較的介護期間が長く，本人の意思を確認することも一般に難しいため，家族の介護負担が過重になることを考え，介護施設で医療・療養を受けたいという人々が多いと思われる。

　他方，「最期を迎えたい場所」については，すべての場合において「自宅」との回答がもっとも多く，「末期がんの場合」69.2％，「重度の心臓病の場合」70.6％，「進行した認知症の場合」63.5％となった（図 8 - 3）。

　さらに，「自宅で最期を迎えることを希望した理由」を尋ねたところ，すべての場合において「住み慣れた場所で最期を迎えたいから」が70％以上，「最期まで自分らしく好きなように過ごしたいから」が60％以上で，もっとも回答が多かった。次いで，「家族等との時間を多くしたいから」や「家族等に看取られて最期を迎えたいから」があげられた。

　一方「最期を迎える場所を考える上で重要だと思うこと」という質問に対しては，「家族等の負担にならないこと」「体や心の苦痛なく過ごせること」「経

済的な負担が少ないこと」の順に回答が多かった。

　また，「医療・療養を受けたい場所」または「最期を迎えたい場所」を自宅以外（「医療機関」または「介護施設」）と選んだ人を対象に，なぜ自宅以外を選択したのか尋ねたところ，3つの場合において「介護してくれる家族等に負担がかかるから」が最も多く，次いで「症状が急に悪くなったときの対応に自分も家族も不安だから」の回答が多かった。

　以上から，本人が住み慣れた自宅で最期まで自分らしく好きなように過ごしたいと願っても，家族の負担を考えると躊躇してしまうことが推測される。すなわち死にゆく本人による人生の最終段階をめぐる意思決定が，家族との関係やケアする家族の状況を考慮したうえでなされることや，自宅で最期をむかえるためには，家族のケア負担の軽減が重要な課題であると確認できる。

　　　―― 調べてみよう ――
　　　終末期ケアや介護をする家族の負担とはどんなことであるか，文献や資料で調べよう。

3　終末期ケアの担い手としての家族の負担とは

　戦後の日本において，病院死が自宅死に比べてはるかに多くなってきたことは，死が医療現場でしか見られなくなり，日常的な生活の場から看取るための知識や技術が失われてゆく「看取りの文化の消失」（新村 2001）につながった。

　ところが，近年超高齢社会がもたらした多死化が進んでおり，死の脱病院化が加速されつつある。さらには，1990年代の「インフォームド・コンセント」概念の導入とともに「がん告知」の是非が問われ，2000年代には病名や病状に関して，当たり前のように本人または家族に情報提供するようになった。すなわち，本人が死の近いことを知ったうえで，主体的に「生き方」を選択する時代となった（田代 2016）。

　以上のような変化を，本人と家族はどのように受け止め，考えているのだろ

うか。戦後の数十年間，病院や医療専門職に死に方を「お任せ」してきた本人や家族は，自ら看取りの場所や終末期ケアの担い手を選択しなければならなくなったことに，不安や戸惑いが大きいのではないだろうか。

　相澤（2010）によれば，自宅や介護施設で療養していたとしても，死が近づいてきた時には，自宅や介護施設で療養を継続するか病院に入院するか，療養場所の選択に迫られ，判断のつかないことがある。つまり，病状に変化がみられると，あらかじめ在宅で療養し最期を迎えると考えていたとしても，いかにすべきか不安のなかで意思決定に揺れが生じるのである。また，自宅で療養し最期を迎えたいと本人や家族が希望しているとしても，主介護者ではない親族が入院を主張する場合には，本人や主介護者にとって精神的な重荷となっていた。

　次いで，家族の中で誰がケアするか，またキーパーソンになるのかが重要な課題であろう。2018年の死亡数の9割以上が65齢以上であることや，死因の第1位から3位が，「悪性新生物」（腫瘍），「心疾患」（高血圧性を除く），「老衰」であることをみると，介護の担い手，またはキーパーソンを確保することは必須となってくる。とはいえ，家族や世帯の構成が変化し，規模が縮小する傾向にある。国民生活基礎調査（厚生労働省 2017）によれば，昭和61（1986）年では単独世帯が18.2％であったが，平成28（2016）年では26.9％に達している。一方，三世代世帯は15.3％から5.9％に減少している。さらに，高齢化が進むなか，65歳以上の者のいる世帯についてみると，平成28（2016）年現在，全世帯（4,994万5,000世帯）の48.4％を占めており，そのなかに，夫婦のみの世帯が31.1％，単独世帯が27.1％で約6割を占めている。また，65歳以上の者のみの世帯も，54.8％となっている。加えて，50歳時未婚率も，徐々に増え，2015年時点で，男性は23.37％，女性は14.06％を占めている（国立社会保障・人口問題研究所 2019）。

　このような家族規模の縮小，高齢者の単独世帯や高齢者のみの世帯が増加することは，家族がケア機能を担えない可能性を高め，終末期ケアのキーパーソンとなりうる配偶者や子どもや親類，同居人がいない場合も少なくないことが

予想できる。

　近年，ケアの社会化が進み，介護保険制度が施行されて約20年を経過した今，自宅で家族による介護を受ける以外の選択肢は増えたといえよう。とはいえ，介護保険制度下の居宅サービスには，要支援・要介護度ごとに1カ月あたりの利用できるサービスの量や内容に制限があるため，家族は依然として実際に介護をしていることが少なくない。

　2016年時点の主な介護者の状況をみると，要介護者等と「同居」が58.7％で最も多く，「同居」の主な介護者の要介護者等との続柄をみると，「配偶者」が25.2％，次いで「子」が21.8％，「子の配偶者」が9.7％の順となっている。さらに，要介護者と主介護者の組合せを年齢階級別にみると，60才以上同士が70.3％，65才以上同士が54.7％，75才以上同士が30.2％となっており，老老介護が多く行われていることがわかる。もちろん，このなかには家族自ら「介護したい」という自発的意思による状況も含まれているだろう。

　しかし，同居の主な介護者について，日常生活での悩みやストレスの有無をみると，「ある」が68.9％，「ない」が26.8％となっている。「ある」と回答した者の悩みやストレスの原因をみると，「家族の病気や介護」が男女それぞれ73.6％，76.8％と高く，次いで「自分の病気や介護」が33.0％，27.1％となっている（厚生労働省 2017）。

　さらに，老老介護，別居のまま家族を介護するケースや，夫や息子が介護するケースも増えており，介護をめぐって多様な家族内の葛藤が生じている。また，普段不仲であった家族のなかで発生したケアの状況は，暴力や虐待につながることもある（春日 2010）。

　なお，三上ら（2015）の調査からは，終末期ケアを担う家族介護者は医療・介護サービスを利用しながらも，手探りの状態で介護を行い，医療スタッフの訪問と急変時の対応にも迫られていることが確認された。

　以上から，家族は，不安や心身の負担感を抱きながら，介護や終末期ケアのキーパーソンとしての役割を担っていることが多く，仮に，医療・介護サービスを利用して家族がケア行為を行う負担が減少してきたとしても，介護や終末

期ケアをめぐる選択と責任は依然として家族に求められていることがわかる。

> ─── みんなで考えよう ───
>
> 　死にゆく本人の孤独を防ぎ，住み慣れた地域で人生の最終段階を安心して過ごすことと，家族の負担が過重にならないことの双方が実現できる方法について考えよう。

4　自宅で最期を迎えたいという願いを実現するために

死について語り合うことから始めよう

　人々が死を経験する機会が大幅に減少し，医療職以外に死にゆく人をどのように看取るかが分からなくなってきたこんにちこそ，死について語り合う場や関係が必要である。にもかかわらず，前掲の「最終段階の調査」によれば，人生の最終段階における医療・療養について，これまでに考えたことが「ない」と回答した人が37.4％に達していた。さらに，「死が近い場合に受けたい医療・療養や受けたくない医療・療養」について，家族や医療介護関係者と話し合ったことが「ない」とした人が55.1％であった。家族や医療介護関係者と話し合ったことがないと回答した者（n＝536）において，話し合ったことがない理由は，「話し合うきっかけがなかったから」が56.0％で最も多く，次いで「話し合う必要性を感じていないから」が27.4％であった。つまり，多くの人々は死について考えることに不慣れであり，家族の負担にはなりたくないが，自宅で最期を迎えたいというジレンマをかかえながらも，家族と話し合う機会が得られないまま，終末期になってしまうわけである。いざという時に話し合えばよいと考えている人も少なくないだろう。ところが，「命の危険が迫った状態になると，約4分の3の方が，これからの医療やケアなどについて自分で決めたり，人に伝えたりすることができなくなると言われて」（神戸大学2017：2）いる。

　厚生労働省（2018b：11）は，人生の最終段階の医療・ケアについて，本人が

表 8-1　「人生会議」の 3 つのステップ

プロセス		内容の概要
ステップ①	大切にしていることは何かを考える	• もし生きることができる時間が限られている時に，自分自身にとって大切なことはどんなことかを考える。たとえば，「家族や友人のそばにいること」「少しでも長く生きること」「仕事や社会的な役割が続けられること」「好きなことができること」「経済的に困らないこと」「家族の負担にならないこと」など，提示された例を選びながら考えてみる。 • 自分や親しい方が重体や危篤になった経験，死別の経験，またはテレビや映画の場面を通じて，「こんな最期だったらいいな，こんな医療やケアをうけたいな」と感じたことを書いてみる。さらに，自分が重体や危篤になったとしたら受けたい医療やケアについて書いてみる。
ステップ②	信頼できる人は誰か考えてみる	• 自分のことをよく理解してくれている信頼できる家族や友人で，病状などにより自分で考えや気持ちを伝えられなくなった時に，自分の代わりに「どのような医療やケアを受けるか」「どこで医療やケアを受けるか」などについて，相談し話し合う人は誰か考えてみる • 法的な権利はなく，財産分与などにはかかわらない。
ステップ③	伝えましょう	• 人生最終段階に大切にしたいことや受けたい医療やケアについて，信頼できる人に伝えておく。 • 自分自身が望んでいたことと信頼できる家族や友人の考えが違う時は，どうするか話し合う。さらに，信頼できる家族や友人以外の家族や知人，医療・介護従事者にも希望や考えを伝えておいたほうが，本人の希望がより尊重されやすくなる。 • 「気持ちが変わること」はよくあることであるため，その都度話し合う必要がある。

出典：厚生労働省・神戸大学「ゼロからはじめる人生会議」（https://www.med.kobe-u.ac.jp/jinsei/）。

家族等や医療・ケアチームと事前に繰り返し話し合うプロセス（ACP：アドバンス・ケア・プランニング）の概念を広めようとしている。

　アドバンス・ケア・プランニングの実践方法の 1 つに「人生会議」というものがある。

　「人生会議」は表 8-1 の 3 つのステップをたどるように構成されている。

　「人生会議」は，自分の意思が表せなくなった時でも本人の価値観や人生観が尊重されるのに役立つ。特に，本人の意に添わない延命治療を受けないためには，このような話し合いをふまえて，終末期医療における事前指示書（リビングウィル）を作成しておくとよい。さらに，本人に代わって死に方の選択をせざるを得ない時に，不確かなまま決めざるをえない家族などの気持ちの負担が軽くなるという利点がある。なお，本人やケアする側の状況や意識の変化により揺れやすいため，死をめぐる話し合いは，繰り返し行うことが有効である。

　ただし、「人生会議」は死に方について考え、話し合うきっかけづくりの方法の1つにすぎない。すなわち、必ず「人生会議」のような内容やステップにこだわる必要はない。死についての不安や恐れ、疑問などについて打ち明けたり、遺族や終末期ケアの経験者の話を聞いたり、死生観をめぐって話し合ったりなど、様々な死をめぐる語り合いを重ねることが、死に方についての省察や分かち合いにつながると考える。

地域における質の高い終末期ケア体制の整備

　次に、厚生労働省によって、2000年代から提示されてきた地域包括ケアシステムのあり方をもとに、住み慣れた地域で死を迎えることができるケア体制について考えてみる。地域包括ケアシステムとは、団塊の世代が75歳以上となる2025年を目途に、高齢者が住み慣れた地域で自分らしい暮らしを人生の最後まで続けることができるよう、「住まい」「医療」「介護」「予防」「生活支援」が切れ目なく一体的に提供される体制のことである（厚生労働省 2009）。

　これまで刊行された地域包括ケアシステムに関する複数の報告書において、終末期ケア・看取りに関して議論された内容は主に①「最期についての本人と家族の選択と心構えについて」、②「最期についての本人と家族の意思決定への支援について」、③「多様な看取りの場所の確保について」、④「多職種間連携による終末期ケアの体制の確立について」の4つである。

　まず、①「最期についての本人と家族の選択と心構えについて」は、単身または高齢者のみ世帯が増加するなど、家族構成や規模、機能の変化を人々が受け入れ、どのように最期を迎えるか、本人と家族の状況、希望に見合った看取りの場所、終末期ケアを選択する必要があるとしている。

　次いで、②「最期についての本人と家族の意思決定への支援について」は、「戦後の経済成長の中で、家庭での看取りが減少し、人が死んでいく過程を知らない若年層や子どもたちがほとんどとなっている。在宅の看取り機能を高めるためには、在宅医療・介護の仕組みを構築するだけでなく、高齢者や家族、地域住民に対して、多様な看取りのあり方と、在宅看取りの可能性と具体的な

選択肢について，十分な情報提供を行っていく工夫が重要である」（厚生労働省2013：12）としている。また，情報提供の方法として地域住民に対する「看取り教育」（三菱 UFJ リサーチ＆コンサルティング 2013：26）の充実が取り上げられている。報告書に「看取り教育」についての具体的な内容は記されていないが，たとえば，行政や医療・福祉機関が市民講座，学習会などを設け，人々が自分や家族の終末期の過ごし方や，終末期ケアの内容などを考えてみたり，話し合ってみたりする機会を提供することがあげられよう。他方，人生の最終段階における意思決定について，「本人の意思の尊重は極めて重要」とするとともに，「実際の意思決定支援は，個別の医師やケアマネジャー，後見人などが一人で担うのではなく，チームケアで取り組む姿勢を徹底すべき」（三菱 UFJ リサーチ＆コンサルティング 2016：13-14）であるとしている。

　さらに③「多様な看取りの場所の確保について」は，「看取りを病院や施設のみならず，地域内の様々な居住環境において実現できることが望まれる」としたうえで，「例えば，複数の者に対して民家でホスピスケアを行う取組み等，在宅で看取りを行う取組みを支援すること等を検討すべきではないか」（厚生労働省 2009：17）としている。実際のところ，「民家でホスピスケアを行う取組み」は，すでに全国で様々な形で行われている。たとえば自宅でも病院でも施設でもないが，自宅に近い民家で少人数の終末期の人々がフォーマルとインフォーマルのサービスを受けながら最期までともに暮らす「ホームホスピス『かあさんの家』」（市原 2011）があげられる。また，できる限り住みなれた地域で生活できるように，利用者それぞれのニーズに合わせて，民間独自の柔軟なサービスを提供してきた「宅老所」（村瀬 2011）もある。

　最後に，④「多職種間連携による終末期ケアの体制について」は，医師を看取りの最も重要な中心的な担い手とし（三菱 UFJ リサーチ＆コンサルティング2010：35），訪問看護を「在宅での看取りをはじめとした診療の補助等を行い，特に中重度者の在宅生活を支えるための重要なサービス」（三菱 UFJ リサーチ＆コンサルティング 2010：23）としている。しかし，医療専門職のみならず，ケアマネージャーや介護職，ソーシャルワーカーなどの多職種連携を強調している

部分が多い。異なる専門技術や視点を活かし合いながら，それぞれの職種が有する情報や気づきを共有し，チームアプローチすることが求められる。

　以上より，住み慣れた生活の場で自分らしく最期を迎えるためには，最期についての本人と家族の選択と心構えを前提として，自宅や介護施設をはじめとする多様な看取りの場が確保され，多職種間連携による終末期ケアの体制が欠かせない。なお，このような包括的なケア体制は家族のケア負担の軽減にも資するといえよう。

　ただし，死にゆく人とその家族の生活支援ニーズ，情緒的ニーズ，スピリチュアルペインに対する支援策については，ここでほとんど議論されていない。そこで，次節では，死にゆく人やその家族に対するボランティアの活動をとりあげ，生活の場で最期を迎える際の多様なニーズとその対応策を考えてみたい。

死にゆく人やその家族を支えるボランティア活動

　「死に逝く人は全人的な苦痛をもっており，家で生活をする人は医療ニーズにとどまらず，介護ニーズ，家事ニーズ，生活をより豊かにするニーズなど，いろいろなニーズをもっている」（川越 2010：10）。これらのニーズは，公的な支援や市場によるサービスでは支えきれないことも多い。現代のホスピスケアにおいては，終末期の人や家族の様々な苦痛や必要に対応しようとしており，そのためにチームアプローチが重要視されてきた。ホスピスケアのチームには，医療専門職以外に，宗教家やボランティアもいた。

　山崎（1999：166）は，緩和ケア病棟で活動しているボランティアについて「患者，家族は適切なケアが行われていれば，ホスピスで過ごすほとんどの時間は日常生活の繰り返しなのである。言い換えれば，患者は１日中患者でいるわけでないし，家族は１日中患者の家族ではないのである。その時々を大切に暮らす人々なのである。ボランティアが患者，家族が愛しむように大切にする日常生活をサポートする重要な役割を担っている」と述べている。

　また，田代（2007）は，緩和ケア病棟におけるホスピスボランティアの事例をとりあげ，ボランティアの果たす役割を「ごく普通の日常知を携えた人間と

して『そこにいること』そのものにある」としている。さらに，医療組織のなかに固定的な位置づけを持たないボランティアだからこそ，現場の「風通し」をよくすることができ，患者・家族にとっての新しい関係性を生み出しているとして「社交としてのボランティア」と名づけている。

　一方，2000年代に入って在宅ホスピスボランティア養成講座が複数の県で行われ，在宅ホスピスボランティアの活動が目立つようになった。

　在宅ホスピスボランティアは，「生活者としての視点をもつボランティアの働きは，本人にとっても家族にとっても専門職とは違った意味で，よき理解者，支援者となる可能性をもっている」（川越 2010：11）と評価されている。ボランティアのなかには，介護や死別の経験がある人が少なくないため，終末期の人やその家族の不安や悲嘆などが共感でき，さりげなく寄り添う活動を行っている。

　在宅ホスピスボランティアは，医療機関や福祉施設と連携し，デイホスピスや在宅訪問活動などを行っている。在宅訪問活動とは，在宅ホスピスボランティアが終末期の人やその家族を訪問し，見守り，談話・交流，個別ニーズへの対応，家族に対する支援などを行う活動である。孔（2018）は，在宅訪問活動の事例を分析した上で，在宅ホスピスボランティアの役割を「患者・家族の全人的苦痛やニーズに寄り添いながら，生活者同士として患者・家族とふれ合う存在である」としている。ただし，在宅訪問活動は，家族でも医療専門職でもない素人であるボランティアが病状の急変するリスクがある患者や終末期にある人にかかわるため，医療福祉機関・専門職との連携がない場合，患者・家族とボランティアの双方が在宅訪問活動に不安や負担感を抱きやすいことがうかがわれた。

　他方，矢津（2005）は，生活支援ニーズについてボランティアの有意義な動きが証明されたケースがあったが，多くの場合，ボランティアの導入前に患者・家族から遠慮の申し出があったことについて記している。それは，「在宅に他人を入れたくないという思いや，気持ちに余裕のない時に，最小限必要の医療者以外の人と新たな人間関係を構築するわずらわしさから生じたもので，

病院などでさんざん他人との関わりに神経を使い，やっと気兼ねせずに暮らせる自宅に帰ってきた患者や家族にとっては当然の思い」（矢津 2005：65）であると述べている。さらに，ボランタリズムが社会に浸透しておらず，受ける側の無償活動に対する心的負担が発生することを指摘している。なお，矢津は在宅ホスピスボランティアの実効性が乏しい理由として，ボランティア全体数の少なさ，末期にお付き合いする必然性の欠如，介護保険制度開始によるヘルパー制度の導入を挙げている。

　以上から，在宅ホスピスボランティアは，終末期の患者・家族の生活の質を高め，患者本人が自分らしい最期を迎えることを支える存在として期待できるが，課題も同時に有していることが分かる。

──── 深めよう ────

　死にゆく人とその家族を支える活動（病院ボランティア，ホスピスボランティア，遺族会，難病患者を支える NPO など）について調べ，死にゆく人とその家族を支える協働の意義や限界・課題をまとめて発表しよう。

5　死と向き合う社会へ

　死に方は，社会のあり方によって変化する。本章で確認してきたように，本人が自分自身の死に方を決める際には，家族などの終末期ケアの担い手の状況や関係を考慮する。また，制度化されたケアや市場サービスの有無などのケア体制によって，人生の最終段階をどこで過ごし最期を迎えるかがおおいに影響を受ける。すなわち，社会的存在である人間は死にゆく過程においても，社会のあり方に左右されると言っても過言ではない。

　とはいえ，尊厳ある死はどの時代や社会においても，大切にされなければならないことである。家族の負担になることを避けたいがゆえに，自身の人生の最終段階の過ごし方や看取りの場所について不本意な選択をしてしまうことを

本人や家族の都合や自由意思とみなすことはできない。家族の有無や介護力に依存しないケア体制についてより議論が必要である。

　今後の日本社会は，多死化とともに，死の脱病院化が加速化されるであろう。死にゆく人が願う自分らしい死に方が実現されるように，また，家族の心身の負担が過重にならないように，死に方やケア体制について，本人と家族，医療・介護関係者だけではなく，あらためて国民全員が向き合うことを求められている。

参考文献

相澤出（2010）「在宅ホスピケアという選択——看取りの現場の経験談が示唆するもの」『社会学年報』39：15-25。

池上直己（2017）『日本の医療と介護——歴史と構造，そして改革の方向性』日本経済新聞出版社。

市原美穂（2011）『ホームホスピス「かあさんの家」のつくり方——ひとり暮らしから，とも暮らしへ』木星舎。

春日キスヨ（2010）『変わる家族と介護』講談社。

川越博美（2010）「在宅ホスピスボランティアの現状と課題」（財）日本ホスピス・緩和ケア研究振興財団「ホスピス緩和ケア白書」編集委員会『ホスピス・緩和ケア白書2010』9-12。

厚生労働省（2009）「地域包括ケア研究会報告書——今後の検討のための論点整理」厚生労働省ホームページ。

————（2017）「平成28年　国民生活基礎調査の概況」厚生労働省ホームページ。

————（2018a）「平成29年（2017）　人口動態統計（確定数）の概況」厚生労働省ホームページ。

————（2018b）『平成29年度人生の最終段階における医療に関する意識調査報告書』厚生労働省ホームページ。

————・神戸大学（2017）「ゼロからはじめる人生会議」（https://www.med.kobe-u.ac.jp/jinsei/）。

神戸大学（2018）『これからの治療・ケアに関する話し合い——アドバンス・ケア・プランニング』

国立社会保障・人口問題研究所（2019）「人口統計資料集（2019）」国立社会保障・人口問題研究所ホームページ。

孔英珠（2018）「在宅ホスピスケアにおけるボランティア活動の諸相——インタビュ

ー調査のデータ分析から」『西日本社会学年報』16：95-110。

新村拓（2001）『在宅死の時代──近代日本のターミナルケア』法政大学出版局。

田代志門（2007）「『看取り』を支える市民活動──ホスピスボランティアの現場から」清水哲郎編『高齢社会を生きる──老いる人／看取るシステム』東信堂。

─────（2016）『死にゆく過程を生きる──終末期がん患者の経験の社会学』世界思想社。

樋口京子・篠田道子・杉本浩章・近藤克則（2010）『高齢者の終末期ケア──ケアの質を高める4条件とケアマネジメント・ツール』中央法規。

三上ゆみ・畑本英子・道繁由香理・日谷美加・米井千夏（2015）「介護サービスを受けながら在宅看取りケアを支える家族の現状── A県中山間地域におけるアンケート調査から」『新見公立大学紀要』36：53-58。

三菱 UFJ リサーチ＆コンサルティング（2010）「地域包括ケア研究会　報告会」平成21年度厚生労働省老人保健事業推進費等補助金，老人保健健康増進等事業，三菱UFJ リサーチ＆コンサルティングホームページ。

─────（2013）「地域包括ケアシステムの構築における今後の検討のための論点」平成24年度厚生労働省老人保健事業推進費等補助金，老人保健健康増進等事業，三菱 UFJ リサーチ＆コンサルティングホームページ。

─────（2014）『地域包括ケア研究会　地域包括ケアシステムを構築するための制度論等に関する調査研究事業報告書』平成25年度老人保健事業推進費等補助金老人保健健康増進等事業，三菱 UFJ リサーチ＆コンサルティングホームページ。

─────（2016）『地域包括ケアシステム構築に向けた制度及びサービスの在り方に関する研究事業報告書　地域包括ケア研究会　地域包括ケアシステムと地域マネジメント』平成27年度老人保健事業推進費等補助金　老人保健健康増進等事業，三菱 UFJ リサーチ＆コンサルティングホームページ。

─────（2017）『地域包括ケアシステム構築に向けた制度及びサービスの在り方に関する研究事業報告書』平成27年度老人保健事業推進費等補助金　老人保健健康増進等事業，三菱 UFJ リサーチ＆コンサルティングホームページ。

村瀬孝生（2011）『宅老所よりあいの仕事 看取りケアの作法』雲母書房。

矢津剛（2005）「在宅ホスピスボランティアのニーズと現状」二ノ坂保喜監修『在宅ホスピスのススメ──看取りの場を通したコミュニティの再生へ』木星舎，65-72。

山崎章郎（1999）「ホスピスボランティア導入のために」『ターミナルケア』9(3)：166。

推薦図書

新村拓（2001）『在宅死の時代——近代日本のターミナルケア』法政大学出版局。

　＊明治・大正期の地主や医師の日記・小説や病院資料を分析し，戦前における日本の看取りの作法について詳細に記している。明治・大正期の看取りの作法を現代にそのまま適用することはむずかしくても，自宅死の時代であった当時のケアの仕方や協働の姿は死の脱病院化や地域における終末期ケア体制が求められている今日に多くのことを教えてくれるであろう。

エリアス，ノルベルト，中居実訳（1990）『死にゆく者の孤独』法政大学出版局。

　＊エリアスによると，人々は文明化とともに他者と交わりつつも，他者を自己と同種のものではなく，むしろ，各々の内部に自意識を秘めた「個人」とみなすようになった。「死にゆく者の孤独」をなくすために，われわれのような「閉ざされた人間」には，何ができ，何をすべきであろうか。この本は死を社会学的視野から省察しながら，その答えを教えてくれる。

（孔　英珠）

第Ⅲ部

組織のジレンマ

　私たちは様々なコミュニケーションの手段を用いて，生活に必要な諸目的を協働して達成するための組織的な仕組みを作っている。会社組織や行政組織を典型として，各種の団体や趣味・スポーツのクラブ，あるいはまた情報交換のネットワークのようなものまで，フォーマルな度合いは多様である。その多様性に応じて形を変えながら，組織には様々なジレンマが隠れている。フォーマルな組織では目的の効率的達成のために，組織資源の合理的な配分が重視される。けれども，強引に合理化を進め過ぎると，従業員の働きがいを損ないかねない。そしてまた，社会的に不利な立場にある人たちや，特定の職業に，就労上の不利を強いることにもなる。インフォーマルな組織では，参加者の自由な行動領域が確保されやすいが，逆に全体のコミュニケーションをどう管理・統率するかのジレンマがある。ここではそうした組織のジレンマのいくつかを解題しよう。

第 9 章

雇用形態の多様化は女性に労働の自由をもたらすのか

───── この章で学ぶこと ─────

　高度成長を支えた生産労働中心社会からサービスや情報を軸とする第3次産業社会への移行は，労働の形態そのものを変えることになった。それは，労働力に性差が必要とされなくなったともいえ，世界一の少子高齢化を迎える日本社会のなかで女性はますます労働市場に吸収される流れの途上にある。しかし一方で，当の女性たちは正規労働者となることを望んでいないという統計結果もある。その理由を考えることで労働の自由について考えてみたい。

キーワード：主婦，性別役割分業，フェミニズム

───── この章の問い ─────

　正社員，パート，派遣，契約などの雇用形態の多様化は，女性を家庭責任から解放し，労働の自由をもたらすのか？

1　増える非正規労働者

雇用形態は多様化している

　新卒で1つの会社に入って正社員として定年まで働き，退職金で住宅ローンを完済して老後は年金をもらいながら安定して過ごす。あるいは，そのような夫に専業主婦として一生を添い遂げる──このようなライフスタイルが「標準」とされた時代は，とうの昔に過ぎ去ったのかもしれない。

　現在，非正規で働く労働者は拡大傾向にある。その比率は，全労働者の4割であり，うち女性は7割を占める。非正規労働者とはパートタイマー，契約社

員，派遣社員，臨時労働者などを含む正社員以外の総称であり，正社員とは，原則フルタイムで働き，雇用契約期間に制限のない無期雇用の者のことを指す（武石 2006：114；川東 2019：153）。正社員と非正規労働者との間には賃金や責任の範囲などの処遇面で大きな格差が存在している。

　ではなぜ日本では非正規雇用が拡大傾向にあるのか。それは，1990年代の社会経済状況の変化による。高度成長を支えた工業化社会の主軸を担っていた第2次産業（製造業，建設業）が衰退し，第3次産業（サービス業，情報通信業など）の比重が高まったポスト工業化社会では，国内で大量の労働者を雇用する必要がなくなる。日本でも，高度成長期には終身雇用，年功序列，企業別組合を特徴とする日本的経営に支えられた男性稼ぎ手モデルが標準とされたが，サービス労働を中心とした第3次産業ではより柔軟な雇用の形態が求められるようになった。

　1980年代末に冷戦が終結し，グローバル化が本格化する。国際規模の競争力強化が求められるようになり，近隣のアジア諸国の台頭によって人件費を抑制するために企業はこれまでのモデルを維持することができなくなっていった。同じ頃にバブル景気がはじけ，長期の不況が続いたため，企業は正規社員の採用を抑制し，賃金が低くいつでも雇用調整のできる非正規労働者の採用に切り替えていった。

　その転換点となったのが，1995年に日本経営者団体連盟（略して日経連。現在の経団連にあたる）が発表した『新時代の「日本的経営」』である。これまでの新卒者の一括正規採用を改め，労働者を①長期蓄積能力型，②高度専門能力活用型，③雇用柔軟型の3グループに分類し，経営環境の変化に応じた雇用ポートフォリオの作成を提唱している。つまり①のように長期雇用を維持しつつも，同時に②と③で労働力の流動化を通じた雇用管理体制が目指された。これ以降，労働者派遣法が数々の改正を経て派遣自由化を認めるに至るなど，2000年代にかけて官民挙げての雇用の柔軟化が図られていった（佐藤編 2010；川東 2019；乙部 2019）。

　要するに基幹の正社員はごく少数におさえつつ，他の業務は派遣労働者やパ

ートタイマーに委ねるような企業を増やし，こうしていまや雇用者全体の4割近くが非正規労働者となり，収入だけではなく，結婚機会や寿命，身長や幸福度に至るまで格差が拡大しているとの衝撃的な報告もある（橋本 2018）。

> ── 調べてみよう ──
> 　サービス産業の発達によって人々の働き方，家族のあり方がどう変わったのか，調べてみよう。

働く女性の半数以上は非正規労働者

　しかし，男女差を見ると，非正規労働者全体のうち7割が女性労働者である。では，女性たちはどのような働き方をしているのか。まず，2018年現在，女性雇用者全体では，正規労働者が1,114万人（44.5％），非正規労働者は1,389万人（55.5％）であり，非正規労働者のうちパートタイマーは1,090万人（43.5％）を超える。正規労働者とパートタイマーの割合は，同程度である（公益財団法人21世紀職業財団 2018：132-133）。つまり，労働者として働いている女性の半数以上が賃金や待遇など条件が厳しい非正規労働者であり，そのうちの8割近くがパートタイマーとして働いていることになる。

　女性が労働力として期待される背景には，少子高齢化の進展による労働力不足があげられよう。一般に高齢化社会とは，高齢化率，すなわち総人口に占める老年人口（65歳以上人口）の比率が7％を超えた社会を指すが，日本ではすでに1970年に7.1％となり，現在高齢化率は27.7％（内閣府 2018b）と世界一の高齢化社会になっている。さらに少子化も深刻だ。1989年の「1.57ショック」で注目されたように，未婚化，晩婚化により女性が生涯に産む子ども数の平均である合計特殊出生率は下がり続け，2018年は1.42と，私たちはいま未曾有の少子高齢化社会を迎えている。くわえて国際的な男女の対等な関係づくりを目指す動きも重なり，男女雇用機会均等法，パートタイム労働法，両立支援のための育児・介護休業法，次世代育成支援対策推進法，女性活躍推進法など，女性が社会参画を目指すための法的整備が進められている。その結果，女性の就

業者数も着実に伸びているが，増えているのは中高年の非正規・低所得の女性たちという実態がある（総務省統計局 2019：2）。

2　正規労働者になりたがらない女性たち

　以上のように，1990年代以降の雇用形態の多様化によって，中高年の女性が非正規労働者として労働市場に吸収されていく流れは止まりそうにない。

　一方でここに興味深いデータがある。女性の就業希望者のうち，正規労働者の希望者は14.1％なのに対し，非正規労働者の希望者は73.1％もいるというデータだ（図9-1）。つまり，職を求める女性たちは正規労働者になることを求めていない。繰り返しになるが，非正規労働は正規労働に比べ，賃金格差だけでなく年金や各種保障も，退職金もないことが多く，不安定で労働条件は極めて悪い。にもかかわらず，女性たちはなぜ，正規労働者ではなく，非正規労働という雇用形態を希望するのだろうか。

夫は仕事，妻は家庭

　彼女たちが非正規雇用を求める理由は，主たるケアの担い手だからだ。労働力調査によれば，女性たちが非正規雇用に就いた理由として，「育児の負担が大きいから」という回答が，育児期と重なる35〜44歳では他の理由をおさえ31.2％と最も多い。参考までに，育児期にさしかかる25〜34歳では25.7％，育児期終盤の45〜54歳では19.1％と，子育て世代の働く母親たちにのしかかるケア責任の大きさを示している（総務省統計局 2018）。

　「男は外で働き女は家庭を守る」という性別役割分業が前提の「近代家族」において，一家の「大黒柱」は夫である男性で，子育てや介護というケアを含む家事労働の一切を引き受けるのは，妻である女性たちである（その是非について第5章〔山下〕も参照）。1つの家庭のなかで，性によって責任が分有されており，私たちがその規範や制度を前提とする限り，明日から女性が家庭責任から解放され，一斉に男性並みに働き始めることは難しいといわざるをえない。

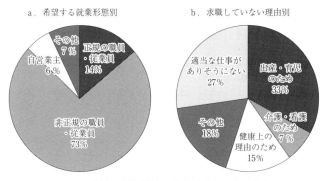

a．希望する就業形態別　　　　　　b．求職していない理由別

図9-1　女性の就業希望者の内訳（平成30〔2018〕年）

注：(1)　総務省「労働力調査（詳細集計）」（平成30年）より作成。
　　(2)　「自営業主」には「内職者」を含む。
　　(3)　割合は，希望する就業形態別内訳及び求職していない理由内訳の合計に
　　　　占める割合を示す。
出典：内閣府（2019：110）。

　なぜなら，育児や介護を含む家事労働は，必ず誰かが担わなければ私たちは社会を再生産することができず，生きていけないからだ。これは，本章の問い，「雇用形態の多様化は女性に労働の自由をもたらすのか」を考えていくために非常に重要な問題である。

　もう少し，性別役割分業について見てみよう（図9-2）。この図はM字カーブとしてよく知られている女性の年齢階級別労働力率の推移を表したグラフであるが，折れ線の真ん中がへこんでM字のようになっているのは，「中断再就職型」，すなわち結婚や出産によってそれまで勤めていた会社を辞め，専業主婦として子育てに専念し，子どもの手が離れた中年期に非正規労働者として再就職する女性の標準的なライフコースを示している。このへこみは時代が進むにつれ浅くなってきているのが特徴であり，出産を機に退職する女性たちは現在約半数になっているが，就業を継続する比率について雇用形態別に見ると，正規労働者では70％なのに対し，非正規労働者は25％と，大きな格差があるのが現実である（内閣府　2019：119）。

　また，男性の育児休暇取得率は5.14％で，かつ，取得期間が5日未満の割合が6割近くであり，取得率においても国家公務員か民間企業の会社員かという

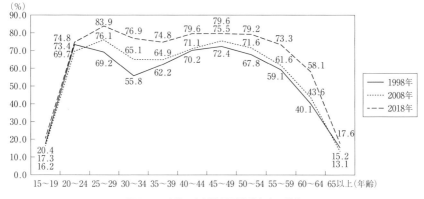

図9-2　女性の年齢階級別労働力率の推移

注：(1)　総務省「労働力調査（基本集計）」より作成。
　　(2)　労働力率は，「労働力人口（就業者＋完全失業者）」/「15歳以上人口」×100。

所属の形態によって大きく差が開いている（内閣府 2018a：2）。このように，政府による両立支援の様々な施策も，性別役割分業を基盤としながら，一部の限られた雇用者にしかその効果が及んでいないのが実情である。

子育てというケア責任

では，これまで子育てを中心に担ってきた女性たちが外で働くために，子どもの面倒を誰が見るのか。現在保育所等の定員は急速に増え，社会全体で育児の社会化が志向されているように見える一方，待機児童数は2万人，放課後児童クラブの利用を希望するが利用できない児童数は1万7,000人であり（内閣府 2019：123），公的なセクターにおいて子育て資源が平等に行き届いているとはいまだいい難い状況にある。さらに，本書第5章でも論じているとおり，母親にのみ子育ての責任があるという考え方は，根強く私たちをしばりつけている。

近年の家族社会学や社会政策研究においては，依存する他者へのケアの社会的配分と，家族の位置づけが1つの論点となっている。例えば，エスピン＝アンデルセンによる福祉レジーム論では，ポスト工業化社会において，福祉の生産が国家，市場，家族のあいだに配分される総合的なあり方をめぐり3つの類

型化を行っている（エスピン＝アンデルセン　1999＝2000）。1つ目は自由市場を重視したアメリカを代表する自由主義レジームであり，福祉は保険商品など市場を通したサービスの利用が中心に担われ，子育て負担についてはベビーシッターやデイケアなど，所得に応じたサービスが提供される。2つ目は北欧諸国で見られる社会民主主義レジームであり，税金の負担は重いが，包括的な社会保障で格差の縮小を目指している。つまり，福祉は国家がその責任を分担しているため，男女ともに仕事との両立がしやすい。3つ目はドイツや南欧に見られるような保守主義レジームであり，男性稼ぎ手モデルを前提とした家族主義とリスクの共同負担によって成り立っているため，女性の雇用の拡大はあまり進まず，市場や国家の育児サービスは十分ではなく，両立しにくい社会である。では，日本はどうかというと，3類型のどれにも当てはまらない雑種のケースであると位置づけられており，性別役割分業に基づく家族への依存関係の強さが特徴である（エスピン＝アンデルセン　1999＝2000：xii）。しかし，提唱者であるエスピン＝アンデルセン自らが指摘するように，日本の福祉システムは可塑的で形が定まらない状況であり，企業福祉と家族福祉によって生活が支えられる従来の「日本型福祉」の仕組みでは，ポスト工業化社会には対応できなくなってきているのもまた事実である。

　このように，依存する他者へのケアに関わるコストを配分する主体は，国家，市場，家族の3つのセクターがあり，その配分によって福祉をめぐる社会のあり方はがらりと変わってくる。日本はこれまで両立支援のための資源として，家族・親族という私的なセクターを当てにしており，実際に親からのサポートがある女性は再就職率が高く，退職リスクを低める効果もあるとの報告もある（西村　2014：125）。しかしながらケアに協力できる親の存在は本人には選べないし，親の健康状態や就業状況も人によって異なる。このようなあらかじめ不平等な資源を当てにした両立施策は限界があるといわざるを得ない（白波瀬 2005；西村　2014）。

───　調べてみよう　───

　主婦についての評価が，近代以降どのように変化をしてきたのか調べてみよう。

性別職務分離

　さらに，正社員同士でも，男性を100とすると女性の賃金は75.6と，依然として男女賃金格差は埋まらない。その背景には，女性にやりがいのある仕事，責任の持てる仕事がわりあてられておらず，男性と比較し評価されにくいという性別職務分離の実態がある。上述のように正社員として働く女性は全女性労働者の半数以下で，管理職に占める女性の割合はきわめて低く，女性は基幹労働者になっていないのが現状である（大槻 2015：20；杉本 2018：133）。さらに，出産を終えた女性が仕事に復帰したにも関わらず，育児休暇取得前の仕事を与えられず出世コースから外れてしまう「マミートラック」も問題となっている。このような日本の女性たちが置かれた政治的，経済的に不平等な現実は，世界経済フォーラムが各国の男女間の格差を数値化しランク付けしたGGI（ジェンダー・ギャップ指数）が153カ国中121位で過去最低だったことが如実に示している（『朝日新聞』2019年12月18日朝刊）。

　また，男性を標準とした労働のあり方も問い直す必要があろう。過労死や自死を取り上げるまでもなく，男性の正社員に求められる長時間労働は，彼ら自身が生活者として子育てや生活，地域に根ざしながら生きるというワークライフバランスを阻害している。

───　調べてみよう　───

　日本はなぜGGI（ジェンダーギャップ指数）が低いのか，高い国はどこか，その理由を考えてみよう。

妻は仕事も，家事も，育児も，介護もの時代

以上見てきたように，雇用形態の多様化が進み，一見，女性の選択肢も増え労働の自由が確保されてきたように見えるが，家事労働やケア労働など家庭責任を依然として背負う女性たちに，労働の自由はもたらされたといえるのだろうか。いや，いえないというのが当面の状況である。

1990年代以降のポスト工業化による雇用形態の多様化によって，夫である男性たちは基幹労働からなんとか滑り落ちないように長時間労働で会社に自己犠牲的献身を迫られつつ，妻である女性たちは雇用形態に関わらず，「夫は仕事，妻は仕事も，家事も，育児も，介護も」という責任を負っている。一方「アンダークラス」ともいわれる，多くの未婚の非正規労働者たちは，男女ともに結婚や出産どころか，自分ひとりが生きるだけでやっとの所得しか稼げない制度的な不平等が存在する（橋本 2018）。

── みんなで考えよう ──

あなたが将来，パートナーと生活をともにし子どもを養育する場合，市場労働と家事労働をどのようなバランスでシェアするだろうか？　具体的な問題を定め，その問題に当てはめて考えてみよう。

① 夫は「大黒柱」となって働いて，妻は家庭を守る（男性稼ぎ手モデル）。

② 夫は「大黒柱」となって働いて，妻は子どもが3歳になるまで家庭でケアをし，それから非正規雇用で働く（中断再就職型）。

③ 夫婦ともに育児休暇と時短勤務を組み合わせ，ふたりで育てる（男女共働き型）。

④ 夫婦ともにフルタイムで働き，ベビーシッターを雇う（自由主義モデル）。

⑤ 夫婦ともにフルタイムで働き，子どもは全員保育所に入れ親子別々で生活する（社会主義モデル）。

　では，私たちはどのようにしたらこのような状況を乗りこえつつ，労働の自由を獲得することができるのだろうか。それについて考えるために，労働の自由とは何かについて構想する必要がある。

3　求められる構想力

労働とは

　そもそも労働とは何だろうか。自然や有機物に働きかけ，直接的で感覚的な相互作用と定義される労働（ハム 1995＝1999：163）は，私たち人類が，生命や生活を維持しつつ文化を発展させ，協業と分業をとおして他者との社会関係を生み出すとともに，自分自身を発見し自己実現を果たす機能をもってきた（木田 2006：1514；伊藤 2019：134）。

　そう考えると労働は私たちが社会のなかで生きるうえで，必要不可欠な行為であることは間違いない。資本主義社会の進展とともに労働の自由が性別によって阻害されているとしたら，その原因を取り除く必要がある。

　しかしもう一歩踏み込んで考えてみたい。経済学では労働力を商品とみなすことで，働く人間をすべて画一的に市場の主体だとみなすが，果たして私たち人間はすべて画一的な主体だといえるだろうか。組織や市場のなかで働き賃金を得て，消費することだけが私たちの価値なのだろうか。もっといえば，働かない人間は，無価値なのだろうか。

無償労働

　労働とは，有償の市場労働だけではないということを論じてきたのはフェミニストたちだった。1963年，アメリカ郊外に住む中産階級主婦たちの満たされない「得体のしれない悩み」をテーマにした，ベティ・フリーダン（1963＝1977）による『新しい女の創造』の刊行を皮切りに，1960年代後半から70年代前半にかけて世界中で第2波フェミニズムが巻きおこった。「個人的なことは政治的なこと」をスローガンに，それまで「女の幸せ」として当たり前のよう

にとらえられてきた結婚や家庭で生きることについて，女性たち自身から鋭い批判のまなざしが注がれるようになる。

　特に，理論面において無償の家事労働（アンペイドワーク）に焦点が当てられたことは大きな成果だった。例えば，家庭内でのケアも，地域での活動も，どちらも働くという行為であるにもかかわらず，不払いなのはなぜか。有償労働の方がより価値があるとみなされるのはどういうわけか。フェミニズムの諸潮流の１つであるマルクス主義フェミニズムは，このような問いをとおし，家父長制的資本主義という，男女という性別で振り分けられた分業によって編成される労働が，かたや有償，かたや不払いの労働として序列化され，不可視化されることによって成り立つ近代産業社会の不平等な構造を明確にし，労働の概念そのものを拡張したのである（上野 1990）。

　このように，市場という公的領域における有償の仕事だけが労働ではなく，家庭や地域という私的領域における，無償の，家事もまた労働なのだとしたら，どちらが欠けても人は生きていけないのもまた事実である。ならば，両者のバランスをいかに取っていくかが，いまを生きる私たちに課題として投げかけられている。

　これまでの女性の雇用政策は，男性と同じように働きたい女性に着目してきたのだが，上で見てきたように，従来の男性型の働き方やキャリアに魅力を感じない層も多数存在してきたのもまた事実だ（武石 2005：271）。これは男女平等政策に従わない，「保守的」で「閉鎖的」な「遅れている」女性たちがたくさんいるからなのだろうか。それとも，無償労働を担ってきた人々だからこそ，職場だけではない，家庭や地域などの生活領域に広がるその価値に気づいているということもできないだろうか。

　人は生き，手を取り合って笑い，育み，泣き，助け合いながら，１人１人がかけがえのない人生を送る。本来の労働の定義に戻れば，私たちの生活自体が労働であるのだ。問題は，片方のジェンダーに市場労働と家事労働が分有され序列化されている現在のあり方である。誰もが自由だと思える働き方とはどのようなものか，私たちの構想力が，いま，求められている。

---── 深めよう ───

　「みんなで考えよう」（147ページ）の5つの選択肢の背景にある意味，自分の意見とグループの結論の違い，他の選択肢の可能性などについて，さらに文献資料を調べながらレポートを作成しよう。

参考文献

伊藤公雄（2019）『女性学・男性学［第3版］』有斐閣。

上野千鶴子（1990）『家父長制と資本制――マルクス主義フェミニズムの地平』岩波書店。

エスピン＝アンデルセン，G.，渡辺雅男・渡辺景子訳（2000）『ポスト工業経済の社会的基礎――市場・福祉国家・家族の政治経済学』桜井書店。

大沢正道（1994）『遊戯と労働の弁証法』紀伊國屋書店。

大槻奈巳（2015）『職務格差――女性の活躍推進を阻む要因はなにか』勁草書房。

乙部由子（2019）『「労働」から学ぶジェンダー』ミネルヴァ書房。

川東栄子（2019）『続　ジェンダー労働論――労働力の女性化の光と影』ドメス出版。

木田融男（2006）「労働」森岡清美他編『新社会学辞典　初版』有斐閣。

公益財団法人21世紀職業財団（2018）『女性労働の分析　2017』。

佐藤俊樹編（2010）『自由への問い6　労働――働くことの自由と制度』岩波書店。

白波瀬佐和子（2005）「母親就労の位置づけに関する国際比較研究――男女ともに働きやすい社会を目指して」橘木俊詔編『現代女性の労働・結婚・子育て――少子化時代の女性活用政策』ミネルヴァ書房。

杉本貴代栄（2018）『女性学入門［改訂版］――ジェンダーで社会と人生を生きる』ミネルヴァ書房。

総務省統計局（2018）「労働力調査詳細集計平成30年（2018年）平均（速報）」（2019年8月31日取得　https://www.stat.go.jp/data/roudou/sokuhou/nen/dt/pdf/index1.pdf）

―――（2019）「Ⅱ-A-第4表　年齢階級，現職の雇用形態についた主な理由別非正規の職員・従業員数」『平成30年（2018年）労働力調査年報』（2020年1月10日取得　https://www.stat.go.jp/data/roudou/report/2018/index.html）

武石恵美子（2005）「非正規労働者の基幹労働者化と雇用管理――非正規労働の拡大が女性のキャリアに及ぼす影響」橘木俊詔編『現代女性の労働・結婚・子育て――少子化時代の女性活用政策』ミネルヴァ書房。

―――（2006）『雇用システムと女性のキャリア』勁草書房。

内閣府（2018a）『共同参画』112号。

─────（2018b）『平成30年版　高齢社会白書』。

─────（2019）『男女共同参画白書』。

西村順子（2014）『子育てと仕事の社会学──女性の働き方は変わったか』弘文堂。

橋本健二（2018）『新・日本の階級社会』講談社。

ハム，マギー，木本貴美子・高橋準監訳（1999）『フェミニズム理論辞典』明石書店。

フリーダン，ベティ，三浦冨美子訳（1977）『新しい女の創造』大和書房。

松木洋人（2013）『子育て支援の社会学』新泉社。

山口一男（2017）『働き方の男女不平等──理論と実証分析』日本経済新聞出版社。

推薦図書

上野千鶴子（1990）『家父長制と資本制──マルクス主義フェミニズムの地平』岩波書店。

　＊女性の抑圧の構造を解明するために，「マルクス主義」と「フェミニズム」という2つの理論装置を弁証法的にとらえ，資本制と家父長制，階級支配と性支配を冷徹に分析する必読の書。

橋本健二（2018）『新・日本の階級社会』講談社。

　＊現代日本の「新しい階級社会」の実態を明らかにした衝撃の1冊。なかでも，非正規労働者を「アンダークラス」と再定義することで，格差の固定化や世代間継承などが残酷にもあぶり出された。

G. エスピン＝アンデルセン，岡沢憲芙・宮本太郎監訳（2001）『福祉資本主義の三つの世界──比較福祉国家の理論と動態』ミネルヴァ書房。

　＊福祉国家体制の展開をめぐって3つの類型を明らかにし，社会科学において広範囲に影響を与えた書。収録された「日本語版への序文」では，日本型福祉国家の特徴についても紹介している。

（里村　和歌子）

第 10 章

給与が増えれば介護職は魅力的な仕事になるのか

─── この章で学ぶこと ───

　少子高齢化が進むなか，高齢者介護へのニーズは高まる一方である。にもかかわらず人気の低い介護の現場は，慢性的な人材不足に苦しんでいる。では，よく言われるように給与が増えれば，介護職は魅力的な仕事になるのであろうか。本章では介護職と看護師を比較した後に，介護職の専門性を「承認」の観点から検討する。最後に，われわれが今後介護という営みにどのような意味づけや役割を与えるべきかという問題に，直面していることを確認する。

キーワード：看護師，新たな専門性，承認

─── この章の問い ───

　介護職の魅力を高めるのは，介護職の「賃上げ」か，それとも「承認」か。

　現在政府は，高齢者をケアする介護職の給与を増やすという政策を進めている。この政策によって介護職の給与が増えれば，長年人材不足という問題に悩んでいる介護という仕事は，魅力的なものになるのであろうか。介護職の魅力を高める方策について考察するために，本章では介護職と，彼らに先行して社会的地位と高い給与体系を確立してきた看護師を比較・検討するところから議論を始める。介護よりもずっと以前に，法的な位置づけを獲得した看護師は，独自の機能を有する専門職集団としての社会的地位を歴史的に確立してきた。そんな彼らを専門職とした看護師の祖，F.ナイチンゲールの行為に，介護は同じルーツをもつといわれている。

　にもかかわらず，介護職は看護師に比べて，いまだ自らの専門性を確立できていない。後で述べるように看護師は，介護職にとって専門職のロールモデル（模範，手本）であると同時に，彼らと深刻な対立や相互不信の関係にある。本章では，このようなアンビバレントな関係にある看護師と介護職を比較・検討することを通じて，介護職が今後どのような専門性を目指すべきかを論じていこう。

―― 調べてみよう ――
　日本において介護職は，どのような形成過程をへて社会福祉系の専門職となったのかを調べてみよう。

1　介護職の人材不足の背景

　少子高齢化社会を迎えた日本社会の危機が叫ばれて，すでに久しい。人口のかなりの部分を高齢者が占めるようになり，それに反比例して若者や子どもの数が減っていく。増大する高齢世代の面倒を誰が見るのかという介護の問題は，経済成長の問題とともに社会危機の最たるものとして，日本を含む先進国の国民に，いまや広く共有されている。

　高齢者の介護というテーマの周辺には，解決困難で深刻な問題が山積している。例えば，介護しあう高齢者が共倒れのリスクに陥る「老々介護」や，介護する側が高齢者を虐待する「介護虐待」と，それが行き着く「介護殺人」，あるいは，介護のために家族が離職に追い込まれる「介護離職」など。そして，マスコミで連日報道されているこれらの問題を引き起こす背景にあると考えられているのが，介護を担う福祉専門職＝介護職の人材不足という問題である。

　介護の現場は，常に人材不足にあえいでいる。経済産業省によれば，団塊世代が85歳を超える2035年には，79万人もの介護人材が不足するという。また「平成29年度介護労働実態調査」では，実に66％の介護施設で，人手不足が問題になっているという結果が示されている。

　介護の仕事は，将来入職が期待される若者の眼には，どのように映っているのであろうか。ここでは，東京大学社会科学研究所とベネッセ教育総合研究所が共同で行った「子どもの生活と学びに関する親子調査2015」を見てみよう。この調査では小中学生の回答で男女ともに，「なりたい職業ランキング」のトップ10に福祉の仕事はランクインしていない。隣接する職業として，保育士や看護師が女子でランクインしているのみである。

　もちろん福祉の仕事には，介護職以外にも多くの職種が存在する。しかし一般的には，福祉の職種は介護職以外ほとんど知られていない。マス・メディアによる介護の不祥事や事件の報道だけで，福祉のイメージが作られている小中学生の眼には，福祉の仕事は魅力のある職業には映らないであろう。

　とはいえ，仮にこのハンデが考慮されたとしても，三世代同居の世帯が激減し，高齢者と疎遠になっている現代の小中学生に，「なりたい職種」として福祉職の名前をあげろというのは，いくぶん無理があるだろう。では小中学生ではなく，就職を間近に控えた大学生や，就職を意識する専門学校進学希望の高校生の場合は，どうであろうか。HR総研が2018年に行った調査（2019年卒業予定の大学生・大学院生802人が回答）によれば，福祉の仕事は「最も敬遠したい業界」において，文系で4位というかなり高いランクに位置づけられている。福祉より人気があると考えられる，医療と同じカテゴリーに入れられてのこの福祉の不人気ぶりである。また全国の介護職養成系の専門学校でも，入学者が激減し，欠員状態が慢性化しているという報道は数多い。このことから，専門学校への進学を希望する高校生の評価も推して知るべしであろう。総じて介護や福祉の仕事は若者に人気がない。この事実は疑いようのないものである。

　このように介護職に象徴される福祉の仕事は，若者には魅力ある仕事とは映っていない。社会における介護の需要の増大に応じて，人材の輩出が期待されている介護の仕事は，なぜ人気がないのであろうか。

　その原因としてよく挙げられるのが，介護職の劣悪な労働環境である。例えば介護の現場は，典型的な3K（きつい，汚い，危険）職場であり，基本的な労働環境（休憩や食事，トイレに行く機会など）の確保が難しい。また長時間労働や

変則勤務に加えて，労働法令違反に当たるような問題，例えば残業代の未払い，移動時間や強制参加の研修が労働時間に含まれないこと，最低賃金以下の賃金なども常態的に見られる。これらの問題は，介護現場に大量離職を引き起こし，それが介護職の慢性的な人手不足につながっている。

　しかし，介護現場を人手不足に追い込む理由のうち，最大の要因とみなされているのは，何といっても低賃金であろう。介護職員（非正規職員を含む）の月給は，全産業平均に比べて9万円ほど低いといわれている。職場の同僚であることが多い看護師と比較してみても，介護職の月給は6万円ほど低い（平成29年度介護労働実態調査）。また介護職においては，性別を問わず30代以降の給与水準がほぼ横ばいで，年齢に伴う昇給が見られない。この厳しい賃金状況はすべて，公定価格であり上限が決まっている介護報酬から，介護職の賃金がまかなわれている点に起因する。高齢者の介護の必要性に応じてサービス内容と介護報酬が決まっている以上，人件費として捻出できるお金は自ずと限られる。苦しい財政状況のなか政府は，何とか介護報酬を増額しようと政策を推し進めているが，その実効性に関しては，疑問符が突きつけられることも多い。しかしここで確認すべきなのは，政府が介護職の待遇改善を，もっぱら給与の増額＝低賃金の解消という意味に解している点である。つまり賃金アップが達成されさえすれば，介護の人材不足は自ずと解消されるというわけである。

　では介護職の給与アップは，介護業界に多くの良き人材を集める呼び水となるのであろうか。この問題について考察を深めるうえで，現場における看護師との関係をみておくことは有益であろう。医療と福祉の融合や，両サービスの一体的な提供が国によって促進されている現在，介護職と看護師の相互連携体制の確立は喫緊の課題である。

　しかしながら皮肉にも，彼ら介護職と看護師の連携はうまくいっていない，という現場の声を聞くことは多い。とりわけ眼につくのは，介護職から見て看護師が強圧的で独善的だという発言である。例えば「看護師は，すごく威張っているように見える」。介護職のことをよく理解していない看護師は，自分たちのペースで業務を進め，介護職に譲ろうとしない。このように「指示的な物

言いをする」看護師と介護職の間に，上下関係が成立している介護の現場は多く，「看護師は気が強いから，何言ってもダメなんだ」という介護職の諦めの声も聞こえてくる。他にも，「看護師は言い方がきつい，上から目線だ」「最後の言葉を言い切る」など，看護師の態度や振る舞いを批判する介護職の発言は数多い。

　一方で，そのような批判に晒される看護師の目には，介護職の振る舞いはどのように映っているのであろうか。以前筆者は「介護職は入所者に対するかかわり方がとても優しい」という看護師の話を聞いたことがある。病院で患者に怒ったり大きな声を上げたりと，感情的な態度を露わにしている看護師とは対照的に，隣の福祉施設で入所者に接する介護職の態度は，非常にやわらかで穏やかである。そのゆったりとした雰囲気に触れると，私も安らいで病院に戻ることができたと，この看護師は話していた。

　これらの例が示すように，看護師と介護職において，患者や介護サービス利用者に対する態度や振る舞いは対照的である。医療的，客観的な判断や考え方に基づき，自分たちの出した意見を押し通そうとする看護師に対し，介護職は利用者への思いを情緒的，感情的にとらえやすい。

　このように看護師と介護職の間には，患者や利用者とのかかわり方をめぐって，深い断絶が存在する。そんな彼らの間で相互連携を進める，研究や研修手法の開発が試みられてはいるものの，両者の間にある溝を埋めることは容易ではない。ではこの隔たりは，そもそも何に起因していると考えられるのか。

2　介護職と看護師の違い

　まず介護職と看護師の違いを，教育体系や現場，価値観の観点から見てみよう。医療職である看護師は，医療の教育ルート（高校の専攻科や看護専門学校，看護大学など）を経て，病院などの医療現場を中心に職に就く。そこで追求されるべき価値観は，医学的に見て望ましい心身の「健康」である。

　それに対し福祉職である介護職は，実務経験を経るか福祉系高校や養成施設

の教育ルートを経て，福祉の現場を中心に働く。彼らは病気を医学的に治すことよりも，患者や利用者の暮らしをいかに支えるかという，「生活」の価値観を重視する。このように教育体系や現場，価値観からして，看護師と介護職は文字どおり，「生まれも育ちも違う」存在である。

　両者の違いは，彼らが働く組織の構造や分業モデルの違いとしても説明可能である。それを水野博達は，「医療モデル」と「生活モデル」のカテゴリーに従って，以下のように整理している（水野 2010）。看護師の「医療モデル」とは，ナイチンゲールの例に象徴されるように，近代社会の軍隊や，それに類する産業の組織構造を反映している。そこでは，対象が目的（治療）との関連で客観的に分析され，医師を頂点とした他の医療専門職との垂直的な分業形態のもと，治療期間やゴールが設定される。

　一方介護職の「生活モデル」は看護師とは違い，近代的な目的―手段関係から解放されている。それゆえ，介護サービスの利用者を中心とした当事者（家族やボランティア，司法／行政職や医療職など）と介護職の間には，平等な人間関係や分業体制が構築されるのが望ましいとされる。

　介護する側とされる側が相互に入れ替わる，このような循環構造は，サービスを受ける利用者の QOL（生活・生命の質）を向上させるうえで，重要な条件であろう。しかし，介護する側とされる側のフラットで柔軟な関係性の構築は，介護現場においては難しいとされている。ではなぜそうなのか。

　理由の１つに，介護職と看護師の職業上，資格上の格差があげられる。介護職の国家資格である介護福祉士と看護師の間に，資格上の序列は存在しない。にもかかわらず一般的には，介護福祉士は看護師より格下であると受け取られている。もちろん看護師からすれば，自分たちの地位の優越性は，長年にわたって看護師の専門性に裏打ちされた資産に他ならない。近年，痰の吸引や経管栄養など一部の医療行為が，介護職に解禁されつつある。この医療の領分をそう簡単に介護職に譲り渡すことができないと考える看護師が彼らを看護師の下請けとみなす傾向にあるのは，ある意味当然であろう。

　看護師に対して社会的地位のみならず，専門性や有用性の点でも劣等感を抱

いているという介護職は多い。介護サービスの専門家である介護職は，サービス利用者からの情報収集に基づいて，自分の考えや意見をしっかりと主張しなければならない。にもかかわらず，自らの専門性に自信のない介護職は，看護師の強い発言を前に引き下がってしまう。

　自らの専門性に疑問をもった介護職は，しばしば医療職に近づきすり寄ることで，専門家のアイデンティティを得ようとする。例えば，要介護者の移動をサポートする移乗介助の技術より病気や医療の知識を修得したいという介護職の声を耳にすることがある。また，自らの専門性にコンプレックスを抱く介護職のなかには，介護の専門性に見切りをつけ医療職に転職しようとする人たちも，決して少なくない。

3　新たな専門性の問題提起

　医療職は，近代社会の専門職の典型的な1つと考えられている。T. パーソンズによれば医療職は，①専門的能力によって選抜され（業績主義），②科学という普遍的基準に従って仕事を行い（普遍主義），③自らの仕事の範囲を治療に限定し（機能的限定性），④客観的な立場に立ち（感情中立性）ながら，⑤自らの利益よりも患者のそれを追求する（集合体志向）（パーソンズ　1951＝1974：429-431）。ここには，専門職を特徴づける近代の諸価値の理想的な組み合わせが示されている。

　このように理想化された医療職の専門性と比べると，介護職を含む福祉職のそれが，幾分劣っているのは確かである。野口裕二によれば，パーソンズが見出した専門職の特性を福祉専門職に当てはめることには，様々な困難が伴う。例えば普遍主義という要請に対しては，ソーシャルワークの理論の標準化は進んでおらず，利用者の幅広い生活問題に直面する福祉専門職は，機能的限定性を保持しにくい。また，何らかの感情的対応が要求される相談業務において，感情中立的にふるまうことは現実的に困難である（野口　2006：188）。これらの困難を，福祉職が近代的な専門職になり切れていない証拠と捉えて，弱点を克

服し福祉職の専門性を高めようとする情熱は，福祉現場のリーダー層を中心に高まりつつある。

　では，この近代化への情熱の赴くままに，福祉職は先行する医療職の背中を追って，専門化の道をひた走るべきなのか。一方で医療職に劣る専門性にもかかわらず，介護職を含む福祉職に寄せられる社会の期待は，高まりつつある。この矛盾は一体何を意味しているのか。いま一度ここで考えてみよう。専門性の内実が変容しつつある，あるいは従来の定義とは異なる新たな専門性が，社会のうちに萌芽しつつあるとは，考えられないであろうか。

　もし専門性が新たな視点から捉え直される場合，介護職の「非専門性」は克服されるべき弱点ではなくなるかもしれない。よく指摘されるように介護職は，法律で規定される業務独占を有していない。たしかに介護の業務は医師や看護師のように，「この名称の人しかできない」という類のものではない。食事や排せつの介助から，利用者の人間関係の構築に至るまで，介護業務は曖昧かつ多様である。

　しかし業務の曖昧さという弱点は，視点を変えるならば強味にもなりうる。たとえば京須希実子は「介護職の業務は，現場での多職種との連携・協働を通じてはじめて明確なものになる」（京須 2007：234）と，述べている。介護の業務が曖昧だからこそ，介護職は他の専門職との相互連携を通じて，その職域を自らの手で開拓・確立することができる。ここに示されているのは，多職種とのかかわりのうちに，多様な業務のなかからコアとなる業務が選択され，介護職の専門性が確立されていくという，「新しい専門性」形成の可能性に他ならない。

　福祉における「新しい専門性」の構想を素描するための補助線として，ここでは福祉に先行して模索が試みられている，医療における新しい専門性の潮流を見ておこう。

　医療の世界では，専門化の負の側面として，専門家の患者支配や，逸脱の医療化，医原病や患者の受け身化，無能力化などの問題が，すでに様々な形で批判されてきた。そして近年では，この負の側面を克服すべく，様々な試みが模

索されている（セルフヘルプ・グループやナラティヴ・アプローチ，オープン・ダイアローグなど）。それらの試みの詳細については，ここでは解説を控えるが，いずれにせよ医療の世界に端を発する新しい専門性の潮流は，専門家がその役割を独占する役割主義の解体を志向しているといえる。すなわち，客観的立場や普遍的な専門知を放棄した専門家は，自らの役割から解放されて，当事者との相互作用のうちに入っていく。そこに，「助ける／助けられる」という固定的な役割関係を超えた，開放的な循環関係の可能性が開かれてくる。

> ── 調べてみよう ──
>
> 　医療の世界における新しい潮流（セルフヘルプ・グループやナラティヴ・アプローチ，オープン・ダイアローグなど）がどのようなものか調べてみよう。

　ただ，この種の新しい専門性の議論は現在のところ，もっぱら専門職─当事者間の視点のもとでのみ検討される傾向にある。新しい専門性の可能性は，専門職─当事者間の相互作用のみならず，専門職同士の相互連携という観点からも，探求されるべきではないだろうか。介護職の文脈に当てはめるならば，この問いは以下のかたちを取るであろう。すなわちそれは，看護師を含む多職種との相互連携に基づく介護業務の確立が，従来の近代的な専門性を越えた新たな専門性の構築につながるのではないかということである。

4　介護職の社会的承認

　いま見たように，自らの専門性の確立を目指す介護職は，専門職の従来の役割主義から脱する必要がある。多職種との相互連携に開かれてはじめて介護職は，その職域を自らの手で開拓・確立することができるようになる。

　この介護職と多職種との相互連携を，本章では「承認」という視角から構想してみたい。社会的な「承認」は，現代社会の諸問題を読み解くキーワードとして，近年特に注目を集めている概念の1つである。現代「承認」論の代表的

な論者の 1 人，A. ホネット（ホネット：1992 = 2003）によれば，他者から肯定的に扱われる＝承認されるということは，生きがいなどの自己実現や，自己の安定性を獲得する上で必要不可欠な契機である。逆にいえば承認が剥奪され欠如すると，自己のアイデンティティは安定を欠き，その結果親密な人間関係（家族や友人，恋人など）や個人の尊厳，社会的評価などの広い規範的文脈のうちに，様々な社会問題が生じる。例えばそれは，親密な人間関係における虐待や暴力，文化的，性的少数者への差別や，経済上，職業上の格差などである。

> ──── 調べてみよう ────
>
> 　A. ホネットの承認の社会理論に関する研究について調べ，「働きがい」や「生きがい」を得るうえでの社会的承認の重要性を考察してみよう。

　もし，この概念が介護現場の人間関係に適用された場合，介護職を取り巻く問題状況は，承認構造の欠落というかたちで解明されうるのではないか。介護職が専門家として生きがいをもって働くうえで，労働環境の物理的な整備や，多職種間の業務理解が技術的に促進されることは，もちろん重要であろう。しかしより重要なのは，周囲との良好な人間関係や，自らの判断が専門職の業務として法的に尊重され，敬意を払われること，あるいは専門性が他職種や社会一般から評価されること（＝連帯感），すなわち承認されるということではないだろうか。

　このような問題意識のもと筆者は，以前中国地方のある地域において，介護職を対象とする承認に関する意識調査を実施したことがある（大畠：2011）。この調査では，承認意識と自己実現志向（生きがいや仕事のやりがい）の間に，どのような関係性があるのかについて分析を行った。介護職を福祉施設系勤務と医療施設系勤務別に分けてみてみると，福祉系と医療系どちらの介護職においても，良好な人間関係の確保と彼らの権利が職場できちんと保護されることが，仕事にやりがいを求めるうえで重要であった。とりわけ仕事にやりがいを求める医療施設系介護職にとって，職場の親密な人間関係が果たす役割は大きい。

　またやりがい志向の福祉施設系介護職が，生活世界（家族や友人）からの承認を得ることを重要視しているのに対して，やりがい志向の医療施設系介護職は，親密な生活世界に加えて，職場での評価も求めている。このように仕事に自己実現を求める介護職は，福祉よりも医療の現場において，承認の不全感に苦しむ傾向にある。それは彼らが医療現場において，補助的な職種としてしか位置づけられていないことと関係があるであろう。

　このように承認の枠組みが介護職に適用されることによって，彼らの自己実現と，彼らの周囲の人間や社会との関係性が視野に入ってくる。分析結果によれば，給与をはじめとする介護職の属性要因（年齢や性別，職位，仕事の経験年数，資格の有無など）は，彼らの自己実現とほとんど関係がない。介護職の仕事のやりがいは，むしろ承認という周囲や社会とのコミュニケーションの水準に強く規定されている。このことは，やりがいを求めて働く介護職の待遇改善が，賃上げなどの単なる経済的条件の改善には，決して還元されえないことを示唆するものである。

> ── **みんなで考えよう** ──
>
> 　介護職における給与と承認のバランスをとるためにはどうしたらよいだろうか。
> ① 　介護の専門性を確立する（多職種間の連携や承認に基づく専門性）。
> ② 　介護を家族から解放し，介護の社会化を徹底する（社会的承認）。
> ③ 　介護のジェンダー的偏見を解体する（啓蒙）。

　最後に，この章の最初に掲げた問いに立ち返ってみよう。それは，「給与が増えれば介護職は魅力的な仕事になるのか？」という問いであった。介護を魅力ある仕事にするためには，さしあたり2つの方向性が考えられる。それは，これまで確認してきた給与の増大と社会的承認を高める方向性である。しかしそれらの実践は代償として，介護業界を大きく変質させるか，あるいは人材不足をかえって深刻化させるというジレンマをもたらす。

　1つ目の，介護職の給与を増やすという戦略を見てみよう。これは，現在政

府が推し進めようとしている戦略であり，給与が増えれば，介護職の人材不足は解消されるということが一般的には期待されている。一方で確認したように，給与の高さと介護職のやりがいとの間には，関係性は見られなかった。この点をふまえるならば，介護職の給与の改善がもたらすのは，介護の仕事を高収入の手段と割り切る道具的，作業的な仕事観の人々が，介護の業界に集まってくるという事態であろう。その結果，人手不足の問題が解消される代わりに，介護の厳しい職場環境を改善する動機づけや，従来の介護の美徳であった，利用者に対する優しいかかわりは失われるかもしれない。

　2つ目の，介護職の社会的承認を高める戦略を見てみよう。もし介護職の法的地位や職業威信が向上して，彼らの社会的承認が高まった場合，介護の業界には仕事に生きがいを求める，高い専門職意識をもった人たちが集まってくるであろう。しかし介護の高度な専門職化は同時に，介護人材の主な供給源の1つである，非熟練職志向の主婦パート層の離脱を招くであろう。彼らにとって介護の仕事は，非熟練的な「誰にでもできる」仕事であり，だからこそ彼らはそれを選んでいる可能性が高い。この現状をふまえるならば，介護の社会的承認の高まりは介護のレベルを上げる代わりに，人材不足をさらに悪化させるかもしれない。

　これらのジレンマが生じる背景には，介護という営みに備わる独特の性質がある。私的な家事の延長線上に位置づけられやすい介護やケアは，近代の道具的な仕事観や社会的承認と折り合いが悪い。このことは「公／私」の問題や，介護を女性と結びつけるジェンダーの問題と関連があろう。それをふまえたうえで，われわれには改めて以下のことが問われている。すなわち社会を再生産していくうえで，介護という営みにはどのような意味づけや役割が与えられるべきなのか。

深めよう

　「みんなで考えよう」の選択肢の背景にある意味，3つの選択における自分の意見とグループの結論の違いなどについて，さらに文

献資料を調べながらレポートを作成しよう。

参考文献

HR 総研「2019年卒学生　就職活動動向調査」（3 月調査）結果報告（https://www.hrpro.co.jp/research_detail.php?r_no=204）

大畠啓（2011）「介護職の社会的承認の規定要因」『社会分析』38号，81-98。

京須希実子（2007）「介護職の業務確立に関する一考察」『社会学年報』36号，233-253。

財団法人介護労働安定センター（2018）『平成29年度 介護労働実態調査　結果報告書』。

東京大学社会科学研究所・ベネッセ教育総合研究所「子どもの生活と学びに関する親子調査2015」（https://berd.benesse.jp/shotouchutou/research/detail1.php?id=4848）。

野口裕二（2006）「専門職と専門性の変容——医療化と福祉化をめぐって」『講座社会変動9　福祉化と成熟社会』ミネルヴァ書房。

パーソンズ，タルコット，佐藤勉訳（1974）『社会体系論』青木書店。

ホネット，アクセル, 山本啓・直江清隆訳（2003）『承認をめぐる闘争』法政大学出版局。

水野博達（2010）「現場から見た〈介護〉の幾つかの特性と介護労働の現状」『日本労働社会学年報』21号，23-42。

推薦図書

荒井浩道（2014）『ナラティヴ・ソーシャルワーク——"〈支援〉しない支援"の方法』新泉社。

　＊クライエントが語る「問題」に揺さぶりをかけて，「希望」の物語をつむぎだす新たな支援の方法＝ナラティヴ・アプローチの可能性を，ソーシャルワーク領域において探求している。

白旗希実子（2011）『介護職の誕生——日本における社会福祉系専門職の形成過程』東北大学出版会。

　＊家族の機能に類似する一方で，かつ専門性も高める独特な職業としての介護職の歴史的な形成過程を，資格制度や専門性・養成制度の観点から，文献資料と参与観察のデータによって跡付けている。

※本稿は，『長崎国際大学社会福祉学会研究紀要』第11号に掲載された，「福祉における多職種連携と承認の視座」（2015）を，大幅に改稿したものである。

（大畠　啓）

第11章
自主性を重んじるとチームは強くなるのか

── この章で学ぶこと ──

　読者のなかには，部活動に所属した経験があったり，現在所属している人もいるだろう。その部活動は，あなたの自主性をどの程度尊重してくれただろうか。また，高い実績を残すことができただろうか。個人の創意工夫が発揮できて，なおかつ高い実績を残すことができるのが理想であろう。だが，現実には難しさを感じたことはないだろうか。本章では運動部を念頭に，自主性と規律のジレンマ，そしてリーダーシップのあり方について考えてみよう。

キーワード：自主性と規律，リーダーシップPM論，条件即応モデル

── この章の問い ──

　様々なスポーツ集団で，指導者によるパワハラが生じてしまうのはなぜだろうか？　指導者の権限を制限し，選手の自主性を重んじると，チームは強くなるのだろうか？

1　機能集団としての運動部

「体育会系」とは？

　運動部には勝利を得るという目的があるように，なんらかの目的を達成するために人為的に形成された集団のことを，機能集団と呼ぶ（一方で，自然発生的で目的達成を必ずしも指向しない集団を基礎集団と呼ぶ）。機能集団がその目的を能率的に達成するためには「組織化」が必要であることは，経験的に理解できる

だろう。組織化の第一歩として行われるのが，ルール作りや，指揮命令系統の明確化である。これは，官僚制組織における「規則の支配」「職階制」といわれるものである。

　もしあなたが運動部に所属したことがあれば，部活動には不文律を含めた規則があり，それを身につけるよう求められた経験が少なからずあるだろう。また，広辞苑（第六版）で「体育会系」を調べると，「運動部員のような気質・雰囲気があること。先輩・後輩の上下関係に厳しく，強い精神力を重視することなどにいう」という記述がある。大学運動部には，誰がいい出したのか「4年神様，3年天皇，2年平民，1年奴隷」というフレーズがあるように，タテ社会であることが知られている。

　指導者―選手についても同様である。戦前の日本の体操科（保健体育科）を担ったのはその多くが退役軍人であったため，強力な支配―服従関係が構築され，暴力が日常化した。戦後も日本スポーツ界は，指導者の多くが「軍隊あがり」であったため，支配―服従関係は継承され，選手の自主性は著しく制限された。プロ野球の野村克也は，選手時代は「営倉に入れるぞ」などの軍隊用語が飛び交い，何かあるとすぐ正座をさせられ，ビンタを受けるのが日常茶飯事だったと回想している（野村 2013：65）。現在でもこのような支配―服従関係が存続している理由として，森川（2013）は日本スポーツ界における民主化の不徹底さをあげる。その結果，「『スポーツは民主化すれば弱くなる』という不思議な『神話』，同じく『なんでも話し合えば強くなるというなら話はかんたんだ。しかし話してもわからない奴には手を出した方が早い』という，これまでスポーツ界にまかり通ってきた『通説・常識』を完全に否定し得ていない」（森川 2013：79）と指摘する。

　筆者が所属する研究グループが2004年から2005年にかけて西日本の14大学の学生を対象に行った調査でも，運動部員がヒエラルキーの存在を強く意識していることを示す結果が得られている（図11-1・11-2）。

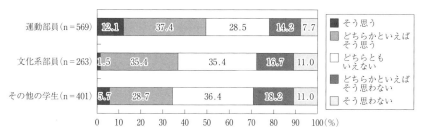

図11- 1　「コーチやキャプテンの指示に，選手は全面的に従うべき」
出典：森（2019：133）。

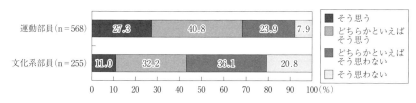

図11- 2　「先輩と後輩の上下関係ははっきりしている」
出典：福岡県立大学ジェンダー・フリー研究会（2005）より筆者作成。

官僚制の逆機能

　では，なぜ機能集団である運動部には規則や職階制が必要なのだろうか。それは，部活動に規則や規律が存在しない場合や，リーダーが不在の場合を想像してみるとわかるだろう。もし規則がなければ，部員は平気で練習を休むし，試合でも好き勝手にプレーをしてしまう。もしリーダーがいなかったら，誰が部活動の方針，練習内容，試合での作戦を決めるのかわからなくなってしまうし，仮に誰かが決めたとしても，誰も従わないという事態が生じてしまう。これではとても試合に勝つという目的を達成することはできないだろう。

　このように，機能集団にはルールとリーダーが必要不可欠であるのだが，それらが常に目的達成を容易にするとは限らない。むしろ目的達成を困難にしてしまうことがあり，このような事態を逆機能と呼ぶ。ルールはたしかに集団に規律をもたらすが，ルールが想定しない事態には対処できなくなってしまうし，ルールに拘束されるためにメンバー個人の創意工夫や自主性が発揮しづらいと

いう側面もある。

　また，リーダーが無能であればチームはむしろ弱くなってしまうだろうが，仮に有能であっても，その権限があまりに強力すぎると，メンバーはただ指示に従うのみで息苦しさを覚えてしまい，モチベーションが低下し，目的達成が遠のいてしまう事もあるだろう。ならば，リーダーを決めずにメンバー全員の合意で意志決定を行えばよい，と考えるかもしれない。しかし，全員で合意を形成するには時間を要するために，かえって非効率に陥りやすい。メンバーの数が多ければなおさらである。直接民主制を標榜する社会主義政党を分析したミヘルスは，集団の規模が大きくなればなるほど，メンバー間でのコミュニケーションは困難になるため，「一般直接民主制を国のレベルのみならず，政党のレベルにおいても，実行することは不可能」（ミヘルス　1925＝1975：35）であり，いかなる組織においても数少ないリーダーが必要不可欠であることを指摘している。これを「寡頭制（オリガーキー）の鉄則」と呼ぶ。

　小規模集団であれば，有能なリーダーが1人いれば十分かもしれない。しかし，様々な変化に対応する必要に迫られている集団や，大規模集団の場合は，機能集団内部での分業が必然的に進むため，複数のリーダーを必要とする。結果的に複数のリーダー間での意志決定が必要となるために機動性に欠くことになり，集団は「確実性と機動性との二律背反」（森下　1998：134）にも悩むことになる。学校運動部は，高校は3年間，大学は4年間と時間が限られている。そのため，最終学年はすぐに結果が欲しいがために，時間をかけた合意形成よりも機動性を重視しがちであり，特定のリーダーに全てを委ねるというケースが生じやすい。ただし，特定のリーダーに権限が集中してしまうと，理不尽なコーチングがまかり通ってしまう危険性がある。近年様々なスポーツ集団で表面化しているパワハラ騒動は，その最たる例であろう。また，有能なリーダーの指示に従えば，確かに選手の能力は伸びるだろうし，試合にも勝てる可能性も高まるだろう。しかし，それは選手の自主性や創意工夫を発揮する機会を奪うことでもあり，結果として規則や上からの指示通りにしか動けない，受動的パーソナリティが形成されることにもなる。

2　自主性と規律のジレンマ

　勝利のみを追求するのであれば，有能な指導者を招聘し，大きな権限を与え，メンバーにはその指示にひたすら従わせるという手法もあるだろう。しかし，アメリカンフットボールのルールブックにも「伝統的に，フットボールは教育活動の重要な一環を担っている」（公益社団法人日本アメリカンフットボール協会 2017：R9）とあるように，学校部活動は教育の一環と位置づけられていることがほとんどであるため，それでは「勝利至上主義」という批判を招きかねない。単に指導者の考えに従わせ勝利を目指すのではなく，同時に生徒・学生が自ら考え判断する能力を養うことも要求されるのであり，戦後，多くの運動部指導者はこの教育と勝利とのジレンマに悩まされてきた。強豪運動部指導者の著書を分析した下竹（2019）は，勝利至上主義と思いきや，意外にも「人間教育」を説く指導者が多いことを指摘している。例えば，「スクール・ウォーズ」のモデルとなった伏見工業高校ラグビー部監督の山口良治は，「やがて学窓を巣立ち社会の一員になった際にりっぱな社会人であってほしい，いかなる世間の荒波に身をゆだねても敢然と乗り切って行けるような強い精神力を携えていてほしい」（山口 1981：22）とし，選手には「強い心の修養」を説いてきたと述べている。ただし，教育を標榜してはいるものの，鉄拳制裁を正当化する記述がみられるように（山口 1981：53-57），中心となったのは体罰をも辞さない規律であった。

　また，池田高校を3度の甲子園優勝に導いた蔦文也も，「技術よりも，人間を鍛えよ」（蔦 1983：122）と人間教育を説いている。さらに，「練習では鬼，甲子園では仏という二つの顔を使い分け」（蔦 1983：133），練習では厳しく規律を課す一方で，試合では選手の自主性に任せるなど，自主性と規律の両立を試みている。ただし，選手が多くの時間を練習に費やす以上，やはり中心となったのは規律であった。

　プロ野球3球団で監督を務めた星野仙一も「怖さ7割，やさしさ3割ぐらい

でいるのがちょうどいいんですよ。叱るということ，怖いということが"教育
の原点"じゃあないですか」（星野 2007：21）と教育においては規律を多く配
分すべきと主張しており，同様の傾向はプロスポーツ集団でも確認することが
できる。

　このように，多くの運動部指導者は，自主性と規律のジレンマを両立によっ
て克服しようと試みてきた。しかしこれまで見てきたように，配分は規律に偏
りがちで，克服に成功したとはいいがたい。しかし，両者は本当に両立不可能
なのだろうか。両立は可能とするリーダシップ研究の代表例として，三隅二不
二の「リーダーシップ PM 論」を紹介しよう。

調べてみよう

　強豪運動部の記事や，実績のある運動部指導者の著書を読み，そ
こでは「自主性」と「規律」がどのように配分され，どちらが重視
されたのかを調べてみよう。

3　リーダーシップ PM 論

自主性と規律は両立可能か？

　二分法的なリーダーシップ論の問題点を克服するために，三隅（1966）によ
って提唱されたのが「リーダーシップ PM 論」である。P 機能とは Perfor-
mance の頭文字 P に由来し，集団の目標達成の機能である。P 機能の例とし
ては，「新しいアイディアを示したり，まずい仕事を批判したり，超過勤務を
課したり，職務の役割，権限を明確にしたり，意志決定の結果を部下に指示し
たり，ときには，叱咤したり，忠告・助言したりすること」（三隅 1966：123）
があげられる。このように，P 機能には「規律」的な要素が含まれている。

　一方，M 機能とは Maintenance の頭文字に由来し，集団それ自身を維持し
強化する機能である。具体的には，「集団や組織体のなかで，人間関係に生じ
た不必要な緊張を解消し，対立抗争を和解に導き，激励と支持を与え，少数者

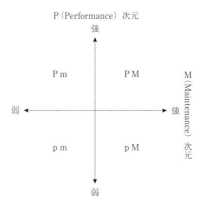

図11-3　リーダーシップ PM 4 類型
出典：三隅（1966：128）をもとに筆者作成。

に発言の機会を与え，自主性を刺激し，成員相互の友好的相互依存性を増大していく機能」（三隅 1966：125-126）である。「自主性」が M 機能に含まれているのがポイントになる。

　図11-3 のように，三隅はこれらを兼ね備えたタイプを「PM 型」，P 機能はもっているが M 機能はもたないタイプを「Pm 型」（目標達成に専念し，メンバーの人間関係に無関心），逆に P 機能はもたないが M 機能はもっているタイプを「pM 型」（目標達成への関心は希薄で，メンバーの気持ちに配慮する），両方をもたないタイプを「pm 型」と命名した。これによって，従来の「規律重視―自主性尊重」や「目標達成中心―人間関係中心」といった単純な二分法ではなく，より細かくリーダーを類型化することが可能となっている（なお，三隅は「PM 型はベストのリーダーシップであるが，PM 型のなかにもランクがある」として，図11-3 の 4 類型の内部をさらに 4 つのタイプに分け，「PM16 類型」〔三隅 1986：178-179〕も提示している）。

「PM 型」が最上

　三隅は「PM 型」「Pm 型」「pM 型」のどのリーダーが最も生産的であるかという実験を行ったところ，PM 型＞Pm 型＞pM 型という結果を得た。「M」

（人間関係）のみを強く指向する「pM 型」が最も非生産的だったわけだが，同じくその「M」（人間関係）を指向する「PM 型」の方が，特に「P」（目的達成）のみを志向する「Pm 型」よりも生産性が高いのはなぜだろうか。

　また，メンバーがリーダーに対して最も好意的な評価を与えたのは「PM 型」であり，最低は「Pm 型」であった。なぜひたすら人間関係に配慮する「pM 型」で，リーダに対する評価が最高にならないのだろうか。さらに，作業に対するメンバーの満足度が最も高かったのも「PM 型」であり，最低は「Pm 型」だった。メンバーのもつリーダーへの好感度，作業に対する満足度ともに，「Pm 型」が最低なのである。

　たしかに「P」ばかり，すなわち常に目標達成のために尻を叩いてばかりでは，メンバーはリーダーに対する反抗的態度を身につけてしまい，素直に指示に従わなくなってしまうだろう。かといって「M」ばかり，すなわちメンバーの人間関係に配慮するだけでは，目標達成へのモチベーションは上がりにくいだろうし，リーダーに対する畏敬の念も生じず，好印象を抱きにくいだろう。このように，「P」と「M」単独ではメンバーのモチベーション上昇，集団全体の生産性向上に必ずしも繋がらないが，両機能が同時に発揮される時，相乗効果が生まれるのである。自主性（M 機能）を重んじるリーダーシップはたしかに大切だが，同時に目標達成を志向するリーダーシップ（P 機能）も必要なのである。

　では，リーダーは必ず「P」「M」両方のリーダーシップを備えている必要があるのだろうか。三隅は女子バレーボール監督の大松博文を解析し，彼を「PM 型」と結論づけてはいるが，仮に「Pm 型」だったとしても，選手のなかに強い「M」機能をもった選手がいたことを指摘している（三隅 1966：172-175）。つまり，もともと部活動の人間関係が良好であれば，「Pm 型」のリーダーシップでも相乗効果を期待できる。これは裏を返せば，もともと部活動の規律やモラールが非常に高ければ（「P」が非常に強い），「pM 型」の自主性を重視したリーダーシップでも相乗効果が期待できるということでもある。つまり，集団の特徴や置かれた状況によって，どのようなリーダーシップが効果的であるかは異なる可能性がある。この集団のもつ条件の違いに注目して望ましいリ

ーダーシップを分析したのが，フィードラーの「条件即応モデル」（コンティンジェンシーモデル）である。

4　条件即応モデル

集団によって望ましいリーダーシップは異なる

　フィードラー（1967 = 1970）は，バスケットボールチームなどの様々な集団を分析した結果，望ましいリーダーシップは1つに定まるとは限らず，集団のもつ様々な条件に左右されることを見いだした。それが「リーダーシップ効果性の条件即応モデル」である。

　フィードラーは，まず①リーダー／成員関係（集団がリーダーを支持する度合い），②課題構造度（課題が目標，手続き，および具体的なガイドラインを明確に示している度合い），③地位力（部下の賞罰に対して，地位・役割がリーダーに与えている権限の度合い）の3要素から，「リーダー状況統制力」を測定する（具体的な測定方法についてはフィードラーほか〔1977 = 1978〕を参照のこと）。状況統制力が高いほど，リーダーがメンバーを統制でき，影響力を行使できるというものである。

　さらに，集団内の最も好ましくない協働者（LPC: Least Preferred Co-worker）に対するリーダーの評価として「LPC得点」を測定し，それをもとにリーダーシップスタイルを2つに分類している（LPC得点の具体的な測定方法についてもフィードラーほか〔1977 = 1978〕を参照のこと）。LPC得点の高いリーダーは嫌いな同僚であっても肯定的に評価するリーダーであり，LPC得点の低いリーダーは苦手な同僚を否定的に評価するリーダーである。「LPCの高いリーダーは，良好な対人関係を保持することに関心を持ち，その対人関係を通じて卓越した人物であると認められ，自尊心を高めることに関心を持っている。LPCの低いリーダーは，同僚たちとの対人関係をそこねる危険をあえて冒しても，割り当てられた仕事において成功を収めることに関心を持つ」（フィードラー1967 = 1970：67）。フィードラーは，前者を「関係動機型」，後者を「課題動機型」と名づけている。

表11-1　状況統制力と適切なリーダーシップの関係性

		リーダー／成員関係	課題構造度	地位力	適切な リーダーシップ
高統制	区分Ⅰ	良い（＋）	高い（＋）	強い（＋）	低LPC （関係動機型）
	区部Ⅱ	良い（＋）	高い（＋）	弱い（－）	
	区分Ⅲ	良い（＋）	低い（－）	強い（＋）	
中統制	区分Ⅳ	良い（＋）	低い（－）	弱い（－）	高LPC （課題動機型）
	区分Ⅴ	やや悪い（－）	高い（＋）	強い（＋）	
	区分Ⅵ	やや悪い（－）	高い（＋）	弱い（－）	
	区分Ⅶ	やや悪い（－）	低い（－）	強い（＋）	
低統制	区分Ⅷ	やや悪い（－）	低い（－）	弱い（－）	低LPC

出典：フィードラー（1967＝1970：197），フィードラーほか（1976＝1978）をもとに筆者作成。

　その上で，「リーダー状況統制力」の強弱に応じて，望ましいリーダーシップが異なることを指摘している。

　表11-1のように，リーダーの状況統制力が高いか低い場合は人間関係を重視する「関係動機型」リーダーシップが望ましく，中程度の場合は目的達成を重視する「課題動機型」が望ましいというものである。

野村克也と星野仙一

　ここで，野村克也が指揮したプロ野球のヤクルトスワローズと阪神タイガースを比較してみよう。野村は「完全にトップダウン型のマネジメント」（古田2009：136）という指摘や，代名詞の「ID野球」が示すように，データを重視し，選手にはそれに基づいてプレーすることを強く要求する「課題動機型」のリーダーに該当する（PM理論における「Pm型」の典型ともいえる）。万年Bクラスのぬるま湯につかっていたヤクルトの選手と「『叱ってこそ育つ』。これが，わたしの信念」（野村2018：61）という野村との関係は良好とはいえなかったが，ヤクルトの選手は「弱かったから当然メディアへの露出も少なく，したがって知名度もない。が，そのぶん強くなって見返してやりたいという意識は高かった」（野村2008：65）ため，ミーティングによる意識改革に成功していることからも課題構造度は高い。球団社長のバックアップもあり信賞必罰で地位力も強いことから（野村2013：25-26），区分Ⅴの中統制といえよう。この場合，

望ましいのは野村のような「課題動機型」であり，野村は9年間で4度のリーグ優勝，3度の日本一に輝いている。

　次に就任した阪神は，万年Bクラスなのはヤクルトと一緒であったが，弱くても人気があるという大きな違いがあった。そのため，「選手のわがまま，選手を甘やかすタニマチやメディアの存在，やる気のないフロント，そして私自身の慢心など」（野村 2013：6）多くの問題があったことを指摘している。選手の補強はやる気のないフロントに断られていることからも地位力は弱い（野村 2013：7-10）。わがままで甘やかされたうえに，成績不振で監督が交代するというパターンが恒常化していたため，選手について「監督やコーチの言うことを聞かん」（野﨑 2011：68）とぼやくなど，関係構築は不首尾に終わっている。ミーティングを行っても「選手は私の話などまったくきいていなかった。もちろん，メモもとらない。ヤクルトの選手とは対照的だった」（野村 2008：65）ため，「ID野球」は浸透できず，課題構造度は低い。よって，区分Ⅷの低統制といえよう。この場合，望ましいのは「関係動機型」であり，「課題動機型」の野村とはミスマッチになっている。暗黒時代から抜け出せなかったばかりか，3年連続最下位に沈んだのも肯けよう。

　さて，野村の次に阪神の監督に就任したのが星野仙一である。野村時代は区分Ⅷの低統制であったが，星野時代にはチームそのものに変化が生じている。「業績不振でいつまでも活性化しない会社が使えない社員，働けない社員を抱えて，いつまでも報酬を支払い続けている。こんなバカな話があるだろうか」（星野 2003：116）と，大規模な人員整理を行っているが，その背景にはフロントの変化がある。ぬるま湯体質から脱するために，やる気のなかったフロントの協力を取りつけ積極的な補強を行い，就任2年目には27名を入れかえるなど強い地位力を獲得している（野﨑 2011：159-167）。課題構造度が高いかどうかの判断は難しいが，競争原理と，期待に応えられない選手は解雇されるという緊張感をつくりだしているため，野村時代よりは向上していると考えるのが自然だろう。ただし，星野自身が「オーダー，ローテーション，作戦，戦術，練習プラン，コンディションを含めた管理，ゲームの選手査定，コーチ会議，ミ

ーティング。もう一切合切丸投げだ」（星野 2003：174）と述べているように，星野は徹底した「課題動機型」というわけではない（筆者は星野を PM 理論における pM 型と認識しているが，P 機能はコーチが発揮していたといえる）。むしろ，「トレードに関して，出された選手が星野をうらんでいるという話は，聞いたことがない」と評されるように「関係動機型」であり，星野が巧みな人心掌握術で選手の心を掴んだエピソードには事欠かず，阪神でも成功をおさめている（島村 2004：89-99）。この状況は，区分Ⅰ（課題構造度が高い），あるいは区分Ⅲ（課題構造度が低い）の高統制と言える。フィードラーのモデルにしたがえば，野村時代の区分Ⅷの低統制でも，「関係動機型」の星野は適任だったと考えられるが，星野はまず，より好成績を収めやすい高統制にチームを移行させたのである。高統制状況で適切なリーダーシップは星野のような人心掌握術に長けた「関係動機型」であり，阪神は星野就任 2 年目にリーグ優勝を遂げている。

　後年，東北楽天ゴールデンイーグルスにおいて，似たようなパターンが生じている。ここでも相性の悪い区分Ⅷの低統制状況で監督に就任した「課題動機型」の野村は，就任からしばらくは低迷したものの，P 機能を徹底した結果，「選手たちが考えてプレーしていることが随所に見られるように」（野村 2017：137）なり，相性の良い区分Ⅵの中統制へと移行した 4 年目に，チームを 2 位に躍進させている（リーダー／成員関係については，評価がわかれるかもしれない）。野村がフロントとの不和で解雇され，その 2 シーズン後に就任した「関係動機型」の星野は，ここでもフロントとの関係改善による地位力強化，人心掌握術による M 機能の強化を行うことにより，相性のよい区分Ⅰ，あるいは区分Ⅲの高統制へと移行させ，チームを初優勝に導いている。

> ── みんなで考えよう ──
>
> 　まず，①「勝利のために自分の知識や経験を与え，それを選手が忠実に実践するよう指導すべき」という見解と，②「教育的観点から，選手の自主性を重んじて練習も試合も選手主体で行わせるべき」という見解について，それぞれどのようなメリットとデメリッ

トがあるかを考えて簡潔にまとめよう。そして，どちらの見解を支持するか，みんなで意見交換してみよう。

5　リーダーを演じる難しさ

　本章で紹介してきたリーダーシップ PM 論や条件即応モデルが示したのは，「自主性を尊重した方がよいのか，規律を重視した方がよいのか」という問題設定への疑問であり，問題設定そのものの変更を迫るものであった。

　リーダーシップ PM 論は，自主性と規律は二者択一式ではなく両立可能であり，両立できるリーダーをベストとする。そして，1 人では両立できないとしても，複数の指導者によって両立できる可能性を示唆している。

　条件即応モデルは，重要なのは自主性と規律の二者択一ではなく，その集団のもつ様々な条件にあるとする。必要とされるリーダーシップは集団の条件に左右されるということは，その条件が変われば，それまでは適格だった指導者が不適格になるという事態も生じうるのである。

　以上から，自主性を重んじるとチームは強くなるのか，と問われれば，強くなることもあるだろうが，それはチームの特徴やおかれた状況によって大きく違ってくるといえる。つまり，指導者が臨機応変に自らの役割を変える必要があることになる（あるいは，チームの状況そのものを変える必要がある）。

　しかし，選手時代に成功体験のある指導者ほど，その体験に引きずられ，自身の指導者だった人物の指導スタイルを理想として模倣する傾向がある。あるいは，自身の経験を追体験させるかのように，同じような技術を習得するよう選手に求めがちである。それでも選手が上達せず，チームが強くならないと，問題は成功体験のある自分の指導方法にではなく，選手達の取り組みにあると錯覚し，いっそう規律一辺倒になるという悪循環に陥ってしまう。かといって自主性一辺倒は単なる放任であり，それは指導者としての役割の放棄に他ならない。そのような部活動は，もはや勝利という面でも教育という面でも機能集

団とはいえないだろう。このような事態を回避するためにも，リーダーシップ
PM論や条件即応モデルから得られた知見は重要である。

　ではこれらの知見をふまえておけば，どんなチームであっても指導者として
適切なリーダーシップを発揮できるのだろうか。残念ながら，そう簡単なこと
ではない。普段は自主性を重んじ人間関係に配慮している指導者が，急に鬼軍
曹を演じようにも，そう簡単にキャラクターを変えることはできないだろう。
また，普段は選手に憎まれようと何でも口出しをしている指導者が，チームの
人間関係に配慮したり，選手自身に問題解決を委ねようと口出しを我慢するの
も容易ではないだろう。

　どのような集団でも通用する理想的なリーダーは存在しない。集団の特徴に
応じて望ましいリーダー像は存在するが，自分がそのようなリーダーを演じら
れるとも限らないのである。「人には向いているチームと向いていないチーム
があるのだな」（野村 2017：84）という野村の言葉には，なんともいえない重
みがある。

深めよう

①　運動部活動にも，勝利を義務づけられている部活動もあれば，
　　楽しむことを主眼としている部活動もある。また，運動部活
　　動の他にも，教育の一環として位置づけられない実業団スポ
　　ーツ集団や，スポーツを生業としている人々からなるプロス
　　ポーツ集団もある。このような集団の特徴の違いによって，
　　「自主性」と「規律」はどのように配分したらよいか，さら
　　に考えてみよう。

②　フィードラーの条件即応モデルを用いて，実在するプロスポ
　　ーツ集団や政党の状況統制力を自分なりに測定してみよう。
　　そして，それらの集団のリーダーが望ましいリーダーシップ
　　を発揮できているかどうか，実績を残しているかを検証して
　　みよう。

参考文献

公益社団法人日本アメリカンフットボール協会（2017）『2017～2018アメリカンフットボール公式規則・公式規則解説書』。

島村俊治（2004）『星野仙一——決断のリーダー論』ゴマブックス株式会社。

下竹亮志（2019）「運動部活動における『指導者言説』の歴史社会学序説」『スポーツ社会学研究』27-1，60-73。

蔦文也（1983）『攻めダルマの教育論——蔦流・若者の鍛え方』ごま書房。

野﨑勝義（2011）『ダメ虎を変えた！——ぬるま湯組織に挑んだ，反骨の11年』朝日新聞出版。

野村克也（2008）『あぁ，阪神タイガース——負ける理由，勝つ理由』KADOKAWA。

―――（2013）『リーダー論——覚悟を持って道を示せ』大和書房。

―――（2017）『愛とボヤキの平成プロ野球史』KADOKAWA。

―――（2018）『野村四録指導の書——リーダーの条件』セブン＆アイ出版。

フィードラー，フレッドE.，山田雄一監訳（1970）『新しい管理者像の研究』産業能率短期大学出版部。

フィードラー，フレッドE.，マーティンM.チェマーズ，リンダ・マハー，吉田哲子訳（1978）『リーダー・マッチ理論によるリーダーシップ教科書』プレジデント社。

福岡県立大学ジェンダー・フリー研究会（2005）「大学生のスポーツ・価値観に関する調査」。

古田敦也（2009）『「優柔決断」のすすめ』PHP研究所。

星野仙一（2003）『夢——命を懸けたV達成への647日』角川書店。

―――（2007）『星野流』世界文化社。

三隅二不二（1966）『新しいリーダーシップ——集団指導の行動科学』ダイヤモンド社。

―――（1986）『リーダーシップの科学——指導力の科学的診断法』講談社。

ミヘルス，ロベルト，広瀬英彦訳（1975）『政党政治の社会学』ダイヤモンド社。

森康司（2019）「なぜ〈体育会系〉は就活で人気なのか」友枝敏雄・山田真茂留・平野孝典編著『社会学で描く現代社会のスケッチ』株式会社みらい。

森川貞夫（2013）「日本的集団主義と学校運動部——不祥事の温床としての運動部を問う」『現代スポーツ評論』28，75-83。

森下伸也（1998）『パラドックスの社会学（パワーアップ版）』新曜社。

山口良治（1981）『俺がやらねば誰がやる——高校ラグビー日本一監督熱血教育論』講談社。

推薦図書

中澤篤史（2014）『運動部活動の戦後と現在——なぜスポーツは学校教育に結びつけられるのか』青弓社。
　＊運動部活動が教育の一環として位置づけられるのは一見当たり前のようで，実は日本的な特徴であることを指摘した1冊。
ロビンス，スティーブンP.，髙木晴夫訳（2009）『組織行動のマネジメント——入門から実践へ』ダイヤモンド社。
　＊フィードラーの条件即応モデルの特徴と課題をわかりやすく解説しているのみならず，組織論全般についてまとめられた1冊。
東海林祐子（2013）『コーチングのジレンマ』ブックハウス・エイチディ。
　＊選手とコーチ間のみならず，選手間，コーチングスタッフ間で生じるジレンマとその解消のための取り組みを，具体例をあげて説明している。

（森　康司）

第12章
災害時になぜデマが駆け巡るのか

───── この章で学ぶこと ─────

　本章では「流言」とは何か，災害時の流言の例と流言に関する研究を概観する。さらに，情報社会で災害等緊急時に流言に関して生じる根本的なジレンマを問う。現代の流言は，インターネットとスマートフォンでつながるがゆえに，個々人の生きる環境や人間関係といった社会的文脈を共有できない他者の間で即座に広がる。情報社会における流言を理解するには，「社会的つながりの維持か，『正しい』情報拡散と共有か」というジレンマと向き合う必要がある。

キーワード：流言，メディア，社会的つながり，情報社会

───── この章の問い ─────

　大きな地震発生後，あなたのSNSに，いま被災地にいる空き巣犯だという男の画像つきメッセージが送られてきた。文面には「被災者への注意喚起のため，画像の拡散希望」と書かれていました。あなたはそのメッセージを拡散しますか？

1　流言を前に問われるべきこと

　読者の方々には，まず上記の問いについて考えていただきたい。これは2016（平成28）年4月に発生した熊本地震から数日後に起こった，筆者の実体験をもとに作成した問いである。緊急時にこのような真偽不明の情報，いわゆる「流言」が自分のもとに届いたとき，あなたならばどうするだろうか。

　どのような選択をするにせよ，あなたは送られてきた情報が「デマである」

という疑いがまず頭をよぎるだろう。そして「デマ」であるならば，この情報を拡散させないように「動く」という選択が「正しい」と考えるだろう。しかし，このときあなたが被災者であり，空き巣犯が出没するという場所が自宅の近くであったら？　メッセージの送り主があなたと頻繁に連絡を取り合う友人であったら？　その被災地に家族が住んでいたら？「空き巣犯」ではなく「強姦魔」と書かれていたら？「正しい」選択をすることができるだろうか。この問いを前に「自分ならばどうするか」と考えた後に，さらに掘り下げて考えていただきたい。あなたは「自分がどんな状況にいると想定していたか」を。

流言を前に動くためには

　本章では，流言をめぐる問題に向かい合うために，まずは「流言」とは何か，具体例と研究例を概観する。そのうえで，われわれが特に災害時において流言を前にして立たされるジレンマについて，その背景にある現代の情報社会という観点から考えてみたい。結論からいえば，流言は批判性のない個人が広めるのではなく，個人にとっての合理的選択の結果として広まるという側面が強い。インターネット上で流言が広がるとき，流言を送る者と受け取る者が各々合理的選択をした際，それぞれがどのような環境に生き，どのような人間関係を形成していたのかという社会的文脈を共有することが困難な状況が，情報社会においては前提であることを認識しなければならない。

　調べてみよう

　　地震などの災害時，日本で発生した流言の具体例を調べてみよう。

2　流言とは何か

流言の定義

前節では真偽不明の情報を「デマ」と呼んだ。しかし真偽不明の情報を指す

言葉には「うわさ」「流言」「都市伝説」などがあり，われわれは普段これらをあまり区別していない。「デマ」は「デマゴギズム」（Demagogism）が語源であり，もともとは政治家が政治的な対立者を誹謗中傷するために故意に流す虚偽の情報を指す言葉である。われわれは対象となる情報が「間違いである」と判断したとき，その情報を「デマ」と呼ぶことが多い。しかし通常「デマ」と呼ばれる情報は，拡散する時点では真偽不明であることがほとんどである。大前提として，これらは「誤った情報」ではなく「真偽不明の情報」として考える必要がある。よって本文では，基本的に真偽不明の情報を「流言」と呼ぶことにしたい。

　「流言」の言葉の定義については，研究者の間でも意見が分かれている。人を伝って広がるという共通点から「デマ」「うわさ」と「流言」を区別しない者もいれば，情報の内容や伝播範囲を基準として「流言」を他と区別すべきと主張する者もいる。様々な意見があるなかで，本文では「流言」の定義として，早川洋行の「コミュニケーションの連鎖のなかで短期間に大量に発生した，ほぼ同一内容の言説」（早川 2002：18）を用いることにしたい。定義のポイントは①情報の内容の真偽で定義しない，②発生状況が日常か緊急時かで区別しない，③人々の口伝えかメディアを媒介したものかで定義しない，という3点である。

災害時の流言

　災害流言の古くからの代表例は，1923（大正12）年9月に発生した関東大震災で生じた「朝鮮人が暴動を起こした」である。朝鮮籍の人々に関わる流言は当時新聞に複数取り上げられており，有名な「朝鮮人が井戸に毒を投げ入れた」という流言もその1つであった。これらの流言がきっかけとなり，警察や軍隊，さらには被災地で組織された自警団などによって，朝鮮籍の人だけでなく「朝鮮人」であると間違われた中国人や日本人が多数暴行・殺害された。犠牲者の数は諸説あるが，政治学者吉野作造の論文「朝鮮人虐殺事件」には，「朝鮮罹災同胞慰問班」の調査の結果，その年の10月末までに2,613人が犠牲に

なったと記されている（姜・琴 1963：360-362）。

　1995（平成7）年1月に発生した阪神淡路大震災でも，大地震の予兆としての超常現象，余震，窃盗や放火，マス・メディアの被災地取材態度など，様々な流言が発生した。また，後に「ボランティア元年」と呼ばれるように，阪神淡路大震災をきっかけにボランティア活動が日本に定着したとされている一方で，被災地ではボランティアの態度やボランティア団体の内部抗争などについての流言も発生している（NEWS WORK 阪神大震災取材チーム 1995）。

　2011（平成23）年3月に発生した東日本大震災では，Twitter や Facebook などの SNS 上で発信・拡散された膨大な量の流言が問題視された。荻上チキはそれらを整理し，「注意喚起として広がる流言・デマ」「救援を促すための流言・デマ」「救援を誇張する流言・デマ」「その他の流言・デマ」に分類した（荻上 2011：19）。それぞれの例としては，コスモ石油火災に関する「有害物質の雨が降る」というツイート，偽の SOS 情報，「トルコが日本に100億円の援助をした」という情報，海外での地震や原発事故に関する流言があげられる。

　熊本地震でも，SNS 上で「動物園からライオンが逃げ出した」「川内原発で火災が発生」「ショッピングモールで火災が発生した」といった被害を誇張する流言が生じた（荻上 2016a）。その他余震や外国人による犯罪，窃盗や強姦に関する流言など，それ以前の震災時と共通の流言も発生した。

　断水や電力供給の停止など，地震による被害拡大に対する不安を表出する流言や，余震など災害再来の流言は，2018年9月に発生した北海道胆振東部地震においても Twitter 上に出現，拡散した（福長 2019：54-62）。

　災害時に発生する流言は，パニックなど緊急時に冷静な判断を失った人々が無批判に情報を拡散することで起こるとしばしばイメージされるが，その判断は留保しなければならない。そもそも震災時にパニックが発生した例はごくわずかである。また余震や犯罪に関するものは，被災者であれば現状を把握し，自分や家族の安全を確保するために優先的に得たい情報である。NHK 放送文化研究所の調査によると，熊本地震において大きな被害を受けた被災地4市町村（熊本市，益城町，西原村，南阿蘇村）の住民にとって，地震発生から1カ月程

度の間で必要だった情報の上位には4市町村すべてで「地震の見通し」と「安全確保」、益城町と西原村で「防犯」に関するものがあげられている（入江 2017：22）。それを予想するからこそ、被災者以外の人間は善意としてその情報を伝えようとするのではないだろうか。関東大震災時の自警団による朝鮮籍の人々への迫害でさえ、自警団組織の目的は地震で生活基盤が破壊され、軍や政府の支援が十分ではない状況下で「自分たちの身は自分たちで守る」ことであり、それ自体は合理的な判断であるといえる。このように、流言は個人、集団の合理的な選択や善意によっても起こりうることを念頭におかなければならない。

> ―― 調べてみよう ――
> 　日常生活で発生する流言と災害流言とを比較し、その共通点を調べてみよう。

心理学における流言研究

　心理学における流言研究の古典の1つとして位置づけられるのが、G. W. オルポートとL. ポストマンの『デマの心理学』（1947）である。邦題や本文中の訳には「デマ」が使用されているが、原題は The Psychology of Rumor であることや、人から人へ伝えられる点に着目した定義の仕方から、rumor をそのまま「流言」と訳す研究者もいる（三隅 1991：30）。

　この著作において、R～i×a という流言伝播の公式が提示された。この公式は、流言の流布量（Rumor）は当事者に対する問題の重要さ（importance）とその論題についての証拠のあいまいさ（ambiguity）との積に比例するという意味である。つまり、流言は問題の重要さと証拠のあいまいさが揃ってはじめて広がるという基本法則が示されている。

　また、彼らは伝言ゲーム式の実験によって、情報が人から人へと伝わる過程でどのように変化するかを分析した。実験結果によると、情報変化の傾向は、説明の細部が抜け落ちて短くなり、単純化していく「平均化」、平均化の裏返しとして残された部分に重要さが与えられる「強調」、情報を伝える人々の関

心や意識，偏見などに情報の内容が整合的に変化する「同化」に分類された（オルポート，ポストマン　1947＝1952：160-163）。この結果は緊急時に限らず，われわれが日常的に情報を得て，記憶し，他者に伝えるなかでいかに情報に「歪み」が生じるかを示していた。

社会学における流言研究

　流言を拡散する人間の心理的メカニズムや情報の「歪み」に重点を置いた心理学的分析に対し，社会学の立場から流言を論じた古典としてあげられるのが，タモツ・シブタニの『流言と社会』(1966) である。社会学の分野では，流言は主に「人間の集団における比較的組織化されていない社会的相互作用のパターン」（ペリー，ピュー　1978＝1983：13）を扱う集合行動論の分野において研究が蓄積されてきた。『流言と社会』もそのうちの１つである。

　シブタニは情報が正確かどうかは後々確かめられるものであり，人々は情報の正確さよりも信頼性に基づいて行為するとしたうえで，流言を「あいまいな状況にともに巻き込まれた人々が，自分たちの知識を寄せあつめることによって，その状況についての有意味な解釈を行なおうとするコミュニケーション」（シブタニ　1966＝1985：34）であると定義した。災害や戦争などの緊急時において，政府による公式発表やマス・メディアなど制度的なチャンネルを通じて人々が得られるニュースは，ところどころ矛盾するあるいは十分ではない場合が少なくない。そのような状況下で，人々は自分たちのおかれた状況を定義しようと話し合い，自分のもつ情報と得られた情報とを比較，評価していく。その過程である情報に自分なりの解釈を付け加え，あるいは「○○がいっていた」と，信頼できそうな権威を持つ人物を引き合いに出すなど情報は変化し，信頼される「もっともらしさ」を獲得し，非公式の「ニュース」として人々に定着していくのである。シブタニはこのような人々のコミュニケーション過程を経て流言が形成されるとし，流言は「病理現象ではなく，新しい環境に対処する際に人々がいっそう適切な方法を発達させていく過程の不可欠な要素」（シブタニ　1966＝1985：260）と考えた。

　日本における流言の社会学的研究としては，『デマの心理学』以前に書かれた，清水幾太郎の『流言蜚語』（1937＝2011）があげられる。この著作は，清水自身の関東大震災での経験をもとに，流言の構造およびそれらが生じる社会状況を分析したものである。清水によると，人々はaとcという別々の事実を知っており，なおかつaとcを並べると何らかの矛盾が生じるとき，aとcを結びつけるためのbを作り上げたうえで，a–b–cという総体で事態を把握しており，このbが流言であるとした。理解のための情報の欠如とそれを埋めるための流言形成という点はシブタニとも共通している。

　この著作が書かれた1937年は2.26事件の翌年であり，政府による言論統制が，マス・メディアの報道への検閲などを通じて強まってきた時期であった。そのため清水は，流言と多数の社会成員に共通の意見としての「世論」との関係を議論する。例えば言論統制によって「私は中国との戦争には反対だ」という意見が表立って表現できないとき，その意見によって導かれる状態を表す流言として「日本と中国が和睦した」と語られる。語られるなかで，「日本と中国が和睦したという話である」「日本と中国が和睦したそうだ」といった，流言に典型的にみられる言葉の形式へと変化していく。このように，清水は流言を言論統制下におけるマス・メディアの報道に相対する，潜在的な世論表出の一形態として位置づけた。

　またこれらの著作では取り上げられていないが，都市伝説も流言と分かちがたく結びついており，社会学においてそれらを包括的に研究すべきという意見もある（松田 1993）。

　以上のように，社会学において流言は異常なものであるとはみなされず，人間の社会であれば必ず生じるものとして研究されてきたことがわかる。

災害時の流言に関する研究

　災害時の流言を中心に論じた著作としては，廣井脩の『流言とデマの社会学』（2001）があげられる。廣井は災害流言のタイプを大きく2つに分類する。1つは災害の被害が壊滅的で，今まであった社会組織や社会的規範が一時的に

消滅した状況で発生する，日常のコミュニケーション・ネットワークを超えて爆発的に広がり，人々を極端な行動に駆り立て，消滅するスピードの速い「噴出流言」である。もう1つは「噴出流言」とは対照的に災害の被害が比較的軽微であり，社会組織や社会的規範が残っている状況で発生する，日常のコミュニケーション・ネットワーク内で広がり，人々を非合理的行動に駆り立てることはほとんどなく，スピードは遅いが比較的長期間持続する「浸透流言」である。

　一般的に災害時の流言は「噴出流言」がイメージされるが，廣井は災害時の流言で圧倒的に多いのは「浸透流言」であり，「噴出流言」はごく少数であることを念頭に置く必要があると主張する。さらに「浸透流言」のなかには，「〇月〇日に大地震が起こる」という地震再来の流言のように，ほとんど同じ内容が時期をへだててくりかえし出現する「潜水流言」もあるとした。この廣井の定義は，他の社会学における流言研究と同様，災害時の流言の大半はわれわれの日常で起こるものであり，なおかつ繰り返し起こりうるものであるという認識を念頭におかなければならないことを示している。

流言とメディアの関係

　これまで述べてきた研究は，主に「流言はどのように発生するか」，いわば流言発生のメカニズムに焦点を当てたものである。このとき，「流言は何を通じて拡散するか」という問いはメカニズムの解明というプロセスのなかに包摂され，表立って主題化されることはなかった。しかし流言研究のなかには，この問いを主題としたものも一定数蓄積されてきている。この場合「何を通じて」の「何」には，人々の発する言葉というメディアだけでなく，マス・メディアやSNSなど，様々なメディアが含まれる。流言とメディアとの関係の分析もまた，「流言とは何か」を考えるうえで欠かせないことである。

　前述した『デマの心理学』や『流言と社会』において，流言は口伝えで発生し，広がるという認識が前提であった。しかしその時代や社会環境によっては，口伝え以外にメディアが流言に関わる例も多い。1969年フランスの都市オルレ

アンで発生した，「ユダヤ人の経営する婦人服店の試着室で女性が誘拐される」
という流言を調査したE. モランの『オルレアンのうわさ』（1969＝1973）によ
ると，この流言は当初フランス全土で発行されていた雑誌の女性誘拐に関する
事件記事がきっかけとなり，女子高生の間で広まり，マス・メディアを介さず
に事務員など他の若い女性集団，学生から両親，学生から教師，そして男性集
団へと広まったとされている。その後ユダヤ人団体や反人種主義団体らが声を
上げ，この流言を否定する記事が地方紙から全国紙へと広まったことで鎮静化
した。このように，「オルレアンのうわさ」の拡大は人々の口伝えによるもの
だが，流言の発生と鎮静化にはマス・メディアが大きく関わっていた。

　また，フランスの社会学者J. N. カプフェレは『うわさ──もっとも古いメ
ディア』（1987）において，うわさを「もっとも古くからあるマス・メディア」
（カプフェレ 1987＝1988：5）と定義した。カプフェレは人々の口伝えも，言葉を
介して情報を伝播するという点でメディアの一種と考えたのである。そのうえ
で，うわさはマス・メディアなど制度化されたメディアの代替物ではなく，マ
ス・メディアとは別の現実を描くメディアとして共存していると主張し，うわ
さはマス・メディアに媒介されることによって，伝播と消滅速度が加速し，信
頼できる情報として権威づけられるとした。『オルレアンのうわさ』では流言
を鎮静化させるものであったが，カプフェレはそれだけでなく，流言を拡散す
るものとしてマス・メディアをとらえている。

　松田美佐は『うわさとは何か』（2014）において，『デマの心理学』『流言と
社会』『流言蜚語』といった従来の流言研究の問題点として，「公式発表やマ
ス・メディアの対極にある情報」として流言を位置づけていること，噂を伝え
る媒体＝メディアの役割についての考察が欠けていることをあげている（松田
2014：66）。松田は都市伝説と流言との連続性，さらにはメディアをただ情報伝
播の経路とは考えず，メディアの変化によっても流言が変化すると考えるべき
であると主張している。そのうえで，1980年から90年代にかけて，日本では雑
誌やラジオ，テレビが都市伝説ブームを支え，インターネット普及に伴ってメ
ールやSNS上にも流言が出現するようになり，今日の流言は様々なメディア

を媒介して広がるメディア・ミックス型であると指摘している（松田 2014：
194-196）。さらに現代の流言の特徴として，メディア・ミックス型であるから
こそ様々なメディアに記録，保存されることで，検証や最初の発信者の特定が
それ以前よりも容易になったことをあげている。

　無論，流言は人間の発する言葉というメディアがなければ発生しない。しか
しこれまでみてきたように，流言の拡散にはテレビなどのマス・メディア，さ
らにはSNSなどインターネットを通じた個人メディアが大きく関わっていた。
流言とこれらのメディアは切っても切り離せない関係であるといえる。

　さらに近年のSNS上に拡散する流言に関していえば，個人で虚偽の情報に
対して批判をしたり，打ち消し情報を拡散したり，ルールに違反するものとし
てSNS運営会社に報告したりするなど，流言の鎮静化はマス・メディアのみ
ではなく，メディアをもつ個人も同様に担っているといえる。拡散と打ち消し
の両方において，流言とメディアは個人単位でますます結びつきを強めている。

────── みんなで考えよう ──────

　災害時に知人から真偽不明の情報が送られてきたとき，あなたな
らばどのように動くか。次の選択肢から選び，その意義についてグ
ループで話し合おう。
　　①　情報の真偽を，インターネットを使って調べたうえで拡散す
　　　　るかどうかを自分で判断する。
　　②　他の知り合いと連絡をとり，拡散するかどうかを相談する。
　　③　情報の真偽を確かめるために，流言の対象となる施設や専門
　　　　機関に連絡する。

3　情報社会と流言

おかれた状況とジレンマ

現代における流言とその背景にある社会状況との関係について考えるため，

あらためて冒頭の問いに立ち戻りたい。

　筆者とメッセージの送り主（以降 A）はどちらも熊本県出身であり，大学時代は先輩後輩の間柄であった。筆者は当時福岡県に住んでおり，メッセージを受け取った時点で実家と家族に被害がないことは確認済みだったが，A の被害状況は不明であった。メッセージの文面から，A は他の誰かから送られたものを拡散したのだと想像した。筆者はその時「災害時はこのようなデマが回りやすい」ことを思い出し，そのメッセージを自ら拡散しなかった。しかしその場で「これはデマなのではないか」と A にメッセージを送ることはできなかった。

　後日調べた結果，やはり送られてきた情報は間違いであり，A は直接地震被害を受けていないことはわかったが，拡散した情報がデマであったと伝えることもできなかった。送られてきた情報を100％本当だと信じて拡散したわけではないとしても，A は善意で拡散したのだと考えたからだ。さらに間違いを指摘することで，「善意を否定していると誤解されるかもしれない」というある種の恐怖を感じたことを記憶している。筆者はこの当時，流言を自分から拡散しないように「動いた」が，同時に A との関係性が壊れることを恐れ，A がこれ以上流言を拡散するのを防ぐようには「動けなかった」のである。

　熊本地震の被災者が「必要だった情報」については前述した通りだが，「地震の見通し」以外にも「ライフラインの復旧見通し」や「生活物資の配布場所や時間」といった，「必要だった情報」の上位にあがるものは，「手に入りにくかった情報」でも上位であった（入江 2017：22）。また藤代裕之らの調査によると，2016年 4 月12日から20日までに投稿された「熊本　地震」を含むツイートのうち，九州沖縄で投稿されたものは10％程度であるのに対し，関東は約半数を占めていた（藤代・松下・小笠原 2018：54）。16日未明の地震によって各携帯電話会社基地局の多くが停波したため，スマートフォンやインターネットが使えない人々が存在したことも考慮すべきだが，被災者にとっては手に入れたい情報ほど手に入らない状況下で，SNS を頼みに検索してもその多くは被災地以外から投稿される情報であった。災害時に立たされる社会的状況はそれぞ

れ複雑であり，被災者と筆者にとってジレンマの要因にもなっていた。

情報社会

このような複雑な社会的文脈は，流言の拡散とともに他者に伝わるわけではない。むしろ逆で，現代の情報社会において情報が他者に伝達する際，個人の社会的文脈は捨象されてしまう。

「情報社会」という言葉が使われはじめたのは1960年代であるが，それはテレビというマス・メディアの発達を前提としていた。現代の情報社会で前提となるのは，コンピュータ同士が接続されたインターネットというインフラとスマートフォンというデバイスである。インターネットという基盤とデジタル技術によって，コンピュータだけでなく従来のマス・メディアもそのネットワークに接続，統合され，スマートフォンがあれば新聞やテレビ，さらには動画や音楽，SNS も利用できるという状況が今や当たり前となった。平成30年には日本の世帯におけるスマートフォン保有割合が約 8 割となり，13歳から59歳までの各年齢層におけるインターネット利用が 9 割を超えている（総務省 2019：1-5）。さらにインターネット利用者の 6 割が SNS 利用者であり，そのうち87.4％が「従来からの知人とのコミュニケーションのため」，57.4％が「知りたいことについて情報を探すため」に SNS を利用している（総務省 2019：9）。

「従来からの知人とのコミュニケーションのため」に SNS を利用する割合が大きいということは，多くの人々が家族や友人との社会的なつながりをインターネット上にも構築しているということである。互いの情報は SNS を通じて共有され，そこで交わされる他愛のない話，それに付随する感情の表明といったコミュニケーションは決してバーチャルなものではなく，本人たちにとっては紛れもなく現実の一部である。どの程度の情報が公開されるかは利用するアプリの機能やサービスによって異なるが，アクセス可能な範囲であれば際限なく「知りたいことについての情報を探す」ことが可能なインターネット上で，多くの人々は意図した相手との限定的な情報共有とコミュニケーションを志向している。この構造が今や自明となったのが現代の情報社会である。

　そんななかで見落とされがちなのは，われわれはインターネット上に社会的つながりを構築したからといって，決して互いの生きる社会的文脈を全て共有することはできないということ，そしてSNS上で交わされたコミュニケーションは，他者にとって断片的な情報としかなり得ないということである。

情報社会のジレンマ

　インターネット上に自身の社会的つながりを構築しても，そこで交わされる内容が既知の相手のみに，かつ自分の意図通りに伝わるとは限らない。スマートフォンを通じてインターネットを利用する以上，そこに記録される情報は公開され，見知らぬ他者の目に届く可能性がある。さらに，自分とコミュニケーション相手の関係性やメッセージを交わした時の状況などといった社会的文脈が共有されないまま，情報を他者に解釈される可能性は高い。われわれ自身も同様に他者の社会的文脈を把握できないまま，情報を解釈することになる。そんな情報社会のなかで，災害時に真偽不明の情報が回ってきたらどうなるのか。

　少なくとも真偽を確かめるためには，現地状況に関する詳しい情報，言うなれば現地の社会的文脈に関する情報が必要である。しかしそのためにSNSやインターネットを利用しても，そのような情報が手に入る可能性は限りなく低いと言わざるを得ない。情報量が個人では処理できないほど増加しているということだけでなく，その多くが，もともとはわれわれ個人がそれぞれの社会的つながりのなかで交わしたメッセージであり，それらがSNS上に記録されることで，当人の社会的つながりよりもはるかに多くの人間の目に触れる可能性をもつに至った情報だからである。そのなかでいくら個人が「知りたいことについての情報を探すため」にSNSを利用して情報収集しても，その情報が発せられた社会的文脈が共有できないため，情報は断片的にならざるをえず，結果として状況を把握することができない多数へと拡散されることになる。シブタニや清水の見解にしたがえば，われわれはその断片的な情報の間を埋めるため，流言を生み出すのである。災害などの緊急時では，このような現代の情報社会の構造上の問題が顕在化する。

　現代において災害時に真偽不明の情報を得た者が抱えるジレンマは，端的には「個人の社会的つながりの維持か，『正しい』情報拡散と共有か」といえるだろう。現代において，われわれは災害などの緊急時，たやすくこのジレンマに陥ることを知っておかなければならない。緊急時に「動く」ためには，正確な情報の共有は不可欠である。しかしわれわれは「正しい情報を発信・共有する」ために，「家族に危険を知らせる」「友人との仲を維持する」「大切な人間の不安を和らげる」ことを放棄できるだろうか。たとえ真偽不明の情報であっても，伝えることでこれらの目的を達成できるのであれば，それは相手のためでもあり，社会的つながりを維持するという意味においては自分のためでもある合理的選択といえる。その点においては「正しい」が，それが流言を広めてしまう要因の1つとなる。

　無論，被災地へマス・メディアが特定の情報を発信できない，あるいはしない状況下で，インターネットを通じて情報を配信するなど，個人による情報発信が災害時にプラスに作用する例もある。しかし，その負の側面は軽視されるべきではない。SNSで拡散する以上，他者が発信者のおかれた状況や社会的文脈を無視して情報を解釈することは避けられない。他者は拡散された流言を断片的な情報の1つとして，それぞれのもつ社会的つながりや文脈のうえでその流言についての判断を下す。個人にとっては社会的つながりを維持する意味で「正しい」としても，不特定の他者には流言を拡散した時点で「誤っている」とみなされる。それは「〜らしい」という個人での真偽の判断を留保した情報でも，「怖い」「不安だ」といった単なる感情の表明でも同様である。個々人の合理的選択の連鎖が，流言を拡散させると同時に，その選択によって交わされたメッセージがさらに断片的な情報となり，他者の目に触れ，真偽不明のまままた新たな流言が発生する，という悪循環を生んでしまうのである。

　かといって個人が流言を前に「動かない」，つまり真偽不明の情報を拡散しないという選択をしても，流言が即座に止まる可能性は低い。また，検証や発信者の特定が可能となったとはいえ，真偽が確認された例はいまだに少ない。藤代らは熊本地震後に拡散した「助けてほしい」という救助を求める内容で多

くリツイートされた上位10ツイートのうちいくつかを現地で真偽確認を行っているが，どれも確証は得られていない（藤代・松下・小笠原 2018：57）。情報の真偽を個人のみで確かめることはほぼ不可能である。

　一方で，「リツイートであれば内容を変えていないから，拡散しても自分に罪はない」と開き直ることも得策ではないだろう。これは，リツイートがツイートに賛同する表現行為であり，そのツイートが真実だという根拠のない，かつ特定の人物を貶める内容であれば，名誉毀損にあたると裁判において判断された例（米田 2019）が実際に存在する，という理由だけで述べているのではない。そのリツイートをフォロワーないし親しい友人や家族が見れば，誰かの「拡散希望」がリツイートした個人の「拡散希望」として受け取られる可能性も増してしまう。誰でも情報を発信できるようになったからこそ，「誰が送り，誰に届くか」が，拡散に大きく関わる。それが情報社会における流言である。

4　ジレンマと向き合うために

　情報社会における流言に対し，われわれ個人がなすべきことは何か。多くの研究者に共通しているのは，過去を知り，流言はいつでも生じるものであると知り，あいまいな情報への耐性を身に付けなければならないという意見である。

　佐藤卓己は『流言のメディア史』（2019）において，関東大震災や太平洋戦争，福島第一原発事故など，戦争や災害における流言とマス・メディアの結びつきの歴史を取り上げ，マス・メディアが流言の拡散とイメージ形成にどのように関わってきたかを分析している。しかし佐藤は「だからマス・メディアは批判されるべきだ」という結論には至っていない。それは容易に「マス・メディアで報道されない真実」という流言を生むからである。代わりに佐藤は，今も昔も流言において個人は「もっとも古くからあるマス・メディア」として機能しており，1人1人が情報発信への責任を引き受け，「あいまい情報に耐える力」をメディア・リテラシーとして身に付けることを求めている（佐藤 2019：286）。松田も流言の対策として，安易に結論を導くのではなく，「あいまいさ

に耐えつつ，長期的にあいまいさを低減させるために，様々な情報に継続的に接触していく必要性」（松田 2014：242）をあげている。荻上は過去にどのような流言があったか，具体例を知りその基本的なパターンを把握することが，個人流言への抵抗力を高め，流言の拡大を押さえると主張している（荻上 2011：17-19）。

　しかしこれまで見てきたように，情報社会において捨象される個々の社会的文脈が，流言を拡散する要因となりうる。いくら過去の流言を知っていても，筆者が被災者であり，メッセージが家族から送られてきたならば，情報のあいまいさに耐えられず，拡散するという選択をしたかもしれない。本章冒頭の問いを通して考えてもらいたかったのは，「自分自身は今，どのような社会的つながりを持ち，どのような環境で生活しているのか」，そして「自らが災害時にはどのような状況に置かれる可能性があるのか」であった。ジレンマを前に「動けない」状況を乗り越えて動くために，まずはこれらを考え，そのうえでどのような流言が発生する可能性があるのかを把握する必要があるだろう。

深めよう

① 自分の住む地域の防災情報と，自分の社会的つながり（特に人間関係）に関する情報を整理しよう。

② 情報社会は，それ以前の社会とはどう異なるのか，文献を調べてまとめよう。

③ 現代において，流言はどのようなものとしてとらえるべきなのか。グループで話し合おう。

参考文献

入江さやか（2017）「被災地住民が求める「生活情報」とその発信──平成28年熊本地震被災地における世論調査から」NHK放送文化研究所『放送研究と調査』2017年9月号，12-31。

荻上チキ（2011）『検証 東日本大震災の流言・デマ』光文社。

オルポート，ゴードン・W.，レオ・ポストマン，南博訳（1952）『デマの心理学』岩

波書店。

カプフェレ，ジャン・N., 古田幸男訳（1988）『うわさ——もっとも古いメディア』法政大学出版局。

姜徳相・琴秉洞編（1963）『現代史資料6　関東大震災と朝鮮人』みすず書房。

佐藤卓己（2019）『流言のメディア史』岩波書店。

清水幾太郎（1937）『流言蜚語』日本評論社（2011年，筑摩書房）。

シブタニ，タモツ，広井脩・橋本良明・後藤将之訳（1985）『流言と社会』東京創元社。

東京大学新聞研究所編（1986）『災害と情報』東京大学出版会。

NEWS WORK 阪神大震災取材チーム（1995）『流言兵庫』碩文社。

早川洋行（2002）『流言の社会学——形式社会学からの接近』青弓社。

廣井脩（2001）『流言とデマの社会学』文藝春秋。

福長英彦（2019）「『北海道胆振東部地震』と流言の拡散—— SNS 時代の拡散抑制を考える」NHK 放送文化研究所『放送研究と調査』2019年2月号，48-70。

藤代裕之・松下光範・小笠原盛浩（2018）「大規模災害時におけるソーシャルメディアの活用——情報トリアージの適用可能性」『社会情報学』第6巻2号，49-63。

ブルンヴァン，ジャン・H., 大月隆寛・菅谷裕子・重信幸彦訳（1997）『消えるヒッチハイカー——都市の想像力のアメリカ　新装版』新宿書房。

ペリー，J. B., Jr., M. D. ピュー，三上俊治訳（1983）『集合行動論』東京創元社。

松田美佐（1993）「噂研究から噂を通じた研究へ—— A. Schutz の生活世界論の検討を通じて」『マス・コミュニケーション研究』No. 43，132-145。

―――（2014）『うわさとは何か——ネットで変容する「最も古いメディア」』中央公論新社。

三隅譲二（1991）「都市伝説——流言としての理論的一考察」『社会学評論 165』17-31。

モラン，エドガール，杉山光信訳（1973）『オルレアンのうわさ——女性誘拐のうわさとその神話作用』みすず書房。

参考ウェブページ

荻上チキ a（2016）「熊本地震に関する流言のまとめ，簡易版」『荻上式 BLOG』（http://seijotcp.hatenablog.com/entry/20160418/p1　最終閲覧日2019年8月30日）。

―――b（2016）「熊本地震に関する流言のまとめ・その2」『荻上式 BLOG』（http://seijotcp.hatenablog.com/entry/20160423/p1　最終閲覧日2019年8月30日）。

―――c（2016）「熊本地震に関する流言のまとめ・その3」『荻上式 BLOG』（http://seijotcp.hatenablog.com/entry/20160517/p1　最終閲覧日2019年8月30日）。

神戸新聞 NEXT『データでみる阪神・淡路大震災』（https://www.kobe-np.co.jp/
　　rentoku/sinsai/graph/index.shtml　最終閲覧日2019年 8 月30日）。

総務省（2019）『平成30年通信利用動向調査』（http://www.soumu.go.jp/johotsusin
　　tokei/statistics/data/190531_1.pdf　最終閲覧日2019年 8 月30日）。

内閣府（2016）『平成28年（2016年）熊本県熊本地方を震源とする地震に係る被害状
　　況等について（第 3 報）』（http://www.bousai.go.jp/updates/h280414jishin/pdf/
　　h280414jishin_03.pdf　最終閲覧日2019年 8 月30日）。

HUFF POST 日本版（2016）『【熊本地震】熊本県警に「デマ通報」問い合わせ40件
　　「確認に時間が割かれる」と困惑』（https://www.huffingtonpost.jp/2016/04/22/
　　kumamotopolice_n_9755466.html　最終閲覧日2019年 8 月30日）。

米田優人（2019）「橋本氏批判の投稿，リツイートは名誉毀損　大阪地裁判決」『朝日新
　　聞デジタル』（https://www.asahi.com/articles/ASM9D4S3SM9DPTIL010.html?
　　iref=pc_ss_date　最終閲覧日2020年 1 月29日）。

〈推薦図書〉

佐藤卓己編（2016）『岩波講座 現代　第 9 巻　デジタル情報社会の未来』岩波書店。
　＊本文で言及した荻上氏をはじめ，各論者がそれぞれの関心のもと，情報社会の課
　　題と未来を多角的に分析した著作。

西垣通・伊藤守編著（2015）『よくわかる社会情報学』ミネルヴァ書房。
　＊情報技術，情報・社会システム，コミュニケーションなどに関する，情報社会を
　　理解するために必須の知識を概観できる初学者向けの著作。

廣井脩（1988）『うわさと誤報の社会心理』NHK ブックス。
　＊災害と流言の基礎的知識と関連性が，具体的事例をまじえて簡潔にまとめられて
　　いる。昭和の終わりの著作だが，情報社会における防災のあり方が，現代につな
　　がる視点で論じられている。

（松岡　智文）

第Ⅳ部

共生のジレンマ

　私たちは，かつてないスピードと規模のグローバル化社会に生きている。グローバル化がもたらす社会的多様性と，自由で平等な社会は，必ずしも両立しない。実は，このジレンマは今に始まったことではなく，人間社会が常に抱えてきたものである。社会的多様性は，自由と平等を求めて，人々が新たな社会のあり方を創造していく原動力になった。けれども一方でそれは，様々な集団間あるいは国家間で，排除と抑圧の暗い歴史を形作ってきた。そしてその歴史はしばしば隠蔽されてきた。このように諸刃の剣といえる多様性は，今日，これまでの歴史を織り込みながらグローバル化によって加速化している。そして，本書でこれまでみてきた生活，家族，組織の様々な局面で，多様なジレンマを私たちに突きつけている。これは個人的なジレンマにとどまらず，私たちがどういう社会をよきものとして選択していくかのジレンマでもある。ここではそれらを共生のジレンマとして解題しよう。

第 **13** 章
特定の集団への悪感情をどう考えるか

―― この章で学ぶこと ――

　ある属性をもつ特定の集団に対して，とっさに悪感情（ネガティブな感情）をもってしまうことはないだろうか。また，場合によっては，そういう悪感情をもってしまった自分への自己嫌悪感をもつこともあるかもしれない。本章では，特定の集団に対する悪感情について，3つの問いを通して考えてみたい。

キーワード：差別，偏見，接触仮説，社会モデル

―― この章の問い ――

　本章では以下の3つを問うてみたい。第1に，特定集団に対する悪感情をもつことは問題なのか？　第2に，悪感情はどのように生じるのか？　第3に，悪感情をなくすために何ができるのか？

1　悪感情をめぐる現状

理屈では抑えられない悪感情の存在

　特定の集団への悪感情をどう考えるか。この問いを設定したのは，特定の集団に対する忌避や恐怖や嫌悪感，あるいはそれと結びついた偏見（こうしたことを本章ではまとめて悪感情という）や，そこから生じる差別の問題を念頭においてのことである。

　現在，日本社会において，差別が問題であることは，ある程度共有されているだろう。例えば，2016年には，「本邦外出身者に対する不当な差別的言動の

解消に向けた取組の推進に関する法律」（ヘイトスピーチ解消法）が施行された。またやはり2016年には「障害を理由とする差別の解消の推進に関する法律」（障害者差別解消法）が施行されている。以上のように，民族性を異にする人々や障害者に対して差別を解消するための手立てが，法制度として整備されてきている。

　法制度の整備に加えて，人々の意識においても，差別がまだ今の日本社会に存在することと，そうした差別が問題であることがある程度共有されているといえるだろう。例えば，内閣府が実施した「人権擁護に関する世論調査」では，上記したような差別を禁ずる制度の制定後もまだ差別は残存していることを，一定程度の回答者が認知し問題視している。また，そうした差別を解消していくためには，人権問題に関する知識の啓発や人権教育の充実が必要とも認識されている（内閣府 2017）。

　一方で，こうした，啓発・教育によって解消可能だと思われているものとは別の悪感情も世のなかには存在する。その１つが本章で注目する種類の悪感情である。理性で抑えることはできないと認識され，啓発・教育で解消されないような，特定集団への悪感情も存在するのである。それは例えば，蘭由岐子（2005）や好井裕明（2006）が取り上げた，ハンセン病療養所入所者に対する差別問題において噴出した悪感情のように，悪感情を示した側が「この感情は理屈では抑えられない」（だから仕方ない）としてしまうようなものである。あるいはまた，釜野らが大規模調査をもとにして明らかにしたような，同性愛に関する正しい知識と併存する同性愛者への悪感情（釜野ほか 2016）も同様であろう。

> ── 調べてみよう ──
>
> 　本章冒頭で取り上げた，ヘイトスピーチ解消法と障害者差別解消法について，どのような目的の法律でありどのような社会的責務があるとされているか，関連する法律なども含めて調べてみよう。

ハンセン病療養所の入所者に向けられた悪感情

　より具体的に本章の問いの背景を示すために，先に触れたハンセン病療養所入所者に対する差別問題を紹介したい。これは，熊本県のハンセン病療養所菊池恵楓園の入所者が，2003年に同県黒川温泉にあるホテルから，ハンセン病罹患経験があることを理由に宿泊拒否をされたことに端を発する。宿泊拒否を受け，入所者たちはホテル側に抗議をする。県も介入したこともあって，ホテルは入所者に謝罪をし，最終的には入所者もホテル側の謝罪を受け入れ，和解に至る。一方ホテル側は，県より旅館業法に基づく営業停止処分を受け，最終的には2004年にホテルの廃業を決定した。この問題は，こういう経緯をもつ。

　さて，本章においては，この問題を発端に，入所者を非難する文書がハンセン病療養所に多数届いたという，宿泊拒否に付随して発生したもう１つの出来事に注目したい。菊池恵楓園の入所者自治会によってこれらの文書は１つの冊子にまとめられているが（菊池恵楓園入所者自治会 2004），冊子に収録された文書を内容分析した蘭によると，入所者たちに寄せられた文書は，2004年４月20日時点で総数120通であり，激励などの意味をもったものもある一方で106件が「差別文書」であった（蘭 2005：180，211）。

　蘭（2005）と好井（2006）によって，この非難の文書が内包する論理については すでに分析されているので，詳細はそちらに譲るとして，本章においては，この文書が内包するもののなかで特に注目すべきある論理を紹介したい。それは，ハンセン病に関する知識を有していることを断ったうえで，

　　いくら伝染性がないと証明されたとは言え，永年の（そう思って来た）人間の先入観，感情，感覚神経は，そう簡単にはなくなりません。悲しい事に眉毛もなく，頭毛も少なく，特異な顔貌が，忘れた，忘れようとしたそれを思い出させるのです（菊池恵楓園入所者自治会 2004：6）

と，宿泊拒否を正当化する論理である。すなわち，ハンセン病に関する知識をもっていようと拭えない恐怖があること，そこから，入浴拒否がされたり，さ

らにはこうした文書が送られたりするのも仕方ないだろうとする論理である。こうした論理は，書き手が異なると思われる他の文書においてもみられる。例えば次のようなものである。「苦労はしたかもしれませんがだから？　気持ちが悪いのは事実です」（菊池恵楓園入所者自治会 2004：21），「もし，あなた達のような方々が，お風呂に入ってきたら正直おどろきをかくしきれません」（菊池恵楓園入所者自治会 2004：32），「〔ハンセン病が感染しないことは知っていても：引用者注〕人間の心，神経，感覚，感情は理屈通りにはいかないのです」（菊池恵楓園入所者自治会 2004：162）。

　本章においてこの論理に注目するのは，第1にこれが，本章における問いの中心に据えられている種類の悪感情が発露された具体例であるからである。第2に，この種類の悪感情は，知識や理性では解消できないこと（「理屈通りにはいかない」こと）が，それを発露した側から示されているからである。つまりは，こうした悪感情とその発露を啓発・教育で解消することは困難であるとの主張が，当の悪感情の持ち主からなされており，啓発・教育がそうした人々に届くとは思えず，ゆえに別の手立てを講じるべきだと思われるからである。第3に，こうした悪感情が特定集団に対して向けられる事態は，ハンセン病療養所に届いた文書に限らず，今の日本において様々な場面で生じているからである。

　例えばアルビノの当事者でもある矢吹康夫は，自身の経験した以下のようなエピソードを紹介している。矢吹が食品加工工場の求人に応募しようと電話した際，雇用者側から「衛生上の問題」を理由に金髪（アルビノであるため矢吹は地毛が金髪である）を黒に染色するよう求められた。矢吹が「これは地毛である」「むしろ染髪する方が衛生的ではない」と説明しても，相手は「衛生上の問題」を理由とする姿勢を全く変えず，矢吹は結局不採用となった（矢吹 2017：29-30）。このエピソードに対して，矢吹は以下のように考察を加えている。

　実際に染めているかいないかよりも，表面的な髪の毛の色の方が重視されているということである。染髪剤がどれほど衛生面に影響するかなんて，実

はどうでもいいのだろう。あるいはたとえ地毛だとしても金髪の従業員は染めていると誤解されるから，それを避けるために雇わないと解釈するほうが妥当かもしれない。だからといって，身体的特徴を理由にするのはよくないと考えたから，衛生上の問題と言い張って正当化したのではないだろうか。

（矢吹 2017：30）

　このエピソードに登場する雇用者は，本章で注目する「理屈では抑えられない」種類の悪感情を世間がもっているであろうと推察し，かつそれをそのまま表明することには問題があると認識していたため，「衛生上の問題」という一見正当な理由を持ち出しているわけである。したがって先にみた「差別文書」にみられた悪感情とは，悪感情をもっている側から直接それが発露されたのか，「悪感情をもっている人がいると推察できる」ということが第三者的な位置に立つ側から発露されたのかという点で，やや性格が異なる。とはいえ，このエピソードからも，「理屈では抑えられない」種類の悪感情が社会に存在し，それが，ハンセン病療養所の入所者以外の特定集団にも向けられる事態が生じていることがうかがえる。

2　悪感情をもつことは問題なのか

　ここで，読者のなかには，「日本国憲法においては内心の自由が認められている。悪感情も含めて，何かしらの感情をもつことは自由の範疇だろう」と疑問をもった方もいるかもしれない。もっともなことである。日本国憲法第19条には，「思想及び良心の自由は，これを侵してはならない」という一文がある。文字通りに読めば，「どのような思想をもっていてもそれを制限されることはあってはならないのである」という解釈ができるだろう。

　このことをふまえれば，悪感情そのものについては問題視できないという結論が導かれるだろう。こうして，本章冒頭であげた具体的な第1の問い「悪感情は問題なのか」については「問題ではない」という回答が導き出される。

　しかし，こう回答して終わりとしまうのは性急である。これには３つの理由
がある。第１に，先にハンセン病療養所に寄せられた非難の文書をもとに示し
たように，特定集団への悪感情は，当事者に向けて実際に発露されがちである
からである。すなわち悪感情が「内心」に留まらず表に出てくることがしばし
ばある。第２に，これもハンセン病療養所に寄せられた文書が示すように，悪
感情が差別的行為を「仕方がないこと」として正当化する際に用いられること
もしばしばあるからである。第３に，後述するように，悪感情も含めた感情に
は後天的に生じる部分も多く，ゆえに変更可能な部分も多いからである。以上
より，「悪感情は問題なのか」という第１の問いについては，「それが表面化さ
れることもあるし，先天的なものではない部分もある以上，問題だと捉えて解
消の方向性を探るべきであろう」という主張がなりたつ。

　さてそれでは，悪感情はどのように生じるのか。本章冒頭で挙げた第２の問
いを考えるために次に進んでいきたい。

3　悪感情はどのように生じるのか

オルポートによる「偏見」

　本章での文脈における悪感情に類似するものとして「偏見」という概念があ
る。そこで，偏見に関する代表的な論者である社会心理学者の G. W. オルポー
トの議論をみてみたい。

　オルポートは，『偏見の心理』という著書において，主に民族的偏見につい
て論じている。同書においてオルポートは，「民族的偏見とは，誤った，柔軟
性のない一般化に基づいた反感である」（オルポート 1961＝1968：8）と定義し，
「ある集団全体，あるいはその集団の個々のメンバーに対して向けられている，
対人関係の中に見られる敵意の一形式」（オルポート 1961＝1968：11）とした。
そのうえで，人間がどのような内面的メカニズムから偏見を獲得しどのように
発露するのか，また，偏見をいかにして緩和するのかといったことを論じてき
た。

　オルポートによれば，偏見とは，自分が所属する自集団への帰属意識の高まりと，他集団への予断に基づくカテゴリー化と拒否的態度が生じることで発生する。要するに，「われわれ」と「あいつら」という集団が生じ，「われわれ」と「あいつら」の集団としての違いが認識され，「あいつら」に対する否定的な認識が強まっていくことで偏見が生じていくということである。

　とはいえそもそも，「われわれ」と「あいつら」の間に本当に違いはあるのか，あるとしてそれは意味ある違いなのかということへの答えは，簡単に導き出せるものではない。例えばオルポートは，「アメリカ人は活動的な人物を尊敬する」と，「イギリス人は抑制的な人物を尊敬する」という一般的にもたれがちなイメージが，アメリカ人やイギリス人全てに当てはまるわけではないことを調査に基づいて指摘した（オルポート　1961＝1968：91）。つまりは，一般にもたれがちなイメージには実はそれほどたいした根拠がなく，にもかかわらず「われわれ」と「あいつら」の違いが過大に認識されがちであることをオルポートは指摘しているわけである。こうして「誤った，柔軟性のない一般化」が生じる。

　またさらにいえば，仮に「われわれ」と「あいつら」の間に本当に大きな違いがあったとしても，そのことと「あいつら」に対する「反感」が生じることとは別の問題である。しかしながら，集団間に違いがあることから根拠なく他集団への「反感」が生じることもしばしばある。

　つまり偏見は，「誤った，柔軟性のない一般化」に基づくものであり，さしたる根拠もなく他集団に「反感」が向けられるものであるのだが，オルポートによると，偏見はランダムに生じるものではなく，集団間に特定の違いがある場合に生じやすいとされている。それは例えば，肌の色の違いなど可視的でシンボリックな違いがある場合や，においなど感覚器官に訴えるような違いがある場合である。いうならば人間には重視する違いとそうでない違いとがあり，前者の場合に偏見が生じやすいということであろう。

　ただし，特定の違いがことさらに重視されるのは，そうした特定の違いを重視する社会のなかで人間が生きているからである。オルポートがあげている例

をもとに説明するなら，特定の集団に特定のにおいがあるように感じたとして
も，その背景には，「この集団のにおいはこのようなものだ」という偏見がす
でにあり，それがさらに感覚器官に作用して偏見が再生産されるというメカニ
ズムがある（オルポート1961＝1968：112-122）。つまりにおいの違いが重視され
る社会が存在し，そのなかで「われわれ」と「あいつら」のにおいの（本来は
存在しない）違いがことさらに強調されることで，偏見が生じていく。嗅覚の
ようなものですらも，生理的・生得的なものだけではなく，社会から習得して
きたものによって後天的に作られている部分もあるのである。

ゴッフマンによる「スティグマ」

ここまで，オルポートの議論をもとにして，悪感情と類似するものである偏
見が生じる，人間の内面的なメカニズムをみた。続いて，社会学者のE.ゴッ
フマンの「スティグマ」の議論をもとに，人が悪感情を身につけていく社会的
メカニズムについて考えてみたい。

もともとスティグマとは，人間の特性を指す身体上の徴のことを指す。具体
的には，キリストに表れたとされる聖痕や，罪人に施される刺青などが該当す
るであろう。ゴッフマンはこうしたことをふまえ，現代社会におけるスティグ
マを，周囲から「汚れた卑小な人に貶められ」（ゴッフマン　1963＝2001：15）て
認識されるような種類の属性として定義した。すなわちゴッフマンによれば，
望ましくないと周囲からみられる属性（スティグマ）をもつ人々が社会には存
在し，そうした人々はスティグマをもつがゆえに周囲から否定的に認識され貶
められることになる（ゴッフマン　1963＝2001：15）。ハンセン病罹患経験という
属性はまさにスティグマの1つであるといえよう。

しかしここで重要なのは，例えばハンセン病罹患経験が，なぜスティグマと
なるのかということである。それは，ゴッフマンが「（前略）スティグマとい
う言葉は，人の信頼をひどく失わせるような属性をいい表わすために用いられ
るが，本当に必要なのは明らかに，属性ではなくて関係を表現する言葉なの
だ」（ゴッフマン　1963＝2001：16）というように，ある属性がスティグマとなる

のは，その属性をスティグマとみなす社会が存在し，そうした社会のなかで
人々が暮らしているからである。この点についてゴッフマンはさらに，何がス
ティグマとみなされるかは，その属性がスティグマであることが社会の成員に
よって共有され概念化されているからであると指摘した（ゴッフマン　1963＝
2001：207）。すなわち特定の属性がスティグマとなるのは，それをスティグマ
とみなす個人の問題ではなく，それをスティグマとみなすことを成員に共有さ
せている社会の問題なのである。

　スティグマをめぐる以上の指摘は，悪感情を考察する際にも援用可能であろ
う。ハンセン病療養所に寄せられた非難の文書に示されたような悪感情が出て
くるのは，ハンセン病罹患というスティグマが日本社会においてそれだけ共有
されているからということである。つまりは，スティグマと同様，悪感情は社
会的に共有され，そこから社会を構成する人々によって発露されるものなので
ある。

社会的に作られるものとしての感情

　以上にみてきたように，悪感情には，生理的・生得的なものだけではなく，
社会の影響を受けながら後天的に獲得されていく部分も多い。こうした，感情
が社会的に作られていく側面をさらに考えるために，ここでは，「潜在連合テ
スト」（Implicit Association Test，以下 IAT と表記する）という実験から得られた
いくつかの結果を，バナージとグリーンワルド（2013＝2015）の著書をもとに
して紹介する。

　IAT とは，人間が潜在的にもっている認知の傾向を明らかにする手がかり
を与えてくれるものである。IAT では，特定のカテゴリーの語同士をいくつ
かのパターンで組み合わせて実験参加者に示し，それへの反応速度と正確性を
もとに，意識しないレベルで人間がもっている先入観や偏見を明らかにする。

　IAT によって，様々なカテゴリーに対して人間がもつ認知の傾向が測定さ
れる。IAT のなかには，特定の人種や民族と，良い意味をもつ単語である
「快語」と悪い意味をもつ単語である「不快語」とを組み合わせて提示し，そ

れへの反応をみる人種 IAT というものもある。人種 IAT としては例えば，「良い意味の単語とアフリカ系アメリカ人の顔がモニターに示された場合には『←』のキーを押し，悪い意味の単語とヨーロッパ系アメリカ人の顔がモニターに示された場合には『→』のキーを押してください」という問題と，それを反転させた「悪い意味の単語とアフリカ系アメリカ人の顔がモニターに示された場合には『←』のキーを押し，良い意味の単語とヨーロッパ系アメリカ人の顔がモニターに示された場合には『→』のキーを押してください」という問題を実験参加者に解かせ，それへの反応速度と正確性をみるというものがある。実際にこの種の人種 IAT をやってみたところ，アフリカ系アメリカ人の顔と良い意味の語がセットになった前者の問題よりも，ヨーロッパ系アメリカ人と良い意味の語がセットになった後者の問題の方が，反応速度も正確性も高かった（バナージ・グリーンワルド 2013＝2015：80-87）。つまり，アフリカ系アメリカ人と快語の結びつきはヨーロッパ系アメリカ人と快語の結びつきよりも弱く，逆にアフリカ系アメリカ人と不快語の結びつきはヨーロッパ系アメリカ人と不快語の結びつきよりも強いという結果が示された。

　では，こうした結果から何がいえるのか。バナージらによると，「アフリカ系アメリカ人」「ヨーロッパ系アメリカ人」「快語」「不快語」といった様々なカテゴリーに属する語には共通性が存在することがあり，その場合，人々はカテゴリー同士を仲間のように認識する。バナージらはこれを「心的な接着剤」（バナージ・グリーンワルド 2013＝2015：77）と表現し，世の中に存在する多くのカテゴリー同士がこの「心的な接着剤」をもって結びつけられていると指摘した。先の人種 IAT を例にとると，「アフリカ系アメリカ人」と「不快語」の間には，あるいは「ヨーロッパ系アメリカ人」と「快語」の間には共通性を接着剤とした強い結びつきが存在しているということである。また逆に，「ヨーロッパ系アメリカ人」と「不快語」，「アフリカ系アメリカ人」と「快語」では，この接着剤の働きが弱い。こうしたことが，人種 IAT の結果として（実験参加者の反応結果として）現れたというわけである。

　つまりは，人は意識しないところで，あるカテゴリーとあるカテゴリーを

（例えばヨーロッパ系アメリカ人と快語を）心的な接着剤によって結びつけ，それ
をある種の共通性（例えば「良いもの」という）があるものとして認知している。
こうしたことを専門的には潜在連合といい，このテストによってそのありよう
をみることができるというわけである。本章の文脈でいえば，特定の集団に対
して意識しないレベルで湧き上がる悪感情を詳細に探ることができるテストで
あるといえる。なお，年齢や性，あるいは性的指向や職業といった，他のカテ
ゴリーにおいても特定の潜在連合があることも明らかにされている（バナー
ジ・グリーンワルド 2013＝2015：95-122）。

　では潜在連合はどのように生じるのか。人間はほぼ生得的に「自分と似た者
と似ていない者を区別」（バナージ・グリーンワルド 2013＝2015：203）する特性
を有している。しかしながら潜在連合については後天的に作り上げられるもの
である。つまり，カテゴリー分けすることは生得的なものであっても，カテゴ
リーに意味づけすることは後天的なものなのである。それは，バナージらが，
社会心理学者のタジフェルが行った実験を参照しながら指摘するように（バナ
ージ・グリーンワルド 2013＝2015：211），特定のカテゴリーに対する良いもの／
悪いものという無意識の意味づけは，個々の人間が恣意的におこなっていくも
のではなく，自身が生活している社会から学習していくものである。たとえ意
識しないレベルのものであっても，人間が特定集団に対してもつ悪感情は社会
的に作られているものなのである。

4　悪感情をなくすために何ができるのか

　それではどうすれば悪感情を解消することが可能となるのか。ここではその
ことを考えてみたい。

　このことを考えるためには，前節に続いてバナージらが紹介している2つの
実験が手掛かりとなる。1つ目の実験は「黒人」と「武器」との間の結びつき
をみようとしたIATである。詳細は割愛するが，このIATに参加した人々の
なかには黒人と暴力を結びつける潜在連合があり，しかもそうした潜在連合の

強さは，実験対象者の教育水準とは無関係であった（バナージ・グリーンワルド 2013＝2015：170）。２つ目に，社会心理学者のダスグプタが行った実験である。これはまず，キング牧師などを含めた有名な黒人系アメリカ人の写真と，連続殺人犯を含んだ10名の「悪名高い白人系アメリカ人」（バナージ・グリーンワルド 2013＝2015：229）の写真を示し，写真に写ったそれぞれの人物が何者なのか正解を選ばせる。その後人種IATを行う。すると何が起こったか。「10人の立派な黒人アメリカ人と10人の卑劣な白人アメリカ人の写真をみた実験参加者は（中略）IATで『白人＝良い』連合を弱めた」（バナージ・グリーンワルド 2013＝2015：230）のである。

　以上の２つの実験からいえるのは次のことである。第１に，特定集団に対して悪感情をもつような潜在連合は，そうした潜在連合をもつ人の教育水準の高低とあまり関係がないことである。ゆえに悪感情を解消するために啓発・教育を充実することはそれほど効果的とはいえない。第２に，潜在連合が妥当ではないことを認識すると，連合が弱まることである。つまり悪感情を解消するためには，そうした感情が恣意的で妥当でないことを示すものに接触する経験が効果的であるといえる。

　この第２の点に関連するような仮説を，先にみたオルポートも「接触仮説」として提唱している。オルポートは，偏見も含めた悪感情が向けられる集団と，そうした悪感情をもつ集団との関係を改善するために，集団同士が知り合い接触することが効果的であると指摘する。ただし単に接触しさえすればいいというわけではなく，オルポートによれば，「社会的地位の対等感をもたせること，目標ある日常の営みが行われること，作為を避けること，できるなら当のコミュニティの公認があること」（オルポート 1961＝1968：389）が接触の効果を大きくする上で必要な条件となる。このことも悪感情の解消には大きな示唆を提供してくれるであろう。すなわち，悪感情の解消には，いくつかの条件が確保された上で，悪感情が差し向けられる対象の集団のメンバーとの接触を行うことが効果的であるということである。

　ではオルポートのあげたこれらの条件は，具体的にはどういったものを指す

のか。「社会的地位の対等感」とは，現存する職業や学歴，あるいは生活にお
ける不公平が制度的に解消されたうえでの接触を意味するだろう。「目標ある
日常の営みが行われる」とは，達成すべき共通の目標をもち，かつ「何かのイ
ベントでのみ出会い，イベント終了後はまた無関係に戻る」といった形での接
触ではなく，毎日のように当たり前に顔を合わせる持続的な関係による接触を
意味する。「作為を避ける」とは，誰かに強制されたり，義務的に接触するの
ではなく，自発的に自然に接触がなされることを意味するだろう。最後に「当
のコミュニティの公認がある」とは，接触が，より大きな社会全体から否定さ
れることなく当然あるべきこととして認識され，後押しされていることを意味
する。つまりは，総じて，悪感情をもつ個人や集団の努力や，悪感情が差し向
けられる個人や集団の努力のみによってではなく，そうした個人や集団を取り
巻き，悪感情を個人がもつに至った原因でもある社会の側も，接触を支える条
件を整備する必要があることが，オルポートの指摘からは示唆される。

　それでは，オルポートが提示した，接触を効果的にするためのこれらの条件
は，誰の責務によって達成されるべきなのか。このことを，障害に関する研究
である障害学（Disability Studies）における議論をふまえながら検討したい。

　障害学では，障害や障害者が抱える困難とその要因を社会のなかに位置づけ
て理解する，障害の社会モデルに立脚する。障害の社会モデルとは，「障害者
が経験する社会的不利」（星加 2007：37）に注目し，そうした不利は社会的に
生み出されるものであり，不利を解消していく責務が社会の側にあるとするモ
デルである。また，このモデルを基盤に生み出された制度の 1 つが，本章冒頭
で言及した障害者差別解消法である。こうしたことから同法においては，障害
者の生活を困難とする社会的バリアを取り除くために「合理的配慮」（内閣府
2016：3）が求められ，社会の側に困難解消の責務があるとされた。また，社会
的バリアとは，単に設備等の不備のような物理的に生じるもののみならず，周
囲の者がもつ社会的な規範や価値観によっても生じるものでもある（星加 2007：
280-318）。悪感情やそれを生んだ規範や価値観も社会的バリアを作る要因の 1
つであり，それも解消していく責務が社会の側にあることも，障害の社会モデ

ルとそこから出てきた制度は示している。

　障害学の議論や障害の社会モデルを，障害という文脈を超えて援用するなら
ば，オルポートが提示した条件を確保する責務は，潜在的にであれ特定集団に
対する悪感情をもち，特定集団に不利を負わせてきた社会を作ってきたわれわ
れの側にあるといえよう。われわれが，自身のもつ悪感情がどのような社会か
ら出てきたのか，またそれに自身がいかにとらわれているかを自覚し，それに
よって悪感情の対象とされた特定集団がどのような不利を被っているのかを認
識するところから，社会の変化は始まるのではないだろうか。

―― みんなで考えよう ――

　オルポートが示した接触の効果を増すための下記の４つの条件か
ら，最も重要だと思うもの１つを選んだうえでその理由をグループ
の他のメンバーと協議し，グループで１つに絞り込んでみよう。さ
らにその条件を満たすためにどういった方法が具体的にあるか，本
文で述べたこともふまえながら皆で考えてみよう。

①　社会的地位の対等感をもたせる

②　目標ある日常の営みが行われる

③　作為を避ける

④　当のコミュニティの公認がある

―― 深めよう ――

　世のなかに実際に存在すると思われる特定集団への悪感情を選び，
それがどのような社会的背景から生まれたものか，また，それをな
くすためにオルポートの示した４条件をどのように満たすことがで
きるか具体的に考え，レポートにまとめてみよう。

参考文献

石川准・長瀬修編著（1999）『障害学への招待――社会，文化，ディスアビリティ』

明石書店。

オルポート，ゴードン・W.，原谷達夫・野村昭訳（1968）『偏見の心理』培風館。

釜野さおり・石田仁・風間孝・吉仲崇・河口和也（2016）『性的マイノリティについ
　ての意識——2015年全国調査報告書』科学研究費助成事業「日本におけるクィ
　ア・スタディーズの構築」研究グループ（基盤研究(B)，課題番号：25283018研究
　代表者 河口和也）。

菊池恵楓園入所者自治会（2004）『黒川温泉ホテル宿泊事件における差別文書綴り』
　菊池恵楓園入所者自治会。

ゴッフマン，アーヴィング，石黒毅訳（2001）『スティグマの社会学——烙印を押さ
　れたアイデンティティ』せりか書房。

内閣府（2016）『「合理的配慮」を知っていますか？』。

―――――（2017）『人権擁護に関する世論調査』（最終取得日2019年 3 月25日，
　https://survey.gov-online.go.jp/h29/h29-jinken/index.html）。

バナージ，マーザリン・R.，グリーンワルド，アンソニー・G.，北村英哉・小林知博
　訳（2015）『心の中のブラインド・スポット——善良な人々に潜む非意識のバイ
　アス』北大路書房。

星加良司（2007）『障害とは何か——ディスアビリティの社会理論に向けて』生活書
　院。

矢吹康夫（2017）『私がアルビノについて調べ考えて書いた本——当事者から始める
　社会学』生活書院。

好井裕明（2006）「ハンセン病者を嫌がり，嫌い，恐れるということ」三浦耕吉郎編
　『構造的差別のソシオグラフィ——社会を書く／差別を解く』世界思想社。

蘭由岐子（2005）「宿泊拒否事件にみるハンセン病者排除の論理」好井裕明編『つな
　がりと排除の社会学』明石書店。

〈推薦図書〉

北村英哉・唐沢穣編（2018）『偏見や差別はなぜ起こる？——心理メカニズムの解明
　と現象の分析』ちとせプレス。
　＊社会心理学の知見をもとにして，偏見・差別が生じるメカニズムを多角的に解説
　　した図書。具体例も多く取り上げられており，また，参照されている文献も非常
　　に多く，偏見・差別を考えるための出発点としても推奨したい。
榊原賢二郎編（2019）『障害社会学という視座——社会モデルから社会学的反省へ』
　新曜社。
　＊障害学が提唱した障害の社会モデルを社会学に取り入れ，批判的に継承すること
　　をとおして，障害・障害者を社会学的に再度考える「障害社会学」を編み出そう

　とする図書。こちらも具体的な事例や場面への分析が多く，参考になる。

（桑畑　洋一郎）

第14章
死や災害に関する観光地になぜ人は集まるのか

―― この章で学ぶこと ――

　かつては観光資源だと思われていなかったモノ・場所が人をひきつける資源になることは珍しくない。そうしたものの1つに，「人類の悲劇を巡る旅」（ダークツーリズムと呼ばれている）がある。例えば，アウシュビッツの強制収容所や広島の原爆ドームなどを訪れる人は多い。考えてみれば，こうした場所は，もともとは観光地ではなく，「気晴らし」や「休暇」とは相反する性質を持つ場所である。本章で考えてみたいのは，なぜ死や災害に関する「観光地」に人は集まり，そこが観光地として成立するのかという点である。

キーワード：ダークツーリズム，悲劇の消費，ゲストとホストの立場，記憶

―― この章の問い ――

　死や苦しみに関わる場所の観光地化が近年見られるが，なぜこうしたダークツーリズムが成立するのだろうか。出かける側と受け入れる側は，それぞれどのような理由からそれを是認し，そこにはどのような課題があるだろうか。

1　観光の時代？

　「21世紀は観光の時代になるかもしれない」。これは批評家の東浩紀氏の言葉である（東 2017：30）。官公庁の発表する2017年の訪日外国人旅行者数は2,869万人にのぼる。2007年には835万人で，10年前と比べると3倍を超える伸びで

ある。さらにその10年前の1997年は422万人なので，この20年の間に7倍近く伸びたことになる（日本政府観光局 2019）。こうした現象は実は日本だけのものではない。国連世界観光機関の調査によれば，国境を越える観光客（それぞれの国にとっての外国人観光客）は，2017年は13億人である。1995年5.3億人，2010年9.5億人，2015年12億人と増加しており，その後の長期予想でも増大が見込まれている（UNWTO 2018）。

　また，観光のあり方も多様化している。現在では多くの観光のスタイルが生まれた。かつては観光資源とは考えられていなかったものが，人を惹きつける観光資源として見出されるようにもなった。本章で扱うダークツーリズムの他にも，映画やアニメ，漫画，ゲーム，音楽などのコンテンツを動機とした旅行行動やコンテンツを活用した観光振興，地域振興というコンテンツツーリズムなどがある。時代や社会背景の変化とともに観光の対象も変化する。

　それではまず，現在のような「観光の時代」がどのように登場したのか，時代を追って，見ていくことにしよう。

観光の広がり

　観光は近代社会のもとで生まれ，発展した。観光を社会背景との関係で考える場合，前近代・近代・現代という時代区分で一般に説明されることが多い。ここでもこの時代区分に基づいてやや図式的に観光と社会の関係について述べていこう。

　前近代では，旅は主として宗教の領域に属していたと考えられている。この時代，民衆は巡礼を目的に旅をした。巡礼のほか，グランドツアーと呼ばれる16世紀から19世紀末にヨーロッパの上流階級の子弟の間で流行した見聞旅行も存在したが，民衆の参加した旅という点では，巡礼の旅がこの時代最も一般的な形態であった。

　前近代においてもこうした旅が行われていたとはいえ，多くの研究者は「観光」は近代以降のものだと考えている。ジョン・アーリとヨーナス・ラースンの著書『観光のまなざし』によれば，近代の観光と前近代の旅からの区別は，

大衆性にあるという（アーリ，ラースン　2011＝2014）。大衆性は産業革命と深く関係する。近代になると産業化が進み，大量の労働者が誕生して労働者が一定の力を持つようになり，大衆社会と消費社会が誕生した。そこで余暇が生まれ，観光はその1つとして見出され，マス・ツーリズム（大衆観光）が成立するようになったのである。前近代の旅とは異なり，観光が一部の富裕層のものだけではなくなったところに大きな特徴がある。

　マス・ツーリズムというとき多くの人が思い浮かべる鉄道を利用した団体旅行は，イギリスのトーマス・クックにより整備・発展していった。イギリス各地で開通した鉄道を利用し，貴族や知識階級ではなく，中産階級および，当時力をつけつつあった労働者に飲酒に代わる余暇を提供しようとしたことが始まりだった。クックはガイドブックやホテルクーポン，トラベラーズチェックなど，現在に至る観光業の基本的なしくみの多くを形づくった。観光は新しい産業と新しい交通が新しい生活様式と結びついた行為だった。これが今日までつながる観光の誕生の背景である。

　こうしたマス・ツーリズムは第二次世界大戦後，いわゆる先進国を中心に世界的に拡大していった。1950年代後半頃には多くの西欧諸国は戦後の経済復興を遂げ，さらにこの時代のジェット旅客機の就航などの技術的な革新があり，1960年代にはマス・ツーリズムという社会現象が爆発的に広がった。休暇の増加，可処分所得の増大，レジャー活動を許容する社会意識などの社会・経済的変化が，余暇としての観光を整えた。加えて1980年頃になると，アジア諸国などが経済発展を遂げ，新興国においてもマス・ツーリズムが出現した。

　マス・ツーリズムは観光関連産業に大きな経済的な利益をもたらしたが，他方で1960年代〜1970年代頃には現場で多くの弊害がみられるようになり，マス・ツーリズムは「悪い」観光と認識されるようになった。過度な混雑によって引き起こされる騒音，観光資源の劣化，大量のゴミの他，売春・犯罪など，住民の生活・社会環境の悪化が現地社会に負の影響をもたらしたためである。これは，国際観光の観点からみれば，先進国の観光客が観光先（ホスト社会）に深刻な環境破壊をもたらし，先進国による発展途上国の搾取という「南北問

題」が観光の場でも生じていたということである。

　こうした「悪い」観光以外の「新しい」観光のあり方を模索する動きが1970
年代頃からあらわれた。「新しい」観光を代表するものとして，「持続可能な観
光」と「スペシャル・インタレスト・ツーリズム」という2つの類型がある。

　「持続可能な観光」でよく知られているものに，「エコツーリズム」と「コミ
ュニティ・ベースド・ツーリズム」がある。前者は自然・生態系を観光資源と
して，観光開発と運営を管理・統制しつつ進める観光であり，後者は地域住民
が主体となり，地元の文化や自然を観光資源として内発的な観光開発を実践す
る。「持続可能な観光」は環境問題と南北問題という高度近代化社会の抱える
課題への処方箋として注目された。

　ホスト社会に対する負担を少なくすることを目的にした「持続可能な観光」
とは対照的に，「スペシャル・インタレスト・ツーリズム」は主に観光客の個
人的・特殊な興味関心から動機づけられた，観光客側（ゲスト）のニーズから
生まれた観光形態である。ゲストが自らの関心・興味に基づいて主体的に観光
を楽しむもので，体験志向，教育志向という特徴がある。

　両者にはこのように違いはあるものの，「新しい観光」に参加するゲストは，
多くの場合，観光経験が豊富であり，皆が体験するようなマス・ツーリズム
（普及し，「陳腐化」したツーリズム）とは異なる旅を経験したいという「差別化」
への欲求があるという点で共通する。

　このような体験・教育志向の観光の広がりの一方で，ショッピングモールや
ディズニーランドなどの娯楽施設を積極的・意識的に楽しむツーリストの増加
も指摘される。また，規格化された観光とは異なるという点で新しい観光と同
様ではあるが，「経験の飢え」によって「本物」を目にしたいという渇望から
出かける見聞旅行など，1980年代には日本や欧米諸国では，初期マス・ツーリ
ズムの典型的な目的（Sea, Sun, Sand and Sex）を志向する観光客は減少し，よ
り多様な観光形態や観光客類型がみられるようになった。現代社会における観
光は，差別化，個別化の力学のもと，個人が随意に選択する傾向がある。

ダークツーリズムへの注目

　個人が随意に観光先や内容を選択する現在の私たちの社会では，様々なものが観光を成立させる資源となる。そもそも観光資源となるものは，あらかじめこれが観光資源でこれは観光資源ではないというように決まっているわけではない。ある場所やモノなどに価値を見出す人がいて，価値を見出す人の数が一定数以上になると，観光資源化される。死や苦しみに深く結びついた場所も，また近年そうして観光資源化されてきたものの1つである。

　すなわち，悲劇や負の歴史をもつ場が観光資源として見出されてきたのは，こうしたモノや場所に価値を認める人が増加したことを意味する。例えば，ショア研究の第一人者であるアネット・ヴィーヴィオルカによれば，アウシュビッツ＝ビルケナウ強制収容所（以下，アウシュビッツ）を訪れる人の数は毎年ほぼ50万人程度であったが，収容所の意味付けの変化を経つつ2006年にアウシュビッツで行われた大規模な記念式典を契機に増加し，2014年には150万人を超えたという（ヴィーヴィオルカ 2015）。

> ── 調べてみよう ──
> 　旅行ガイドブックで，ダークツーリズムと捉えられる観光地がどのように紹介されているか見てみよう。

2　ダークツーリズムとは

　ここであらためて，ダークツーリズムという言葉の意味について確認しておこう。「ダークツーリズム」という言葉は，もともと1990年代にイギリスで提唱された概念であり，その後，アメリカやアジア地域などへと広がっていった。研究者の間で必ずしも一致した定義があるわけではないが，ここでは観光社会学者の遠藤英樹に倣い，ダークツーリズムを「死や苦しみと結びついた場所を旅する行為」としておく（遠藤 2017：73）。

　遠藤（2017）によれば，ダークツーリズムは以下の3つに分類できるという。

①人為的にもたらされた「死や苦しみ」と結びついた場所へのツアー，②自然によってもたらされた「死や苦しみ」と結びついた場所へのツアー，③人為的なものと自然の複合的な組み合わせによってもたらされた「死や苦しみ」と結びついた場所へのツアーである。

　①には，先にあげたポーランドにあるアウシュビッツの強制収容所の他，広島の原爆ドーム，ベトナムのホーチミン市に広がるクチ・トンネルツアー，チェルノブイリ原発へのツアーなどがある。②には，インドネシア・スマトラ島の西北部にある「アチェ津波博物館」を訪問するツアーを例としてあげることができる。2004年のスマトラ沖大地震によって引き起こされたインド洋津波災害により，広範囲にわたる地域が被災した。ダークツーリズムの研究者の井出満によれば，津波博物館は現在この地域の観光の中心施設になっているという（井出　2018：178-179）。③には，記憶に新しいところであれば，東日本大震災の事例があげられる。自然災害は発生後の対応により被害がさらに拡大する場合がある。自然災害を発端としつつも人災が重なり，「死や苦しみ」がもたらされる。

　「ダークツーリズム」については，嫌悪感を抱いたり，反対を表明したりする人は決して珍しくない。例えば，東日本大震災の際，被災し大きなダメージを負った建物を震災遺構として保存する動きがある一方で，そうした動きに対して複雑な感情を抱く住民がいることは，新聞などの報道で知っている人もいるだろう。特に被害が甚大であればあるほど，また悲劇が起きた時期が最近であればあるほど，賛成できない人が増える傾向がみられる。

　学問の世界を含めて，当事者の苦痛を単に利用し，「消費」することは非情なことであり，避けなければならない。道義的に問題があることが行われている／行われようとしている場合は（そして実際にそうしたケースはあるのだが），私たちは，それを否定し止める方向に働きかける必要がある。

　それでも「ダークツーリズム」という概念を用いてこうした観光現象を検討することは，異なる社会条件や歴史的背景を持ち，別々の場所で起きた社会現象を1つの枠組みのもとで考察する「場」を用意し，個々の事例をより広い射

程のなかで位置づける意義がある。

── みんなで考えよう ──

　「調べてみよう」で各自が調べたダークツーリズムの観光地について グループで報告しよう。それらの場所をとりまとめ，自分たちがそこに観光に出かけたいかどうか考えよう。次に時間という条件を含めた以下の選択肢を検討し，1つ選ぼう。〈訪問する側の立場〉からは，何がポイントになるのか話し合おう。

　①　悲劇の直後でも，時間が経った場所でも両方出かける。
　②　悲劇の直後の場所だけ出かける。
　③　悲劇から時間が経った場所だけ出かける。
　④　悲劇の直後の場所でも，時間が経った場所でも，出かけない。

3　ゲスト／ホストの視点とダークツーリズム

　ここでは悲劇の場を訪ねるという観光現象について，ダークツーリズムに出かける側と観光客を受け入れる側という2つの視点から，考えてみよう。

ゲスト側（観光客）の視点から考える

　そもそも人はなぜ死や災害に関する「観光地」に集まるのだろうか。まずは観光客側から見て，出かける動機や理由について考えよう。

　なぜ人は悲劇のあった場に余暇の時間に出かけるのか。1つには悲劇を経験した土地やそこに住む人への「支援」のために出かける場合がある。災害や戦争が終わり，混乱が少し収まった後（とはいえ比較的間もない時期）に，そうした支援の動きは活発になる傾向がある。悲劇の現場に足を運び，地域の特産物などを購入しつつ地域の文化を知る。また，「人類の経験した悲劇」から，教訓などを「学ぶ」スタディーツアー（学習旅行）が実施されるが，これは広く世界各地でみられる観光現象である。

225

とはいえ，現地を訪れるすべての人がこのようないわば「真面目」な動機を理由に出かけるというわけではない。支援目的や学習目的が主たる訪問者の動機であれば，あるいは受け入れに対し大きなジレンマが生じないかもしれない。観光の導入や推進に対する不安・不満・反発には，「不真面目」な動機で，時に悲劇を消費しに来るような旅行者や，旅行者の存在がもたらす地域および地域住民に対する負の効果についての懸念があるからである。とはいえ，「不真面目」な動機，あるいは「好奇心」から現地にやってくる観光客について考察することは，ダークツーリズムの研究には不可避である。決して軽視できない数の「不真面目」な訪問者が存在していること，そしてそこに問題と同時に可能性があるとみる論者もいるのである。

　それでは，支援や学習以外の目的や好奇心からやってくる観光客にとって，ダークツーリズムの魅力はどこにあるのだろうか。これまで論者は様々に論じてきたが，その１つの手掛かりは「非日常」であり，また「本物」を目にするという点にある。

　観光社会学者の須藤廣は，ベトナム戦争時に地下に掘られた秘密のトンネルを訪れるツアーであるクチ・トンネルツアーに参加したときの自分の感情について，「『不謹慎』な高揚感を味わった」と率直に述べている（遠藤 2016：89）。ここで須藤が抱いた感情は，必ずしも珍しいものではないだろう。悲劇の内容や提示の仕方にもよるだろうが，自分が安全な場所・立場に身を置いている自覚から後ろめたさを感じつつも，不謹慎な高揚感を味わうことがあるのではないか。

　そもそも観光という行為において，私たちはよく知らないモノ・場所・事柄を見に出かける。多くの人にとって観光とは，生活のなかの日常性からほんの一時的に逸脱するイベントである。そうであるからこそ，日常にまた息吹を吹き込む機能が観光にはある。考えてみよう。私たちは日常と同じものを見聞きし，日常と同じことをするために観光に出かけるだろうか。私たちは，何らかの目新しいものや非日常を旅先で求める。

　さて，現代の私たちの生活のなかで，以前より身近でなくなったものに

「死」がある。かつて拡大家族のなかで，年長者などの老いや死を家庭内など
で身近に目にする機会があり，多くの人にとって，「死」は日常生活に密接し
たものとして存在した。しかし現代社会では，人は家ではなく病院で死をむか
えることが一般的になり，日常生活の場から「死」は分離されている。私たち
は，映画や漫画，報道など，メディアのなかで多くの「死」を目にする。しか
しそのこととは対照的に，現実の死は，社会の「オモテ」からは隠され，実際
に死を目にする機会は減少した。

　その意味で，「現実の死」は多くの人たちにとって「非日常」になった。現
実の死や死の現場は，メディアなどで目にするフィクションではなく，「本物」
であるからこそ，死は特別な価値のあるものであり経験だと認識される。すな
わち，非日常のものであり，かつ忌避されている「本物」を見に行くことに魅
力がある。それが「悲劇」であるからこそ，受難の地には観光資源としての引
力がある。

ホスト社会の視点から考える

　次に，ホスト側（観光客を受け入れる地）では，ダークツーリズムの導入・推
進にどのような動機や理由が存在するのだろうか。ホスト地域では，当然のこ
とながら多様な意見があり，観光推進に賛成の立場だけではなく，（特に初期に
は）しばしば強い反対が見られる。

賛成の立場　　　まず，賛成する人のなかには，地域の経済的な復興のため，
観光の推進を目指すという立場がある。戦争や大きな災害で
は地域のインフラに深刻なダメージが生じ，政府や援助機関の支援とともに地
域の復旧が進められるケースが多い。しかし深刻な被害を受けた場合，被害前
の状態に戻るまでに長い時間を要し，以前と同じような地域のあり方に戻るこ
とが不可能な状況に置かれることもある。

　ダークツーリズムの導入は，深刻な被害を受けたコミュニティにとって，被
害自体を見せる（すなわち観光資源として提示する）ことで比較的すぐに地域に
人を呼び込む手段として活用でき，また地域の経済的状況の改善に役立つと考

えられる。本格的なホテルやレストランなどのインフラの整備は時間がかかるものの，簡易な飲食の提供が可能な場で働くスタッフ，運転手，現地のガイドなどをはじめ，観光に直接的・間接的に関連する雇用が生まれる。

とはいえ，復興に必要なものは，経済的な回復や発展にとどまらない。自分たちの地域の文化に対する「誇り」の回復は，地域住民にとって重要である。観光客は悲劇の現場を見ながら，しばしばその地域の歴史・文化などについても知る。もちろん，どの程度深く知るかは旅行者次第であり，ダークツーリズム自体がそうした知識や理解を担保するわけではない。誤解や現地の住民の意図とは異なる理解のされ方もあるだろう。それでもそれは地域の文化や歴史などの背景を外部者が知る1つの機会を提供する。そしてその場所につながりのなかった外部者が，地域の経験や生活について関心を示すことで，住民は自分たちの文化や経験に価値があることを再認識する場合もある。

反対の立場 他方で，辛い出来事を思い出したくない，そっとしておいて欲しいと考える人がいることは当然であろう。ダークツーリズムの現場では悲劇が提示されるが，前項で述べたように観光客のなかには「死や受難の現場」のリアルさを求めてやってくる人も決して少なくない。現場を「そのまま」残して提示することは，そのような観光客の希望に叶うものであるが，以前からそこに生活し，受難後もそこで日常生活を送る住民にとって，受難時の記憶を留め置くこと，また日常生活のなかでそれを見てまわる観光客を目にすることには複雑な感情がある。苦難のなかでも前に進もうとする，あるいはそれを可能な限り意識しないことで生活を送ろうとする住民にとって，こうした観光は時に非常に否定的な意味をもつ。

観光の場での権力関係（見る側と見られる側の関係性）

そもそも，私たちは，悲劇・苦しみの商品化や「見世物化」に対してしばしば抵抗を感じる。観光の現場の住民はもちろん，前項で述べたように，訪ねる側である観光客も，「不謹慎」と捉えることがある。

見るものと見られるものに存在する権力関係については，文化研究・メディ

ア研究・ジェンダー研究などの表象研究に多くの蓄積があるが，初期の観光研究においても，両者の間には権力関係が存在することが指摘されてきた。観光研究のパイオニアの1人であるジョン・アーリは，ミシェル・フーコーが医学の文脈で論じた「まなざし」を応用し，観光における「まなざし」（すなわち社会的に構成され制度化されたモノの「見方」）を指摘した。彼は時代とともに「まなざし」が向けられる観光対象の変化について分析しつつ，観光現場で「見る側」と「見られる側」が対等の関係ではなく，「見る側」の優位性という力の非対称性が存在することを明らかにしている（アーリ，ラースン 2011＝2014）。

　そうした権力関係は悲劇の起こった場において，より露骨な，それゆえむき出しの暴力としてあらわれるために明確に当事者に意識される。「見る側」による一面的で単純なイメージという問題である。福島の研究を行っている開沼博は，福島＝原発事故とするイメージの強化につながるとして，批評家の東の打ち出した福島観光地化計画を直接的ではないものの批判する。福島には多様な面があり，事故前も事故後も人々は日常生活を営んでいる。事故の影響の度合いも地域差があり，また豊かな生活文化や歴史がある地域にもかかわらず，ダークツーリズムは，それを原発事故のみで塗りつぶし，その土地の生活・文化・歴史の豊かさを無視し，被災者の感情を踏みにじるというものである（開沼 2015）。

　開沼の意見は正当なものだと多くの人は考えるだろう。これは博物館の記憶の展示方法などメディアの表象の問題系（表象と権力関係）とつながっている。

―――― みんなで考えよう ――――
　自分の住んでいるところなど身近な場所でダークツーリズムと呼べるような場を考えてみよう。住民（受け入れ側）の視点で考えた場合，そこでのダークツーリズムの推進についてあなたは賛成・反対どちらの立場だろうか。〈訪問する側の立場〉の場合と何か違いがあっただろうか。

4　ダークツーリズムをめぐるジレンマ

復興を目的にしないダークツーリズム

　第2節でダークツーリズムの定義を，「死や悲しみと結びついた場所を旅する行為」とした。ダークツーリズムの3つの類型に人為的なものによってもたらされた死や苦しみと結びついた場所へのツアーも含まれていたことを思い出そう。「人為的」というところに行政組織や地域の有力企業が関わっていた場合，「死や苦しみ」の現場の痕跡が積極的に保存され，公的な観光ルートに含まれることは稀である。むしろ地域の復興を目的とした観光，前向きな復興にはそぐわないとされ，積極的にそうした場所を記憶することは避けられる場合が少なくない。また，公的な観光ルートに入れたいと考える人も，前向きな復興に水を差すという批判を恐れ，発言を控えることもある。復興を目的とした観光は，行政や地域の有力企業が音頭をとり進めることが多いが，そうした「復興ツーリズム」とダークツーリズムの目指すものは完全に一致するわけではない。

　「誇ることのできない歴史」をどう地域のなかに位置づけるのか。人為的な要因によって引き起こされた苦痛と行政との関係，地域での扱われ方の変化について考える際，長野市にある松代大本営跡の事例は興味深い。

　終戦直前の1944年，陸軍を中心とした旧日本軍は「本土決戦」に備え，連合国軍を迎え撃つ準備に取り掛かっていた。松代に地下都市を建設して大本営を移転する計画が持ち上がり，長さ10キロにも及ぶ巨大な地下壕が掘られた。

　現在象山地下壕と呼ばれる壕の一部が一般に公開され，壕の入り口の横には小さな資料館がつくられ，当時この計画がどのように進められたのかを知ることができる。壕の建設には大量の労働力が必要となったが，すでに徴兵などで内地の労働力は不足し，「日本人」労働力だけでは全く賄うことができなかったこともあり，朝鮮半島出身者が多数動員された。強制的な労働が広く存在したこと，また労働者の管理には同じ朝鮮半島出身者があてられたという植民地

支配下の権力構造がみてとれる。また慰安所が併設されていた点も資料館の展示で示されている。

　戦後しばらくは一部の研究者を除き，その存在については顧みられることは少なかったが，1980年代に地元の高校の教員と生徒を中心とした草の根活動によって壕の整備・保存と外部者への案内が始められ，長野市長の同意を得るまでこぎつけた。その後地域の負の歴史を積極的に公開することに対して地元議会の反対などが一部あったものの，1989年に500メートル程度を一般公開したことを皮切りに，戦後50年を経た1995年には松代大本営工事朝鮮人犠牲者追悼平和祈念碑が建立された。さらに1998年の冬季五輪オリンピック開催を契機とした長野への国際的な関心の高まりを活用して保存・公開へ向けた活動を推進し，行政もそれに協力するかたちで整備された観光スポットである。この大本営地下壕跡は現在，長野市の観光振興課が所管する観光施設となり，長野市および信州松代観光協会のホームページに紹介されている。

　この松代の事例では，草の根から始まった運動が行政を動かし，地域外へも働きかけを断続的に行いつつ，「世界的に重要な戦争遺跡」という地域での位置づけを数十年かけて固めていった。地域の前向きな未来の提示という点から反対があったものの，そして現在まで論争も含みつつ（例えば展示内容をめぐる交渉が現在もみられる），外部への積極的な公開を継続している。

〈時間の経過〉についての考察の必要性

　ダークツーリズムの現場には複雑な感情が埋め込まれており，多様な意見があることをふまえたうえで，さらにここで私たちは「時間」という要素も検討しよう。悲劇の出来事の直後はメディアの報道も多いが，一般的に時間とともにその土地で起きた出来事に対する忘却が進む。社会の中で関心が低下し，痕跡も消えて町並みや風景は変わっていく。

　アイルランド系住民とイギリス系住民の間で続いた北アイルランド紛争は，1998年に和平合意が締結され，一応の決着を見せた。その紛争跡地に，外部から人が訪れるようになり，観光スポットとなった。和平合意後10年近く経った

2000年代後半，観光客が紛争の痕跡を見てまわる現場のコミュニティ開発担当者が筆者に述べたつぎのような話がある。

　　1998年からしばらくはメディアで重点的に取り上げられたこともあり，高い注目を浴び，コミュニティに外部から人がやってきている。観光客は紛争の被害の大きかったこのコミュニティでお金を落とすことはほとんどないが，住民のなかには，自分たちの住むコミュニティに何かしら価値のあるものがあるのかもしれないと誇りを持つ人も現れた。しかし世界各地で悲劇が起き，メディアはその出来事を次から次へと追いかける。目新しさが失われて報道が減り，外部の人の注目は長く続かず自分たちのことは忘れられていくかもしれない。また行政による住宅開発が進み，外からコミュニティに新しい人が流入してきている。

ここでは今後のコミュニティのあり方が課題であると語られる。経済的な利益がないことへの不満はあっても必ずしもコミュニティの経済的な復興の観点だけ問題とされているわけではないことがわかる。時がたてば忘却は進むが，紛争を含めコミュニティで起きたことについて，暮らしや文化，記憶の継承が必要だという認識が示される。

　とはいえ概して，出来事の直後は当事者や関係者には鮮明な記憶があり，コミュニティのなかを外部者が見て回る観光に対する心理的な抵抗はより強いものになる（しかし外部者の関心は高い）。この段階では，風化については心配する必要はない。むしろ記憶を喚起するような場所から距離を取りたい，忘れたいとより多くの人が感じる可能性は高い。時間の経過の観点で考えると，初期にはダークツーリズムへの反対は一般に強くなる傾向がある。

　先に，東浩紀の福島観光地化計画に開沼博が批判的であった点を述べたが，「時間」を考慮すると東の主張にも少し違う側面が見えてくる。開沼は東の福島観光地化計画が福島の多様性や豊かな文化・歴史を，原発事故というイメージで塗りつぶすことにつながると反発と懸念を表明する。東はチェルノブイリ

への観光を参考に，福島＝原発事故というイメージが強く人の心に残った段階以降，そうした場で果たす観光の役割と可能性について検討している。東の問題関心は，例えば私たちが「チェルノブイリ」と聞いて，チェルノブイリ＝原発事故というイメージの固定化から変化していない，つまり地域の「その後」に関心を寄せていないのではないかという点にある。時間的・空間的な「遠さ」が私たちの無関心に拍車をかけるが，この課題をどのように克服できるのだろうか。

こうしたダークツーリズムの候補地では，その痕跡が消える前，出来事から時間が経たない段階で，将来的な観光目的のために保存する必要がある。先の思い出したくない，と考える人が少なくない時期から検討が必要になるのである。

私たちの認識は心理的・物理的な「遠さ」，時間・場所の「遠さ」により限定的な情報やイメージで固定される傾向が強まる。すでに固定化してしまっている人々のなかのイメージを更新するには，どうしたらよいだろうか。ダークツーリズムを肯定する論者の主張は，ダークツーリズムを他者との出会いの場所にするというものである。とはいえ，他者との出会いという効果を考えたとしても，苦しみを経験した場所を好奇心から訪れ楽しむことは，倫理と良識にもとるのではないだろうか。そもそも，こうした観光は外部者にとって，絶対に「必要不可欠なもの」ではない。「うしろめたさ」を感じるのはそれを無意識であっても理解しているからかもしれない。

他方で，「当事者」ではないことを必ずしも否定的に捉えることはないという見方もある。当事者の経験は非常に重いものであるが，「当事者」ではないという「距離」は，時に肯定的にも捉えうるという考えである。当事者ではないからこそ，その出来事をひいた視点で考察し，他の地域の事例も参考にしつつ体系的に捉えることが可能である。例えば，1つの地域から世界各地で起きていることを横断して考え，それぞれ別の事例から同時代の問題として私たちの課題を考察することもできるのであり，「非当事者」の視点には，当事者とは別の重要性があるとする立場である。

こうしたことから私たちはダークツーリズムを正当化できるだろうか。

```
―― フィールドに出よう ――

　自分の住んでいる都道府県内にあるダークツーリズムの現場に行
って，観光内容，悲劇を示す「場」（建物，記念碑など）としてどこ
が選ばれているのか，および運営主体が誰かを調べよう。展示の説
明文（キャプション）を読み，どのように「悲劇」が提示されてい
るのか考えよう。
```

参考文献

アーリ，ジョン，ラースン，ヨーナス，加太宏邦訳（増補改訂版 2014）『観光のまな
　　ざし』法政大学出版局。
東浩紀（2017）『ゲンロン0――観光客の哲学』株式会社ゲンロン。
井出明（2018）『ダークツーリズム――悲しみの記憶を巡る旅』幻冬舎。
ヴィーヴィオルカ，アネット・竹沢尚一郎編著（2015）「アウシュビッツをおとずれ
　　ること」『ミュージアムと負の記憶――戦争・公害・疾病・災害――人類の負の
　　記憶をどう展示するか』東信堂。
遠藤英樹（2017）『ツーリズム・モビリティーズ――観光と移動の社会理論』ミネル
　　ヴァ書房。
開沼博（2015）「脱『福島論』往復書簡」毎日新聞（ウェブ版）（2020年11月10日，
　　https://mainichi.jp/correspondence/）。
須藤廣（2016）「ダークツーリズムが持つ現代性と両義性」『立命館大学人文科学研究
　　所紀要』110：85-109。
日本政府観光局（2019）「年別　訪日外客数，出国日本人数の推移」日本政府観光局
　　（2020年1月8日，https://www.jnto.go.jp/jpn/statistics/marketingdata_outbound.
　　pdf）。
UNWTO（2018）*UNWTO Tourism Highlights: 2018 Edition*, UNWTO（2020年
　　1月8日，https://www.e-unwto.org/doi/pdf/10.18111/9789284419876).

推薦図書

井出明（2018）『ダークツーリズム――悲しみの記憶を巡る旅』幻冬舎。
　＊ダークツーリズムポイントを，日本国内を中心に多数紹介している。ダークツー

リズムとは何か大まかに理解するのに役立つ。

アーリ，ジョン，ラースン，ヨーナス，加太宏邦訳（増補改訂版 2014）『観光のまなざし』法政大学出版局。

　＊観光分野の古典ともいえる名著である。観光という幅広い学問領域にまたがる社会現象を考察するための理論を学ぶことができる。

ソンタグ，スーザン（北條史緒訳）『他者の苦痛へのまなざし』みすず書房，2003年。

　＊戦争写真論として書かれた本であるが，他者の苦難を見るという行為について考えるのに役立つ。「みんなで考えよう」の参考にするとよいだろう。

（福井　令恵）

第 **15** 章

多文化主義はなぜ失敗したのか

───── この章で学ぶこと ─────

　文化の多様性と価値の平等を認め，互いのアイデンティティの尊
重を唱える多文化主義。しかし，多民族・多文化の共存という現代
における「望ましさ」の追求は，多文化主義政策の「失敗」という
否定的な現実によって行きづまりを見せている。多文化主義はなぜ
失敗したのだろうか。本章では，この事態を誘発した外的な要因に
とどまらず，多文化主義に内在する各種のジレンマにも焦点をあて
ながら，その謎を解いていく。

キーワード：多文化主義，国民統合，排外主義，多文化主義のジレ
　　　　　　ンマ

───── この章の問い ─────

　民主主義国家は集団の多様性と平等を求めるなかで多文化主義と
いう立場を受け入れたが，多くの国では他者への不寛容と排斥が蔓
延した。多文化主義による社会統合を後退させた要因は何だったの
か。

1　多文化主義の挑戦と衰退

近代性への挑戦

　「多文化主義」（multiculturalism）とは，1つの国家ないし社会の内部に複数
の異なる文化が共存する状態を肯定し，積極的に共存の推進を図るべく集団間
の政治的・経済的・社会的な不平等を是正しようとする思潮・運動・実践のこ

とである。グローバル化によって人々の国際移動が常態化し，異なる背景をもつ者同士の文化接触が増大すると，多数派の文化が少数派の文化を取り込もうとする事態が発生する。こうした動向に対して，少数派の文化を保護し，文化間の価値の平等をめざして登場したのが多文化主義である。

　歴史のなかでの多文化主義は，様々なマイノリティ集団からの要求に端を発した，西洋中心の国民国家形成とその建国神話に対する異議申し立てとして始まっている。その意味で，多文化主義は，近代性（モダニティ）の危機がもたらした歴史的な現実であり，また西洋近代の諸理念とそのプロジェクトに対する挑戦であるともいえる（センプリーニ 1997＝2003）。

　そもそも，西洋における近代の幕開けは，伝統的な共同体から個人を解放し，自由で自律的な「市民」を創造したことで知られる。その場合の市民とは，人種・民族・宗教といった諸属性を超えた個人からなる理性的な主体を指している。西洋近代は，個人の自由競争に基づく資本主義経済を発展させ，法の前に平等な市民を民主政治の担い手とする国民国家を形成した。自由や平等の理念はのちに普遍的な人権思想の拡大をもたらし，現実の社会に遍在する人種，民族，階級，性，言語，宗教などの違いによる差別や不平等を克服することが期待された。

　しかし，実際の国民国家の形成過程では，近代市民社会のはらむ矛盾（普遍主義と特殊主義，業績主義と属性主義）は解消されるどころか，その多くはヴェールに包まれることになった。西欧諸国の内部では白人・男性・ブルジョア・キリスト教徒が多数派となり，その支配的文化のもとにその他の少数派が同化，吸収された。さらに，その外部では西洋列強による植民地支配が「白人の責務」のもとに正当化され，新大陸では西欧の入植者による先住民の制圧のあとに多民族国家が建国されていった。

　近代が掲げた普遍性とは，西洋の支配的文化によって国民統合をはかろうとする「同化主義」や植民地支配の知的道具でしかなかったのではないか。第二次世界大戦後になると，そうした批判が高まっていく。近代の民主主義のなかに西洋文化の「自民族中心主義」を読みとる異議申し立てが様々なマイノリテ

ィ集団の側から行われたのである。

　契機となったのは，アジア・アフリカ諸国の独立（脱植民地化），旧植民地から旧宗主国への大量の人口移動，先住民族や少数民族によるアイデンティティの承認要求や権利保護の運動などである。１つの民族，１つの文化（言語や宗教）からなる「国民国家」という創られた伝統に対して，移民や民族的マイノリティの文化的差異が公共空間のなかで可視化され強調されると，西洋中心の価値基準やマジョリティ集団による単一文化の支配が問われ，複数の文化を等しく尊重しようとする思考が一定の支持を得ていった。

　国内の各民族集団の文化的権利を保障し，どのように社会へ包摂するかという大きな課題を背負った西欧諸国では，1970年代から1980年代にかけて，各国ごとの社会統合の伝統にそったリベラルな政策を採用するに至った。その１つが，各集団の文化を尊重し，ホスト社会の文化に同化させることなく多様な文化の維持を容認する「多文化主義」の政策だった。多様性と平等を理念とする多文化主義は，人種差別を禁止する法律の制定や母語教育の機会の保障（多文化教育）など，各種の制度・政策の実現へと結びついていった。

多文化主義の行きづまり

　しかしながら，多民族・多文化的な状況が進むことは「異質との共存」や多文化主義の試みを促す一方で，文化の相違に起因する社会的緊張や軋轢をもたらすことにもなる。

　例えば，文化の相違から生じたコンフリクトの１つに，脱植民地化の流れと冷戦構造の崩壊によって国民統合（文化的統一性）の枠組みが溶解し，各種の民族問題が発生したケースがあげられる。具体的には，自治や独立を達成して主権国家をつくろうとする「民族自決・分離独立の問題」（チベットやウイグル，パレスチナ，チェチェン，東ティモールなど），境界区分の見直しを求める「国境・帰属変更の問題」（アルメニア・アゼルバイジャン紛争，ロシア・ウクライナ紛争），独立後に多数の集団が公権力の掌握をめぐって争う「国民形成・国民統合の問題」（ボスニア・ヘルツェゴヴィナ）などが，激しい民族対立や内戦となっ

て世界各地で勃発した（山内 1996：25-27）。

　他にも，狭義の少数民族問題や先住民族問題として顕在化したコンフリクトがある。事実上の多民族社会であるマレーシアやスリランカでは，国家建設と国民統合の過程で採用した「一文化主義」政策による少数民族への同化と抑圧の結果，独自の権利を主張する民族と民族間の平等を主張する民族の間で緊張が強まった。また多文化主義を国是とするオーストラリアの先住民族であるアボリジニは，マイノリティ運動の高まりのなかで「ホームランド」に対する特別な権利を要求し，自らをあくまでも "one of one" であると主張した。苦難の歴史を背負ったアボリジニにとって，他の民族集団との対等な関係構築を重視する多文化主義は，自分たちを "one of them" の地位におとしめる政策でしかなかったのである（梶田 1996：250-251）。

　さらには，移民・難民問題をめぐって起こっているコンフリクトにも注意したい。とりわけ1980年代以降の西欧諸国では，移住労働者とその家族の定住化に加え，新しい移民が流入してきたことが，最終的には多文化主義に引導を渡すことになった。この新しい移住者は，高い学歴と一定の資産を有するアジア系の「ビジネス移民」や，東欧やアフリカなどから逃れてくる「庇護申請者」（難民），そして東欧，旧ソビエト，アフリカ，アジアからの「非合法」移民などであった。なかでも言語的・民族的・宗教的に西洋のマジョリティ集団とは異なるイスラム教徒（ムスリム）が増大したことは，ホスト社会において消極的に受け止められたのであろう。ムスリム移民に見られる失業，貧困，逸脱などの社会的不適応や西洋文化との対立は，徐々に「統合されざる移民」としての印象をマジョリティの側に刻印し，排外主義や極右政党の標的となっていったことは記憶に新しい。

　以上のような，文化の相違に起因する諸問題によって，主に先進諸国で展開された「異質との共存」に向けた多文化主義の試みは，1980年代後半から陰りを見せはじめ，とりわけ西欧では「統合」という言葉が多文化主義に取って代わった。統合とは，異なるエスニック集団が社会文化的領域で相互の境界と独自性を維持しつつ，政治経済的領域での平等をめざす制度的なシステムを指す。

多文化主義に比べやや後退した政策内容ではあるが，それは西欧の社会状況に応じて妥当な解を模索していった結果である。

しかし，1990年代を経て2000年代に入ると，頻発するテロ事件やさらなる難民の流入によって文化間の境界は不安定化し，統合論も排除と同化を基盤にした国民の再統合に向けて大きく修正を迫られていく。多文化主義は各国の政策用語から次々に削除され，多民族・多文化への寛容と包摂の政治も一部の国を除いて表舞台から姿を消した。排外主義を基調とする反移民や反イスラムの動きがグローバルに広がるなかで，民主主義の試練が再び訪れたのである。

調べてみよう

カナダ，オーストラリア，アメリカ合衆国などの移民国と，イギリス，フランス，日本などの非移民国では，「多文化主義」がどのように導入され，いかなる課題に直面したかを調べてみよう。

2　多文化主義の諸特徴

多文化主義の問題，ひいては多文化空間における社会的凝集性の問題は，民主的な制度やグローバル経済，および多様な民族構成を特徴とする国々では，程度の差こそあれどこでも見られる問題である。たとえ許容し難い状況であっても，現実に民族的・文化的多様性が国内に存在するのであれば，社会統合もそうした事実に立脚して展開する他はないからである。

ただし，考えられる多文化社会の構成原理は，多文化主義のみとは限らない。多民族・多文化的状況を前提にしつつも，1つの文化のもとに国民国家を統合しようとする「同化主義」は，多文化主義とは対立するが，その方策の1つであるといえる。あるいは，20世紀前半のアメリカ合衆国で用いられた「文化多元主義」（cultural pluralism）もまた，多文化主義と類似する概念だが，近年では多文化主義を批判する立場から望ましい統合のあり方を提起している。

文化多元主義とは，多数の移民からなる合衆国において，複数の民族文化が

下位文化として「私的領域」に並存することは認めるが，「公的領域」におい
ては「単一の共通文化」が保持されなければならないという主張である。かつ
ての文化多元主義は，主としてヨーロッパ系の移民間での平等や文化的多様性
の主張であったため，アメリカ的な共通文化（WASP の文化）を形成するうえ
では大きな支障はなかった。それに対して，今日の多文化主義は先住民や黒人
や非ヨーロッパ系の住民の権利擁護や文化的多様性を主張する点で，非白人と
の共生が視野になかった過去の文化多元主義とは異なるし，いまなお異文化間
の序列化を黙認する今日の文化多元主義とも異なる。

　このように，１つの人種的・民族的・宗教的な集団がある種の特権性を主張
するなら，多文化主義は社会の共生原理としては成立しにくい。梶田（1996）
によれば，多文化社会を構成する各文化が自己の文化の絶対性を排他的に主張
する場合には文化衝突を免れず，文化衝突を回避するためには「文化相対主
義」（cultural relativism）を一定程度共有することが不可欠であるという。「な
ぜなら，自己の文化を他者に認めてもらうためには，同時に他者の文化の存在
を認めねばならず，それゆえ自己の文化の絶対性を放棄し，文化の相対性を受
け入れざるをえないからである」（梶田 1996：250）。

　もちろん，厳密にいえば，多文化主義と文化相対主義は同義ではないだろう。
各文化に固有な価値を尊重しようとする点では，多文化主義は文化相対主義に
通じるものがあるが，文化相対主義が先進国の文化と途上国の文化の関係のよ
うに各々の社会＝文化の対等性を説くのに対して，多文化主義は同一社会のな
かの複数の文化の共存ならびに相互の尊重という実践的な思考を有する点で大
きく異なるからである。

　以上の歴史的・概念的な整理をふまえたうえで，多文化主義の特徴をあげる
ならば，つぎの３点にまとめることができる。１点目は，多文化主義は何より
もまず文化の「差異」を問題にするが，単に民族的・文化的多様性を主張する
だけでなく，非西洋の民族集団の側から西洋的な価値や文化規範（西洋中心主
義）を批判するという「理念」が含意されているということ。その意味で，多
文化主義は近代性への挑戦であると言ってよい。２点目は，それが支配者集団

に対する移民や民族的マイノリティの地位と権利の要求であると同時に，アイデンティティの「承認」の問題でもあるということ。よって多文化主義は，マイノリティ集団の尊厳や承認を求める「運動」という性格をもつ。そして3点目は，多文化主義が同一社会の内部における複数の異なる文化を等しく尊重し，集団間の不平等を是正しようとする「実践」的な目的を有するということ。したがって，多文化主義はつねに国民統合という文脈のなかで議論され，「政策」としての妥当性が吟味される。

3　多文化主義のジレンマ

　自由で多様な価値を是認する世界では，多文化主義は肯定的に受け入れられてしかるべき理想的なイデオロギーのように思われる。しかしながら，多文化主義は多民族・多文化社会の政治手法として結果的に「失敗」に終わっただけでなく，失敗に至る以前から長らく激しい論争の的となってきた。なぜ，実現すべき規範や採用すべき共生原理にみえる多文化主義が，それへの批判を交えた大きな論争の焦点になったのだろうか。そこには，多文化主義をめぐる歴史的な問題とは別に，多文化主義が内包する困難性や論理的な問題がある。以下では，それらを3つのジレンマに分類しながら検討していくことにする。

文化的固有性と普遍主義のジレンマ

　最初に取り上げるのは，①民族固有の文化と自由・平等・人権といった普遍的な価値や権利との間のジレンマである。このジレンマは，西欧諸国における「イスラム論争」のなかに典型的なかたちで表れている。例えば，ムスリムは西欧諸国に定住した最大の移民集団であるが，公の場でヴェールやスカーフを着用することは政教分離の世俗社会でも容認されるのか。あるいは，イスラムの法や教えに残る性差別は，西欧諸国で人権侵害を問われても伝統的な慣習として認められるのか。

　これらの問題は，世俗主義やジェンダー平等を重視する西欧の価値観を擁護

するのか，それとも文化や宗教の尊重に基づいてイスラムへの配慮を優先するのかという二項対立を含んでおり，多文化主義の困難性を浮き彫りにしている。たしかに，多文化主義を認めるといっても，「多文化や差異は，自由や平等といった理念や基本的人権と矛盾しても認められるのか」という疑問が生じるだろう。2004年にフランスで成立した通称「スカーフ禁止法」は，西欧で共有される市民社会の規範に背いてまで，民族的・宗教的集団の有する特殊な文化の自由が保障されるわけではないことを示している。

　ただし，このような普遍主義と相対主義が対立する関係には，西欧諸国が「普遍的」だと見なして制度化する価値もマイノリティの側から見れば必ずしも「中立」ではないという，差異と平等が対立するもう１つの関係が絡んでいる点でより複雑である。つまり，西洋近代の価値は尊重されるべきだが，「基本的人権や民主主義はいかなる人種・民族・宗教にも平等に適用されているのか」という疑問が投げかけられているのである。

　同一社会のなかに複数の異なる文化が存在するとき，どの言語を国語とみなし，どの言語によって教育するのか。既存の国家には多数派住民の文化が自然と有利に働くような仕組みが組み込まれており，自由や平等を保障する国家であっても決して「中立」ではない。むしろ，普遍主義の名において少数派住民に同化を強いる傾向さえあることも注意しておかなければならない。したがって，①の問題には，「西欧近代の価値の尊重が民族文化を解体する，あるいは民族文化の保持が普遍主義的な価値基準に抵触する」というジレンマが存在する。

文化的差異と分離主義のジレンマ

　つぎに取り上げるのは，②人種・民族間の文化の相違と分離・分裂の間のジレンマである。多文化主義を主張することは，文化的背景が異なる者たちの共存や共生を導くのか，それとも国民形成による統合や結合を崩壊させるのか。多文化主義が大きな論争の的になったのは，その論争の震源地であるアメリカ合衆国において，多文化主義が社会の分裂を招く恐れがあると指摘されたこと

にある（シュレージンガー　1991＝1992）。

　移民国であるアメリカは，建国以来，多様な民族が1つの坩堝で融けあう「メルティングポット」型から，個々のエスニック集団がそれぞれの差異を活かしながら共存する「サラダ・ボール」型へと社会統合のあり方を変容させてきた。ただし，それはあくまで「皆がアメリカ人になる」という公民文化を保持した文化多元主義の理念のもとであって，多文化主義に基づくものではなかった。

　アメリカ流の多文化主義が制度的・政策的なレベルで実現するのは，1960年代の公民権運動以降である。マイノリティ集団自身による尊厳の平等を求める社会運動が，黒人などのマイノリティに就職や入学で一定の枠を設ける「アファーマティヴ・アクション」（積極的格差是正措置）や「エスニック・スタディーズ」（民族研究）講座新設など教育分野でのカリキュラム改革につながった。だが，黒人やエスニック・マイノリティの貧困や逸脱などの社会問題がなおも残存し，その解消に必要な財政負担を重く感じた白人らの保守層は，多文化主義の優遇措置をマジョリティへの「逆差別」だとして非難した。多文化主義の肯定派が機会の平等の実効性を擁護するのとは対照的に，多文化主義の否定派は逆差別の弊害を訴えたのである。

　さらに，多文化主義への批判の矛先は，急進化した「人種覚醒運動」にも向けられることになる。黒人を中心とする「アフリカ中心主義」や「ブラック・ナショナリズム」は自己の尊厳の回復と自己意識の変革を求めたが，それらは人種間の序列を逆転しただけの「白人優越主義」の裏返しではないかと疑問視されたのである。つまり，多文化主義政策と同様に，人種覚醒運動もまたアメリカ内部の人種的差異を強調し，人種間の対立や分離を深めるものだという批判的な主張である。

　人種や文化の相違に起因して，人種・民族間の「分離」が進行する。そうした社会的分裂への危惧は，リベラリズムのアメリカ合衆国や共和主義のフランスのように共通の政治的理念によって国家を維持してきた国々で見受けられる。多文化主義が国民を統合する共通要素の優位性すら認めないのならば，いっそ

相互に分離した方が望ましいという分離主義の考えをマジョリティの側に抱かせてしまうのだ。しかも，それは「彼ら」の文化や権利が特別に保護されるのなら「われわれ」の立場も優遇されてしかるべきだという多文化主義を逆手に取った議論に発展しかねない。

　問題は，多文化主義による社会的分裂が国民統合の観点から危惧されるばかりか，文化的自律性を保持した移民やエスニック集団を排斥しようとする排外主義すら惹起させる点である。ここでは，「文化相対主義が人種や民族の分離主義へと反転し，多文化主義が排外主義を正当化する論拠としても使われる」というジレンマが析出される。人種覚醒運動と排外主義はともに分離主義という論理において共通しており，ゆえにそれらの台頭は「文化」（エスニシティ）に基礎をおく多元性原理の統合論を弱化させていくのである。

文化的共同体と個人主義のジレンマ

　最後に取り上げるのは，③民族集団の文化の同一性と個人主義の間のジレンマである。多文化主義が抱えるこの種のジレンマに関しては，ナショナリズム，リベラリズム，ポストコロニアリズムの3つの立場からの多文化主義批判の論点が参考になる。

　まず，多文化主義が保護・支援しようとする民族集団の特徴を捉えるために，ナショナリズムの観点から多文化主義を考察しよう。一般的に，多文化主義は一国内のエスニック文化の多様性を促進するように働くため，その多様性を抑制するように働くナショナリズムとは区別される。しかし，「ナショナリズムがある民族の歴史や伝統の復興を訴えるものであるように，多文化主義もまた，現在の国民国家のなかに包摂されている下位文化の歴史や伝統の復興を訴えるもの」である点で共通している。「この意味で，多文化主義の政治はナショナリズムの政治の縮図である」（松元 2009：107）ともいえる。

　同化を重視するナショナリズムに対して批判的な多文化主義だが，多文化主義それ自体は同化の性質を完全には排除できていない。すなわち，自文化の保護や承認を求めるマイノリティ集団の内部に，より小規模の集団が存在すると

き，その小規模集団は上位文化への同化か分離かの選択を迫られることになる。
同化が進めば多文化主義は国民形成のナショナリズムと何ら変わりはないし，
分離が進めば保護の対象が曖昧化し多文化主義は効果をもたない。

　さらに，この難点は，エスニックな文化をもつ集団・共同体はその文化を成
員個人に強制することができるのかという，個人的自由の制限に関わるリベラ
リズムの問題にも波及する。具体的には，カナダのケベック州におけるフラン
ス語優先の文化政策や，個人の自由よりも家族や共同体の文化を重んじるイス
ラム教のように，ある文化的共同体が課す言語・教育・宗教の義務と個人の自
由意思や権利との間の対立である。言い換えれば，どの言語や教育を選ぶのか，
その宗教の教えに従うか否かといった個人の自由を制限してまで，多文化主義
はその民族や宗教文化を擁護することができるのかという問いを含んでいる。

　多文化主義とリベラリズムの対立は，先述した①の普遍主義をめぐるジレン
マにも関連する論点だが，①では主に「マジョリティとマイノリティの集団間
の平等」に力点がおかれていたのに対して，③の個人主義をめぐるジレンマで
はむしろ「マイノリティ集団内部の自由」に焦点が当てられている（キムリッ
カ 1995＝1998）。多文化主義を肯定する論者の間では，集団間の対等性（①）に
ついてはその多くが同意するものの，集団内の均質性（③）については見解が
分かれている。

　普遍主義にしても個人主義にしても，多文化主義との間にジレンマが生じる
のは，おそらく多文化主義が前提にする「文化」それ自体の規定に要因がある
のだろう。多文化主義においては，それぞれのエスニック集団が独自の文化を
もっていることが自明視されることが多い。しかしそれは，ポストコロニアル
研究の立場からは，本来，多様な性格をもつはずの集団に対して特定の性格を
当てはめる本質主義的な思考の産物であると批判される（スピヴァック 1990＝
1992）。

　つまり，多文化主義では，1つの体系として閉じられた「文化」が民族や人
種といった集団と重ね合わされ，そうした分割不可能な文化が複数並存する状
態を「多文化」と仮定しているのである。したがって，多文化主義は「文化の

同一性を所与の条件とすれば個人主義と対立し，一方で個人主義を力説すれば
文化の固有性を保護できない」というジレンマを抱えることになる。多文化主
義が本質的で固定的な文化概念を強調する限り，普遍主義や個人主義との間の
ジレンマに陥ることは避けられず，またその前提自体を問い直さなければ分離
主義との間のジレンマからも逃れられないだろう。

```
―― みんなで考えよう ――
　　多文化主義が抱える3つのジレンマ（①普遍主義，②分離主義，③
　個人主義）について，各々どのような問題があるためにジレンマな
　のかをもう一度確認し，そのうえで3つのジレンマが相互に関連し
　あっている部分を考察してみよう。
```

4　ポスト多文化主義のモデル

　これまで多文化主義の意義と特徴，現状と問題点を紹介し，前節では多文化
主義がどのような限界をもつのかについて論点を整理してきた。ただし，長年
にわたって蓄積されてきた多文化主義研究には，本章で扱った内容の他にも，
多文化主義の定義や種類の問題をはじめ，グローバル化，新自由主義経済，国
家管理との関係など検討すべき課題が数多く残されている。したがって，本節
では，先に提示した多文化主義をめぐる3つのジレンマに対してどのような応
答があり得るのかという点に絞ったかたちで5つの選択肢をあげておきたい。
　第1の選択肢は，前節①のジレンマで検討した，民主主義や人権といった普
遍的な価値に基づいた「統合」を重視する立場である。この立場は，相異なる
種々のエスニック文化が存在することは認めつつも，いかなる民族的な属性に
対しても中立であるような普遍的な理性や合理性を社会の統合原理に据える。
共和制のほか，シティズンシップ（市民権）や憲法などがそれにあたる。した
がって，少数派の文化に対する抑圧や同化を退け，多数派の文化に対しても普
遍的理念との種別化を掲げるが，エスニック文化の存続を積極的に後押したり，

文化的多様性を促進させたりすることもない。

　第2の選択肢は，支配者集団の文化への「同化」主義である。エスニック文化の多様性を抑制し，多文化主義から距離をおく点では第1の選択肢に近接するが，この主張は普遍的な価値ではなく，マジョリティ集団の自民族中心主義や伝統的な価値に依拠する点で異なる。なお，少数派に対して多数派のエスニック文化への同化を迫ることは，多文化主義が登場する以前の状態への回帰を意味する。よって，この主張を支持するのは，文化相対主義や文化多元主義をも否定して，伝統的な西欧文化の正統性を強調する新保守主義の立場が中心となる。

　第3の選択肢は，前節②で検討した「分離」主義という多文化主義と表裏一体の立場である。これは，多民族・多文化社会を何らかの共通の理念や原理で束ねることを放棄し，自文化の尊厳を保持しながら人種・エスニック集団ごとの分離・隔離を追認するものである。マイノリティの側から対抗文化が形成され，同化を重視するマジョリティ文化の優越性が失われると，同化主義は分離主義に反転する傾向がある。異文化との交流を遮断した白人富裕層による隔離住宅地の形成や移民排斥を叫ぶ極右勢力の台頭などがその典型例である。自文化の排他的主張を行う分離主義の場合には，普遍的な価値までもが捨象され，共存・共生への途を諦める多数派・少数派相互の自己隔離が進行する。

　第4の選択肢は，前節③のジレンマを乗り越えようとする「リベラルな多文化主義」の立場である。多文化主義を標榜する以上，支配者集団による同化主義やマジョリティ文化の再生産に事実上加担するような統合ではなく，マイノリティ集団のエスニック文化の承認と文化的多様性の促進を前提とする。そのうえで，「リベラル」な多文化主義はつぎの2つの側面において多文化主義の更新をめざす。1つは，文化的差異の強調が分離主義に傾倒しないために国民統合の意義を認めること。もう1つは，個人の自由とエスニックな帰属の両立可能性を模索することである。実質的には，普遍主義と個人主義に抵触しない限りでの多文化主義の追求ということになり，近年では「間文化主義」(inter-culturalism) への転換としても語られる。

　最後に示す第5の選択肢は，以上の選択肢とは異なる位相から提起される
「コスモポリタニズム」（世界市民主義）の立場である。上記4つの選択肢はい
ずれも，国民統合を準拠枠として提示される選択肢だが，この立場は国家や国
家内の社会を相対化しながら多文化主義の難局を打開しようとする。すなわち，
それは近代国民国家やそれを志向するナショナリズムへの批判を念頭において，
どの国の国民であるかを超えた普遍的人権と出自でなく居住に根差したシティ
ズンシップを基礎に，文化的多様性を推進する新たなコミュニティの創出を意
図するものである（デランティ 2000＝2004）。

　以上，多文化主義が抱えるジレンマをふまえたうえで，多文化主義の「失
敗」後に提起される方策を5つの選択肢にまとめて示した。これらのポスト多
文化主義のモデルには，従来の多文化主義の意義を継承するモデルもあれば，
断絶を意味するモデルもある。本章では，そうしたモデルごとの内容それ自体
の当否については論じないが，共生原理をめぐる現状分析と規範的議論におい
ては，これらのモデルの比較検討は避けて通れない。多文化主義の限界を認識
したうえで，いかにして多文化主義を超克するか。議論は開かれたままである。

──　深めよう　──

　多文化主義のジレンマへの応答として5つの選択肢を示した。そ
れぞれの選択肢の背景にある考え方や意義をふまえたうえで，どの
選択肢がより望ましい方策なのかをグループ間で協議してみよう。
加えて，関連する資料を調べてレポートを書いてみよう。

参考文献

梶田孝道（1996）『国際社会学のパースペクティブ──越境する文化・回帰する文化』
　　東京大学出版会。
キムリッカ，ウィル，角田猛之・石山文彦・山﨑康仕訳（1998）『多文化時代の市民
　　権──マイノリティの権利と自由主義』晃洋書房。
シュレージンガー，アーサー Jr.，都留重人訳（1992）『アメリカの分裂──多元文化
　　社会についての所見』岩波書店。

スピヴァック，ガヤトリ・C.，清水和子・崎谷若菜訳（1992）『ポスト植民地主義の思想』彩流社。

センプリーニ，アンドレア，三浦信孝・長谷川秀樹訳（2003）『多文化主義とは何か』白水社。

デランティ，ジェラード，佐藤康行訳（2004）『グローバル時代のシティズンシップ——新しい社会理論の地平』日本経済評論社。

松元雅和（2009）「多文化主義とナショナリズム」施光恒・黒宮一太編『ナショナリズムの政治学——規範理論への誘い』ナカニシヤ出版。

山内昌之（1996）『民族問題入門』中央公論社。

推薦図書

油井大三郎・遠藤泰生編（1999）『多文化主義のアメリカ——揺らぐナショナル・アイデンティティ』東京大学出版会。

＊アメリカ合衆国の「多文化主義」を分析し，この領域のスタンダードとなるべく出版されたテキスト。とりわけ多文化主義論争をめぐる射程を整理した各論考は，本章の内容の背景にもなっている。多文化主義を相対化して考えてみたい場合には最適な書物である。

梶田孝道（1996）『国際社会学のパースペクティブ——越境する文化・回帰する文化』東京大学出版会。

＊「国際社会学」の視角から，20世紀後半のヨーロッパのEU統合やムスリム移民について考察した概説書。地域統合や民族・文化のテーマに加えて，本書では多文化主義の検討にも紙幅が割かれており，ヨーロッパの文脈で学ぶことができる良書である。

（挽地　康彦）

.

第16章
幸福のジレンマ

— この章で学ぶこと —

　1人で気ままに生きたいが，幸福は1人では得られない。個人の自由は尊重すべきである。けれども，自分の生を含めて社会をよくするために協働で取り組むべきことは数多くある。この章では，社会福祉の根源にあるこの〈幸福のジレンマ〉に私たちが悩み続けることの意義を確認する。そして，このジレンマが容易に解けない理由を，社会的ジレンマ論から考える。さらに，社会的ジレンマを解決するいくつかの方法の有効性と限界を考察する。

キーワード：私化，コモンズ，社会的ジレンマ，社会関係資本

——— この章の問い ———

　1人で気ままに生きたい。でも，他人との協働なしに，幸福になれるのか。

1　私化と協働

　人は1人では生きられないというが，現代社会は，お金さえあればそれが不可能ではない社会にみえる。必要なものは何でもコンビニやネット販売で手に入る。アパートは隣が誰かも気にしない人たちばかり。ネットビジネスで稼げば，仕事のために組織に属する必要もない。もちろん関わりを避けられない（もしくは避けたくない）人たちはいるだろうが，最低限のつきあいをこなせば，あとは自分の好きなように生きていける。

　はじめに，このような社会に向かって私たちを突き動かしてきた「近代化」

という，大きな社会変動のうねりを振り返っておこう。

近代化

　西ヨーロッパで始まった近代化は，封建的な身分制から個人を解放し，国王や領主の権力を制限し，自由な人の移動や経済取引を可能にするための，社会体制変革としての意味があった。17世紀末のイギリス名誉革命，さらには18世紀末のフランス革命などを経て，政治的には民主主義を軸に，平等な個人を前提にした国民主権国家の枠組みが形づくられていった。経済的にも，個人の自由な競争こそが社会的富を増大させるという思想が生まれ，産業革命によって生産技術が飛躍的に発展し，資本主義経済を軸とした産業化が進んだ。アジアでは明治維新に際して日本がいち早く，こうした近代国家の枠組みを国策として導入して「富国強兵」を進めたことは，周知のとおりである。近代的軍備が主目的ではあったが，士農工商の封建的身分制度は廃止され，憲法とともに議会制度などの民主主義的な制度が形づくられていった。このように近代化は，身分制からの個人の解放，そしてまた個人の自由の尊重という理念目標に照らして，ひとつの望ましい社会の道筋を照らしている。

　一方で，身分制から解放された個人がつくる社会の，不安定さやもろさも指摘されてきた。自由とともに，身分制の背後にあった宗教，民族，エスニシティ，ジェンダーなどの社会的多様性が顕在化し，国民とは誰かの境界づけ，あるいはまた権利の配分をめぐって，マイノリティを抑圧する権力が作動しやすくなる。現代はグローバル化のなかでの国家のあり方，権力に依らない多様性共存が問われているが，近代国家は当初から多かれ少なかれ同種の問題を抱え続けてきた。こうした内的不安性を克服するために，国家はしばしば第３の敵をつくろうとする。彼の国に負けないために，いまは内輪もめしている場合ではない，というわけだ。ともに血税（兵役）を負うことで，国民としての連帯も培われる。

　ファシズムは民主主義の対極と考えられがちだが，第二次世界大戦におけるナチスなどの台頭の主原因を，大衆社会という近代社会そのものの特性に求め

る議論がある。大衆社会は，互いに平等な個人がつくる近代国家が，少数エリートへの権力集中と，人々の権力批判能力の消失を生む点に注目する。個人と国家をつなぐ中間集団をうまくつくれない状況のなかで，個人は社会の歯車のように脱人格化され，連帯感や社会への帰属意識をもてない。そのため大衆社会には漠然とした孤立と不安が蔓延し，権力を掌握せんとするエリートの大衆操作に容易に応じてしまうのである。

　以上のように近代化の歴史は，政治・経済・軍事・社会・文化と様々な顔をもち，同時に，ポジティブな面とネガティブな面を常に隣り合わせにもっている。その多面性に留意しつつここで重要なことは，近代的な国民主権国家の諸制度は個人を前提にしてきたこと，そして，それと整合する個人主義的な価値が尊重されてきたことである。現代社会の諸面における個人の重みの増大は，近代化の必然的な帰結なのである。

私　化

　こうした近代のダイナミズムが質的にも水準的にも異なってきたのは，1970年代頃からである。日本を含む先進国では物質的豊かさが行き渡り，大量生産＝大量消費という資本主義の骨幹原理が通用しなくなった。飽和した市場に活路を切り開く試みが様々に展開する。未開拓の市場に介入すべく資本のグローバル化が進み，国内市場では特定の消費者層にターゲットを絞った多品種少量生産への切り替えが模索された。1990年代からそれに，インターネットとコンピュータの情報処理能力の革新による情報化が加わり，競争のフロンティアはグローバルな多品種大量生産へシフトした。そのなかで，サービス経済は生活の隅々まで行き届き，家族によるサービス充足の必要性は格段に低下した。今や，人間関係を含めて，生活に必要なすべての情報やアクセスはスマホのなかにある。

　サービス化や情報化が個人レベルで生活の隅々まで入り込み，グローバルな情報ネットワークに取り込まれていくと，逆にプライバシーの確保が重要になる。情報や防犯のセキュリティを含めて個人を守る空間づくりが普及し，家屋

構造は個室化とともに機密性を増した。一方で，直接的なコミュニケーションは希薄になる。近所にも関わらず顔見知りの関係をもつこともない。悩み事は，友だちや親ではなく，匿名性が保たれるネットのお悩み相談に頼られる。現代の「個人」は，国づくりの主体としての文脈を離れて，家族や友人関係がつくる小さな公共空間からも後退していくような，「私化」のステージにいる。

　しかしながら，「私」だけで動く世界はごく限られている。表向きは人に頼らず生きているようでも，すべてをお金と公共サービスで充足することはできない。そもそも，どんなにお金があっても，物質的な充足だけでは幸福な人生は送れない。人はどこかで社会的承認を必要とし，そのためには協働への関わりを避けることはできないからである。けれどもここでいいたいのは，そうしたアイデンティティに関わること以前にもっと物質的・非物質的な生存条件や生活基盤のところで，私たちが他者との協働によって整えているモノが様々あることだ。

コモンズ

　「私化」は，公共性（市民性）を対抗概念として議論されることが多い。公共性は，個々のよりよき「生」と幸福のために，個人間の利害や価値観の調整が必要な問題領域である。しかしこれでは抽象的過ぎて，具体的にどのような場面でどのような調整が問われるのかがわからない。この問題領域に，やや違った視点から具体的にアプローチするために有効なのが，コモンズの概念である。コモンズは，ある地域的な人々の集まりにおけるモノを介在した協働課題である。「モノ」は前述した物質的・非物質的な生存条件・生活基盤のことだが，とくにここでは非物質的な生活基盤として，地域の安全や衛生，教育環境，地域経済を支える地域活力，地域をとりまく自然環境，などを想定する。コモンズの重要な特徴として，それが供給する財の公共性が高く，基本的には誰でもそれを利用できる性質がある。

　伝統的なコモンズは放牧地や入会地などであり，地域の人々の自主管理によって維持されてきた。けれども，ギャレット・ハーディン（Hardin 1968）が

「コモンズの悲劇」として警鐘を鳴らしたように，この自主管理の仕組みは，個人利益の追求に目覚めた少数の人々の行為によって壊されやすい。実際，近代化のなかで伝統的コモンズは次々と消滅し，個人私有地として区画化されるか，あるいは国や自治体の公的管理に委ねられるかの運命をたどってきた。

　日本の入会地を例にとってみよう。日本では山地・丘陵地率および森林率がともに約7割を占めるが，こうした山林の大部分は近世まで誰の所有かが明確ではなかった。ただし，この山は代々この村が手入れし，利用してきたのだという使用関係はあった。山は燃料や食料の重要な供給源であるから，コモンズとして自分たちで採取や狩りのルールを決め，資源が枯渇しないように村全体として管理・利用してきたのである。この慣習的な使用権が，入会権である。富国強兵を目指す明治政府は，資源が乏しい日本において豊富な木材資源に着目し，山林所有権をはっきりさせて国の山林管理体制を整えようとした。この入会の近代化の過程で，入会地は官有地に編入されるか，あるいは個人ないし少数の代表者による記名共有の形で所有権が整理されていった。記名共有の形で入会の継続を図ったケースにおいても，やがてその所有権が実質化して係争に至った例が数多く報告されている（渡辺 1975；三隅 1988）。

　いま問題にしている現代的コモンズも，行政管理に委ねられたり，私財として調達されたりしている部分は小さくない。例えば地域の安全は，主要部分は警察の管理に委ねられているし，さらに防犯を強めたければ自前で防犯カメラなどを購入すればよい。けれども一方，多くの地域社会は消防団や防災クラブのような自主組織をもっている。これは，いざというときに役立つのはこうしたローカルな自主組織だからであり，また，こうした自主組織を維持すること自体が地域の活力や教育環境などの他のコモンズ管理と連動するからである。エリノア・オストロム（Ostrom 1990）は，近代化のもとでも，適切な制度を活用すれば地域コミュニティによる共同管理は可能だと主張する。もちろんこれは無条件ではない。それでは，「私化」している市民1人1人の協力を得るために，すなわち「私化」と他者との協働の葛藤を乗り越えるために，何を考えなければならないか。次に，それを考察しよう。

> ──調べてみよう──
> 　コモンズをめぐる地域社会の取り組み例を，文献や資料で調べて
> みよう。

2　社会的ジレンマ

　「私化」と他者との協働（コモンズ）の葛藤をどう考えればよいか。機敏な読者は，コモンズに必要な協働が得られる適度なところで「私化」を止めればよい，と考えるだろう。これは，正しい目標である。しかし問題は，どうやってその目標を実現するかである。実は，コモンズや，その上位概念である公共財が盛んに研究されてきたのは，その供給をめぐる固有の難しさがあるからである。そしてこの難しさは，「私化」と他者との協働の葛藤が一般的に抱える問題の本質をよく示している。それを一言でいえば，個人の合理性と社会的な最適性との対立である。これにはいくつかのタイプがあり，総称して社会的ジレンマとよばれる（山岸 1990）。

囚人のジレンマゲーム

　いま，もっぱら自分の利益を大きくすることに関心をもつ，その意味で合理的な人々の集まりを考えよう。もし，それぞれの人が自己利益を最大化しようとし，その際，他の人たちと協働することが最善ということであれば，「私化」と他者との協働は両立する。この場合は，皆が自分の利益のために協働関係を築こうとするので，協働を促す特別な社会的仕組みはいらない。しかしながら，ことコモンズの供給においては，このような予定調和的な状況を想定しにくい。ここに難しさがある。

　互いに相手の出方がわからない人々の相互行為場面で，最適な選択は何かを探ろうとする理論がある。ゲームの理論である。表16-1は，2人ゲームにおける利得表とよばれるもので，ゲーム行為者（プレイヤーという）それぞれの選

表16-1　囚人のジレンマゲームの利得表

X＼Y	協　力	非協力
協　力	①　3，3	②　1，4
非協力	③　4，1	④　2，2

注：各セルにおいて左側がX，右側がYの利得を表す。数値が大きいほど利得が大きい。

択肢と，選択の組み合わせに応じて彼らが得る利益（利得という）を表している。プレイヤーは合理的で，なおかつ利得表を書くために必要な情報をすべてもっているとしよう。意思決定において人々を悩ませるのは不確実性によるリスクである。ここでも相手の出方が不確実なため，プレイヤーは，それがもたらすリスクを予想しながら自分にとって最善の選択を考えなければならない。

　実際に推論してみよう。Xの立場で，仮にYが「協力」を選んだ場合を考える。このときXの利得は「協力」なら3，「非協力」なら4なので，「非協力」が得である。それでは，Yが「非協力」を選んだ場合はどうだろうか。このときXの利得は「協力」なら1，「非協力」なら2なので，やはり「非協力」が得である。つまり，Yの出方は不確実であるものの，それに関係なくXにとっては「非協力」を選択することが得なので，Xは「非協力」を選択するのが合理的である。このような選択の決め方を，優越戦略という。同様の推論から，Yにも優越戦略があり，それは「非協力」を選択することである。したがって，それぞれのプレイヤーの合理的な選択によって導かれる結末，すなわちゲームの解は，右下のセル④となる。

　おそらく読者は，これが最適解だといわれても納得できないだろう。なぜなら，左上のセル①を実現できれば双方とも利得が増え，明らかにその方が望ましいからである。自分の利得を増やす行為が他の人たちに損失を与えないのならば，社会全体の総利得も増えるので，その行為を行うことは望ましい。この考え方にそくして各人が利得を増やし，もはやそれ以上誰かが利得を増やそうとすると他の誰かが損失を被るぎりぎりのところまで到達したとき，その社会状態をパレート最適という。読者の違和感はすなわち，ゲームの解であるセル

④がパレート最適の意味で社会的最適ではない点にある。

　プレイヤーはすべての情報をもっているので，そのことに気づいている。けれども，優越戦略からして「協力」を選択することは非合理であるから，合理的なプレイヤーたちは，ゲームの解がパレート最適性を満たさないにもかかわらず，そこから抜け出せないのである。このもどかしさがゆえに，表16-1は囚人のジレンマゲームとよばれる（共犯者の自白を促す制度がこれと同じロジックをもっていることから，この呼び名がついた）。囚人のジレンマは，社会的ジレンマのもっとも典型的なケースである。

フリーライダー

　パレート最適の社会状態をコモンズとみなせば，囚人のジレンマゲームをコモンズ供給問題としてみることができる。ここでのコモンズは，十分な財の供給には双方の協力が必要だが，1人でも協力すればある程度は財を供給できるとしよう。そうすると，自分は協力せずに相手の協力にただ乗りして，コモンズの恩恵だけを享受する方が得である。馬鹿正直に協力すると，逆にただ乗りされるかもしれない。前述したようにコモンズは誰でも利用でき，非協力者といえどもその利用を排除できないので，こうしたただ乗りを防ぐことができない。自己利益追求とコモンズへの協力が両立しにくい理由が，ここにある。これは社会的ジレンマのいま1つの典型ケースとして，フリーライダー問題とよばれる。コモンズ，あるいはその上位概念である公共財に，必ずついてまわる問題である。

　囚人のジレンマゲームの世界では，先にみたように，パレート最適としてのコモンズの実現は論理的に不可能である。しかし現実社会では，ある程度の数の協力者がいて，それで供給されるコモンズに多くの人がただ乗りするような構図がしばしばみられる。実は同じことはアリの世界でも観察され，働きアリのうちがんばり屋は2割，あとの8割は何ほどかフリーライダーだといわれる。興味深いことに，それらのがんばり屋を取り除くと，フリーライダーのなかからまた2割のがんばり屋が現れる。人間社会でも，災害時の被災者同士の助け

合い（災害ユートピアとか災害コミュニティといわれる）がしばしば注目される。戦災や自然災害時には日常的なコモンズ供給が危機に陥る。このままではコモンズが危ういと感知されることで、それまでただ乗りしていた人たちが協力しあうのである。

　日頃からコモンズ供給の中心にいるがんばり屋と、緊急時に協力に転じるフリーライダーの違いは、どこにあるのだろうか。責任感の強さや、利他的な思いやりなどの資質の違いだろうか。しかしそうした資質が、緊急時とはいえ状況次第で180度変わるとは考えにくい。閾値という考え方がある。人はコモンズに関して、周りの協力状況がここまで悪化したら自分も協力しよう（あるいは逆に協力をやめよう）、という臨界点のような行動基準をもつと考えるのである。協力状況が臨界点を越えて悪化すればコモンズから得られる利得はなくなると予期されるので、ただ乗りの誘因が消える。これが協力の相対的な合理性を高めるのである。この考え方によれば、がんばり屋は協力の閾値が低い人たち、フリーライダーは逆に高い人たちであり、両者は必ずしも人間的に大きく異なるわけではない。被災時は一時的に協力状況が激しく悪化するので、普段はただ乗りしている閾値が高い人たちも一気に協力し、災害ユートピアが現出するのである。

　まとめよう。「私化」の渦中にいる人からコモンズ供給への協力を引き出すには、協力する方が得であればよい。しかしコモンズ供給は囚人のジレンマ構造をもっているので、協力せずにただ乗りする方が得である。その意味で「私化」とコモンズ（他者との協働）は両立しない。けれども現実には多くのコモンズが供給されている。そこで留意されるのが閾値のメカニズムである。現実のコモンズ供給は多くの場合、コモンズの危機を敏感に察知する人、すなわち相対的に閾値が低い人たちの率先した協力による。もちろん、これでよいわけではない。閾値の分布が変わらなければ率先的な協力者は固定するので、明らかにコスト分配の公平さに欠ける。コモンズの難しさをふまえつつ、より多くの人々が進んで協力し合える社会を作れないものだろうか。

---　フィールドに出よう　---

　地元地域の自治会で役員をしている人にお話を聞き，自治会運営，生活環境や治安，防災などの取り組みと課題について調べてみよう。そして，そこに潜んでいる社会的ジレンマの問題を考えてみよう。

3　ジレンマ解決のジレンマ

　囚人のジレンマゲームでは，ゲームの解に陥れば共倒れ，パレート最適が実現すれば共勝ちとなるので，プレイヤーたちはこの点で同じ利害関係のなかにいる。もし利害が真っ向から対立していれば，強力な社会規範がない限りコンフリクトは避けられないところである。しかし囚人のジレンマは，コンフリクト状況よりは御しやすい。まだ自分たちの問題として，自分たちで何とかしようという動機づけが働きやすいからである。この動機をうまくすくい取ることができれば，率先的な協力者を増やしたり，閾値が低めの協力予備軍を確保したりできるはずだ。そのポイントは，他者の協力の不確実性をいかに減じるかである。

二次のジレンマ

　協力の不確実性を減じるためのオーソドックスな方法は，サンクション，すなわち，非協力に罰金を課す（あるいは協力に報償を与える）ようなアメとムチによる賞罰の仕組みである。非協力に対して罰金が課せられるのであれば，それを非協力の場合の利得から差し引いて考えなければならない。したがって罰金の額が十分に大きければ，協力が優越戦略になりうる。そうして協力の不確実性を減じることができる。

　ただし，コモンズには多数の人々が関わるので，そこでサンクションを効果的に運用するには多大なコストがかかる。その1つが監視システムである。衛生的な居住環境というコモンズのために毎月共同で清掃を行っている地域があ

るとしよう。このところフリーライダーが増えてきたので，出不足金を課すことにした。これをサンクションとして機能させるためには，毎回，清掃に出なかった世帯を確認し，出不足金を徴収して回らなければならない。これは手間がかかるので，専門の係員を雇って監視システムを作ることにした。ところが，この経費をまかなうための出資金を支払わない人たちがいる。全員が出資しなくても監視システムは当面機能するので，それに便乗して監視の恩恵だけを享受しようとする人たちである。

　この例のように，監視システムもまたコモンズの一種なので，その維持コストをめぐって囚人のジレンマ状況が生じる。これを二次のジレンマ問題という。二次のジレンマを回避するためには，出資金の不払いを監視するより高次の監視システムが必要だ。けれども，そのためには出資金の追加徴収が必要であり，それをめぐってまたフリーライダーが生じる。このようにサンクションは，論理的には際限なくより高次のサンクションを必要とするので，効率的な対処法とはいえないのである。

　とはいえ現実には，監視システムをともなうサンクションはいろいろな場面で使われており，必ずしも高次のジレンマへの対抗手段がとられているわけでもない。それでもこれらの監視システムは，一定のフリーライダー抑止効果を発揮する。なぜだろうか。実はサンクション運用の極意は，実際にサンクションを発動させずに協力を引き出すことである。いつも厳しく非協力を取り締まらなくても，ときたま取り締まりを厳しくして監視システムのパフォーマンスをアピールすることで，見せしめ効果をつくりだせる。それにより，周りで見ている人々にただ乗りを思い止まらせるのである。どれくらいの頻度で，どのようなタイミングで監視を厳しくするかは，熟練した監視係の勘もあるだろうが，一般的にはランダムな方がかえって効果がある。

　注意しなければならないが，周りで取り締まりの様子をみている人々は，非協力が摘発される確率を考えるだろう。仮に出不足金が1万円として，非協力が摘発される確率を10分の1と見積もれば，非協力の利得から差し引かれる金額は1,000円（1万円×1/10）と考えるだろう。この考え方を期待値という。し

ばしば罰金が法外な金額で設定されるが，それは監視システムが十全ではないため人々が期待値で考えることを前提にしているから，ともいえる。

しっぺ返し

コモンズは囚人のジレンマの問題構造をもっているため，サンクション導入のように，表16-1に示されるゲームのルールを変えない限り，その供給は実現しない。ただしそもそもの状況が異なれば，囚人のジレンマを表16-1以外の形で考える方がよいこともある。例えば，1回きりのプレイでゲームの決着がつくのは特殊な状況であり，むしろゲームが何回も繰り返してプレイされるとみた方がよい状況もある。コモンズに協力するか否かは状況の変化に応じて何回も問われるので，コアな協力者を除き多くの人は，実際は繰り返し囚人のジレンマゲームに直面しているとみるべきかもしれない。

繰り返しゲームにおいては，過去のプレイの結果や今後のプレイのことを考えながら，各回どの手をとるのが合理的かを考えなければならない。この各回の手のとり方の指示書が，繰り返しゲームでいう戦略である。望ましいのは，長期的にみてより多くの利得をもたらす戦略である。囚人のジレンマにおいて長期的な利得を増やすには，相手に協力させて自分は非協力を続けることが一番だが，相手はすぐに非協力に転じて，ゲームの解に引きずり込まれるだろう。それよりは，もし互いに協力してずっとパレート最適を実現できれば，より大きな長期的利得を得られる。そのためには，相手から協力を引き出す戦略を考えなければならない。

ロバート・アクセルロッド（1984=1987）は，繰り返し囚人のジレンマゲームの戦略を指示するコンピュータ・プログラム同士を対戦させ，より強い戦略を探った。総当たり戦で，勝ち星の数ではなく総計利得によって総合優勝を決めるルールである。そこで優勝をさらったのがしっぺ返し戦略（Tit for Tat），すなわち，初回は協力をとり，2回目以降は前回の相手と同じ手をとる，というシンプルな戦略である。実は，しっぺ返し戦略は個々の対戦ではよく負けている。しかしどの相手とも僅差で負けているので，大勝ちもしないのだが，総計

利得では最上位に浮上するのである。このしぶとさの理由は何だろうか。

　しっぺ返し戦略には天敵がいる。最初から最後まで非協力を指示する，全裏切り戦略である。しっぺ返し戦略は初回は必ず協力するので，全裏切り戦略に搾取される。2回目以降は前回の相手と同じ手，すなわち非協力をとるのでゲームの解が続き，最後まで初回の利得差を挽回できない。つまり，必ず負ける。けれども，協力しない相手にはただちに自分も非協力で応じることで，相手に損失を与えるとともに，自分の損失を最小限にとどめることができる。大差で負けないのは，この報復能力があるからである。一方，ゲームの解に陥っている状況で相手が非協力から協力に手を変えたとき，しっぺ返し戦略はそのまま非協力をとって搾取しようとはせず，直ちに協力に手を変えてパレート最適を導こうとする。この，改心した相手をすぐに許す寛容さが，どんな相手とも協力関係を保ちやすくすることで，前述のしぶとさのもう1つの理由となっている。

　しっぺ返し戦略では行為選択そのものがアメとムチとして機能するので，あらためてサンクションを作る必要がなく，二次のジレンマの心配がない。ただし，繰り返しゲームにおける戦略は，信じて従えば終わりよしという教義のようなもので，必ずしも毎回の手の取り方に合理性があるわけではなく，他者の協力の不確実性が減じる保証もない。しかも，初回の協力を別とすれば，その教義は「目には目を，歯には歯を」ということであり，それが最適といわれても違和感を覚える人は少なくないだろう。

信　頼

　人々の自発的な協力を促すために，サンクションやしっぺ返し戦略が依拠するアメとムチ原理に頼らざるを得ないのだろうか。実は，閾値の観点も人々の協力を促す方策を示唆してくれる。すでに述べたように，フリーライダーから協力を引き出すために，彼らの人間性を変える必要はない。コモンズに関する人々の危機感を強め，閾値を引き下げればよいのである。啓蒙という意味では馴染みの政策手法である。しかしながら，人間性改造よりましとはいえ，人々

の危機感を煽って協力を促すというのは，やはりこれもいささか強圧的である。

　数土直紀（2001）は，しっぺ返し戦略の初回の協力に信頼という観点から重要な意味をみている。初回は相手の出方がまったくわからないのであるから，協力が最適だという合理的な根拠は何もない。けれども信頼の観点でみると，この一見不合理な初回協力は2つの意味をもつ。第1に，信頼の実績である。私が誰かを信頼するときに，その誰かが過去に私や，あるいは別の誰かを信頼した実績は，重要な手掛かりになる。初回に協力して相手に対する信頼を示しておくことは後々，信頼関係を築く布石になるのである。こうしてみると初回の協力だけでなく，相手が協力すれば自分も協力で返すというしっぺ返し戦略の手の取り方は，相手の過去の信頼実績をうまく情報として使っている。

　とはいえ布石が実を結ぶ保証はない。それでも私が初回の協力を迷いなく行うには，相手を無条件に信頼する態度が必要である。信頼には2種類がある。相手のことをよく知っているがゆえに特定の誰かを信頼する個別的信頼と，見知らぬ誰かをどれだけ信頼するかという一般的信頼である。初回の協力は，後者，すなわち高い水準の一般的信頼を要請する。つまり話の順序は，一般的信頼による無条件の初回の協力があって，それが結果的に布石になる（合理性をもつ）かもしれない，ということなのである。無条件の信頼といえばお人好しに聞こえるが，山岸俊男（1998）によれば，一般的信頼が高い人は，相手が信頼に足る人間かどうかを注意深く観察し，事前に情報を集めるような，用心深さをあわせもつ。相手の前回の手をみて次の手を決めるしっぺ返し戦略のやり方は，そうした用心深さの意味でも理に適っている。

　このように現実世界でしっぺ返し戦略を考えると，その強みは信頼の上手な使い方に支えられていることがわかる。とくに一般的信頼は社会関係資本論においても，コモンズを維持するための重要な要素だといわれている。社会関係資本とは，人々の関係のネットワークや，その成り立ちや動きを左右する信頼や規範が，資源となって人々に便益をもたらす社会的な仕組みをいう（三隅2013）。コモンズに利害をもつ人たちは，必ずしも互いに顔見知りであるわけではない。そこにおいて見知らぬ他者との間でもコモンズ供給のための協働を

後押しするのが，一般的信頼である。もっとも，人は必ずしも利益のために他
者を信頼するわけではない。経済資本と異なり社会関係資本がおもしろいのは，
ある行為が期せずして便益を生むような目的―手段のずれを考慮する点である。
しっぺ返し戦略は，長期的に振り返ってみて一般的信頼が社会関係資本の投資
となるための，戦略的な行動指針を示しているともいえるだろう。

一般化された互酬性

　コモンズ供給に有効な社会関係資本として一般的信頼とともに注目されるの
が，一般化された互酬性の規範である。互酬性は，等価交換という私たちの経
済生活を支える大原則である。けれども交換を，経済に限定せず広く社会的交
換としてみると，互酬性のあり方は多様であることに気づく。社会的交換は，
手助けと返礼のような非経済的な相互行為を交換としてみる。私が誰かに助け
てもらったときに即座に返礼すれば，そこで互酬性が満たされて交換は完結す
る。しかし，すぐに返礼できなければ，私のなかに恩義が生まれる。そして，
たとえ数年後であっても，私は機会をみつけてその恩を返そうとするだろう。
逆にいえばその恩人は，私に対してある種の権力をもつことになり，それによ
って低い不確実性で私からの協力を期待することができる。

　このように互酬性が時間的な隔たりをもって満たされるような交換は，珍し
くない。それは私たちの社会がそれなりに強い互酬性の規範をもっているから
である。借りた恩は返すべきだという信念が規範として共有されていなければ，
恩を返さずとも恩知らずの誹りを受けるようなサンクションが働かないので，
時間を経た返礼は起こりにくい。逆にいうと，コモンズ問題が互酬性の規範が
強い社会で発生したならば，ただ乗りは公共財便益をもたらしてくれる協力者
に対する恩知らずの行為としてサンクションの対象になるので，フリーライダ
ーが抑制されやすいだろう。しっぺ返し戦略の初回の協力は，信頼とともに，
恩の布石としての意味をもつのである。

　一般化された互酬性は，同じ相手との時間がずれた交換だけでなく，介在者
を経た異なる相手との交換を許容する。「情けは人の為ならず」という格言が

ある。手助けは巡り巡って我が身を助けるから，つまり他ならぬ自分のためなのだから，他人に情けをかけなさいという教訓である。私が，見返りを求めず誰かを助けたとしよう。するとその誰かは，その場で私に返せなかった恩義を，別の機会に別の人を見返りを求めず手助けすることで返そうとする。この手助けの連鎖によって，やがて思いもかけぬ人から手助けが私に，もしかしたら私自身ではなく私の子どもや孫に，戻ってくる。先の格言は，このように長い時間の流れのなかで情けは巡り巡るのだという信念を，私たちが善きものとみてきたことを示している。この種の一般化された互酬性の規範は，一般的信頼とともに，見知らぬ人との協働を促すもっとも強力な社会関係資本である。

　19世紀初期に当時の新興国家であるアメリカ合衆国を訪問したフランスの思想家トクヴィルは，これと同様の一般化された互酬性の規範を発見し，「正しく理解された自己利益」と表した。この規範に支えられたボランタリー・アソシエーションの活発な活動が，アメリカ民主主義の原動力だというのである。けれども20世紀末にはロバート・パットナム（2000=2006）が，まさにこの規範を試金石とみて，合衆国における社会関係資本の衰退とそれにともなう民主主義の危機に警鐘を鳴らしたのだった。私化の進行とともに一般化された互酬性の規範は弱体化しやすい。日本における先の格言もまた，その信念共有の難しさや壊れやすさに対する戒めとして受け止めるべきかもしれない。

みんなで考えよう

　具体的な地域協働課題を1つとりあげ，下記を参考にして対策をいくつか考え，それぞれの利点と難点をグループで協議しよう。

① 地域の危機的状況を訴えかける（啓蒙〔閾値〕）。

② 戸別訪問して協力を説得する（コミュニケーション〔個別的信頼〕）。

③ 協力しない人にペナルティを課す仕組みを作る（サンクション）。

④ 多種多様な小イベントを積み重ねて，多くの人がいろいろな

壁を越えて協力しあう姿をみえやすくする（一般的信頼）。

⑤ 子どもが参加するイベントを工夫する（一般化された互酬性）
等々。

4 永遠のテーマとしての幸福のジレンマ

　私化の趨勢を前提にしつつ一定の協働関係を実現する。これまで，その必要性と難しさをコモンズと囚人のジレンマから論じ，そのうえで協働関係を導く方策と，そこにおける次なる困難を考察してきた。概して，一般的信頼や一般化された互酬性規範のような社会関係資本は，サンクションに比べると，コモンズ供給に人々の自発的な協力を促すより穏当な仕組みにみえる。しっぺ返し戦略も，不確実性の高い社会環境のもとで信頼や互酬性を引き出すための方策としてみれば，これら社会関係資本の仕組みの一部とみてよい。もっとも，信頼や規範が機能するのは，周囲の目線や叱責のようなことを含めて監視とサンクションが効率的に働くからである。けれども，しっぺ返し戦略と同様に，通常のサンクションと異なり二次のジレンマの心配がいらない。ただし，それは社会全体に一定程度，信頼と規範が共有されていることが条件であり，私化がその条件を掘り崩すのであれば，さらに別の手を打たなければならない。

　かくして私化と協働の両立をめぐる〈幸福のジレンマ〉は続く。仮に何かの方法でこのジレンマが解決したようにみえる場合，それはむしろ要注意かもしれない。注意深くみれば，必ずどこかで誰かの自由が犠牲にされたり，平等や公平の理念に反する事態があったりするからである。やがてそれらの問題によって社会はダイナミックに動き，またジレンマが顕在化する。けれども，少なくともいえることは，私たちの幸福はそのジレンマを回避したところにはない，ということである。

───── 深めよう ─────
「みんなで考えよう」の地域協働課題について自分が最善だと考

> える対策を示し，その理由とそこでの課題を，文献や資料根拠を用
> いて論じよう。

参考文献

アクセルロッド，ロバート，松田裕之訳（1987）『つきあい方の科学——バクテリア
　　から国際関係まで』HBJ出版局。

数土直紀（2001）『理解できない他者と理解されない自己——寛容の社会理論』勁草
　　書房。

パットナム，ロバート D.，柴内康文訳（2006）『孤独なボウリング——米国コミュニ
　　ティの崩壊と再生』柏書房。

三隅一人（1988）「地域の共有財産をめぐる『社会的ジレンマ』問題構造」海野道
　　郎・原純輔・和田修一編『数理社会学の展開』数理社会学会，137-149.

————（2013）『社会関係資本——理論統合の挑戦』ミネルヴァ書房。

山岸俊男（1990）『社会的ジレンマのしくみ——「自分1人くらいの心理」が招くも
　　の』サイエンス社。

————（1998）『信頼の構造——こころと社会の進化ゲーム』東京大学出版会。

渡辺洋三（1975）「入会の解体とその要因」『社会科学研究』26（3・4），39-69.

Hardin, Garrett（1968）The Tragedy of the Commons, *Science* Vol. 162 Issue
　　3859: 1243-1248.

Ostrom, Elinor（1990）*Governing the Commons: The Evolution of Institutions for
　　Collective Action,* Cambridge: Cambridge University Press.

推薦図書

井上真・宮内泰介（2001）『コモンズの社会学——森・川・海の資源共同管理を考え
　　る』新曜社。

　＊自然との関わりで生じる地域の協働課題を，事例を通して解説している。「調べ
　　てみよう」の参考にするとよい。

山岸俊男（1990）『社会的ジレンマのしくみ——「自分1人くらいの心理」が招くも
　　の』サイエンス社。

　＊しっかりとした研究をベースに，社会的ジレンマ論を幅広く紹介している。「フ
　　ィールドに出よう」の参考にするとよい。

（三隅　一人）

索　引

(＊は人名)

執筆者紹介 (所属，執筆分担，執筆順，＊は編著者)

＊高野和良（九州大学大学院人間環境学研究院教授，はじめに，第1章）

＊三隅一人（九州大学大学院比較社会文化研究院教授，はじめに，第16章）

吉武由彩（熊本大学大学院人文社会科学研究部准教授，第2章）

益田 仁（中村学園大学教育学部特任講師，第3章）

松本貴文（國學院大學観光まちづくり学部准教授，第4章）

山下亜紀子（九州大学大学院人間環境学研究院准教授，第5章）

藤田智子（九州大学大学院比較社会文化研究院准教授，第6章）

井上智史（九州大学大学院人間環境学研究院講師，第7章）

孔 英珠（西南学院大学人間科学部講師，第8章）

里村和歌子（九州大学大学院人間環境学研究院／アジア・オセアニア研究教育機構助教，第9章）

大畠 啓（長崎国際大学人間社会学部教授，第10章）

森 康司（久留米大学商学部非常勤講師，第11章）

松岡智文（中村学園大学非常勤講師，第12章）

桑畑洋一郎（山口大学人文学部准教授，第13章）

福井令恵（法政大学キャリアデザイン学部准教授，第14章）

挽地康彦（和光大学現代人間学部教授，第15章）

《編著者紹介》

三隅一人（みすみ・かずと）

1960年　生まれ。
1986年　九州大学大学院文学研究科社会学専攻博士後期課程単位取得退学。
2007年　博士（社会学）（関西学院大学）。
現　在　九州大学大学院比較社会文化研究院教授。
主　著　『A Formal Theory of Roles』Hana-Syoin, 2007年。
　　　　『社会関係資本──理論統合の挑戦』ミネルヴァ書房，2013年。
　　　　『社会学の古典理論──数理で蘇る巨匠たち』（編著）勁草書房，2004年。

高野和良（たかの・かずよし）

1963年　生まれ。
1991年　九州大学大学院文学研究科地域福祉社会学専攻修士課程修了。
現　在　九州大学大学院人間環境学研究院教授。
主　著　『協働性の福祉社会学』（共著）東京大学出版会，2013年。
　　　　『暮らしの視点からの地方再生』（共著）九州大学出版会，2015年。

ジレンマの社会学

2020年10月 1 日　初版第 1 刷発行　　　　　（検印省略）
2024年 9 月30日　初版第 4 刷発行

定価はカバーに
表示しています

編著者　　三　隅　一　人
　　　　　高　野　和　良

発行者　　杉　田　啓　三

印刷者　　江　戸　孝　典

発行所　株式会社　ミネルヴァ書房

607-8494　京都市山科区日ノ岡堤谷町 1
電話代表（075）581-5191
振替口座 01020-0-8076

© 三隅・高野ほか，2020　　共同印刷工業・吉田三誠堂製本

ISBN978-4-623-08977-2

Printed in Japan

よくわかる社会学〔第3版〕 B5判 220頁
宇都宮京子／西澤晃彦 編著 本 体 2500円

よくわかる医療社会学 B5判 224頁
中川輝彦／黒田浩一郎 編著 本 体 2500円

よくわかる国際社会学〔第2版〕 B5判 248頁
樽本英樹 著 本 体 2800円

よくわかる観光社会学 B5判 224頁
安村克己／堀野正人／遠藤英樹／寺岡伸悟 編著 本 体 2600円

よくわかる現代家族〔第2版〕 B5判 208頁
神原文子／杉井潤子／竹田美知 編著 本 体 2500円

よくわかる社会情報学 B5判 232頁
西垣 通／伊藤 守 編著 本 体 2500円

社会学入門 A5判 368頁
盛山和夫／金 明秀／佐藤哲彦／難波功士 編著 本 体 2800円

社会関係資本 四六判 288頁
三隅一人 著 本 体 3200円

つきあい方の科学 四六判 272頁
R.アクセルロッド 著 松田裕之 訳 本 体 2600円

━━━ミネルヴァ書房━━━
https://www.minervashobo.co.jp/